汉大学中国教育家研究中心成果

# 教育家办学典范研究

## ——以雷沛鸿为例

肖全民 ○ 著

教育科学出版社
·北 京·

# 作者简介

肖全民，博士，教授，1966年8月生，汉族，湖南省武冈市人，现任广西电力职业技术学院副院长，曾任广西幼儿师范高等专科学校副校长、广西师范学院（现名南宁师范大学）教务处副处长，兼任南宁师范大学教育科学学院硕士研究生导师。主要研究领域有教育管理、学前教育、教师教育。近年来，主持或作为主要成员完成了教育科研项目10多项，主编《幼儿教育概论》《学前教育原理》《学前教育原理案例教程》《幼儿心理行为的教育诊断》等教材，出版《学前教育这些年——多维视角的热点难点探析》《蔡元培画传》《张雪门幼儿教育思想研究》等学术著作，公开发表学术论文近30篇；作为主要完成人获得国家级教学成果奖二等奖1项，自治区级教学成果奖一等奖3项、三等奖1项，广西社会科学优秀成果奖三等奖3项。

# 追寻教育家办学的足迹

回顾人类教育发展的历史，著名教育家在推进教育事业发展的过程中起到了教育思想层面的领袖作用、教育实践层面的示范作用、教育改革层面的率先作用。教育家的成长、教育家作用的发挥，对引领中国教师、中国校长队伍的成长，对提升教育教学质量与提升学校办学水平具有重要的意义。故倡导教育家办学，推进中国教育科学发展成为党中央、国务院的重要部署。《国家中长期教育改革和发展规划纲要（2010—2020年）》明确指出："创造有利条件，鼓励教师和校长在实践中大胆探索，创新教育思想、教育模式和教育方法，形成教学特色和办学风格，造就一批教育家，倡导教育家办学。"2018年1月，《中共中央 国务院关于全面深化新时代教师队伍建设改革的意见》提出要"培养造就数以百万计的骨干教师、数以十万计的卓越教师、数以万计的教育家型教师"。

根据武汉大学教育科学研究院部分教师在校长办学治校、教育家办学、教师发展等方面形成的研究基础和研究特色，结合倡导教育家办学的时代需要，2016年6月武汉大学批准成立了"武汉大学中国教育家研究中心"。此后，武汉大学对所设人文社科研究机构进行调整，2017年6月又正式下发文件，明确了武汉大学中国教育家研究中心的设置与建设任务。武汉大学作为全国著名的综合性大学，成立专门机构对中国教育家成长的理论和实践问题进行系统研究，在湖北是弥补空白的，在全国也具有引领价值。武汉大学中国教育家研究中心成立后，组建了专兼职相结合的研究团队，确定了教育家成长的理论研究、教育家型校长研究、教育家型教师研究和促进中国教育家成长的政策咨询研究等研究方向。期待通过文献研究、案例研究、比较研究、调查研究，在教育家成长的理论研究方面，探索教育家标准，探寻教育家成长规律、成长特点、成长机制；在教育家型校长研究方面，探索校长发展规律、发展路径，揭示校长成长为教育家的内在机理与外部支持及其相互关系；在教育家型教师研究方面，探索教师发展规律、发展路径，揭示教师成长为教育家的内在机理与外部支持及其相互关系；在促进中国教育家成长的政策咨询研究方面，探索如何促进中国校长、中国教师成长为教育家，如何发挥教育家办学之作用，如何推进教育家办学，如何加强中国校长队伍建设、中国教师队伍建设等。期待通过这些研究形成一批理论成果、咨询报告成果，为推进教育家办学与教育实践的不断改进贡献力量。武汉大学中国教育家研究中心还根据地方教育系统开展优秀教师、优秀校长研训，实施有关名师、名校长培养工程的需要，与地方教育行政部门合作，通过遴选优秀教师、优秀校长进行研训，采用集中讲授、专题研讨、课题引领、跟踪指导、特色创建、经验推广等方式，助推优秀校长、优秀教师向教育家境界迈进，形成实践成果。

武汉大学中国教育家研究中心自成立以来，承担了国家级课题、省部级课题、横向课题等相关课题多项，公开出版了多部相关的著作，发表了多篇相关的学术论文，获得省部级科研成果奖多项。特别是在中国校长问题研究、教师发展问题研究、教育家办学案例研究等方面已取得了较丰硕的成果，在学界和社会上产生了积极影响，对湖北省教育厅、武汉市教育局开展教育家型教师、教育家型校长的研训，促进湖北教育家、武汉教育家的成长，发挥了积极引领作用。

在教育家办学研究这一主题下，根据2018年9月习近平总书记在全国教育大会上重要讲话中提出的"坚持扎根中国大地办教育"的要求，武汉大学中国教育家研究中心的同志们认识到办人民满意的教育、培养社会主义事业建设者和接班人，离不开扎根中国大地办教育的决心、信心，离不开扎根中国大地办教育的情怀与行动。因此，在前人研究的基础上总结中华民族自己的教育家之教育业绩，尤其是近代新教育肇始以来，为了挽救中华民族危亡，为了中华民族伟大复兴而扎根中国大地办教育的著名教育家的光辉业绩，有重要的现实意义。

雷沛鸿是中国近现代著名教育家之一。20世纪三四十年代，他在广西这么一个偏远落后的省份开展长达数十年的教育实践探索，并取得令人瞩目的成就，可谓扎根中国大地办教育的典范。他的教育理论与实践及其在我国教育史上的突出贡献，人们早有全面、深入的研究。作为一位扎根教育实际、推进教育实践改进、探索教育规律的教育家，雷沛鸿的教育实践蕴藏着丰富的教育思想和教育家办学特质。在倡导教育家办学的时代背景和扎根中国大地办教育的要求下，雷沛鸿丰富的人生历练与"国""民"至上的时代使命感和事业责任心，"知""行"合一的治学态度和工作作风，"情""义"至深的处世态度和人际关系，中西融合的知识结构与"学""术"兼修的管理艺术，等等，尤其具有典型示范意义，值得我们探究、继承和发扬。

作为武汉大学中国教育家研究中心的兼职研究员，肖全民博士从教育家办学的视角，深入研究雷沛鸿成长为教育家的递进性发展历程及其办学实践的阶段性特征，以及成为教育家办学典范的原因和启示，试图通过个案研究来探寻教育家办学的规律。这对深化教育家办学研究具有重要意义。在武汉大学中国教育家研究中心的研究规划下，肖全民博士的新著《教育家办学典范研究——以雷沛鸿为例》被列为教育家成长和教育家办学的个案研究成果，在教育科学出版社出版，是一件值得庆贺的事。该研究成果在以下三个方面是具有新意的：一是选择了新的研究视角。作者在系统梳理前人关于雷沛鸿教育研究成果的基础上，从教育家办学的视角来深入研究教育家雷沛鸿的办学实践，增强了雷沛鸿教育实践与思想研究的现实感。研究总结出了雷沛鸿办学实践所具有的"教育家办学"的典范性特征，并对原因进行探究，这对探寻当下教育家办学有借鉴意义。二是基于史实对雷沛鸿的办学实践做出了新的归纳、总结和解释。比如，作者根据雷沛鸿成长为教育家的递进性发展历程及其办学实践的阶段性特征，将他的办学实践与其成长为教育家的历程划分为初探性实践阶段（1912—1933年）、开拓性实践阶段（1933—1940年）和跃升性实践阶段（1940—1952年）；从雷沛鸿的社会认知、教育认知、办学特色、教育情怀、教育品格及成就等方面总结其典范性特征；从地域情势、共生环境、思想根基、个人修炼等方面分析其办学实践取得成功的原因。三是在教育家办学问题上提出了新的观点。如作者从"知、情、意、行、成"五个方面给教育家标准做出界定，从多个角度分析了教育家办学的逻辑；通过对雷沛鸿办学实践的典范性特征及其原因进行分析，提出教育家办学需要社会发展变革促动、政治力量支持、办学自主权归位等外部条件和优良的知识智力、特定的职业能力、高尚的人格魅力、公认的教育贡献力等内部条件，以教育管理专业化为突破口，以区域教育发展为支点，等等。这些探讨对推进教育家办学是有启示的。

程斯辉

武汉大学中国教育家研究中心主任

武汉大学教育科学研究院二级教授、博士生导师

# 目 录

Contents

# 导　言

　　"教育家办学"作为当下我国教育发展的一个重大命题，是适应我国教育发展新常态的必然要求，也是我国教育治理现代化的发展方向和路径。中外教育发展史上有过许多教育家办学的典范，雷沛鸿的办学实践便是其中之一。雷沛鸿（1888—1967年），字宾南，广西宣化县（今南宁市）人，中国致公党党员，中国近现代著名教育家。1904年考入两广简易师范学堂修读文科。1905年考入两广高等实业学堂修读化学。1906年加入孙中山领导的中国革命同盟会（简称"同盟会"），先后参加了新军起义和黄花岗起义。1913—1921年，先后在日本、英国、美国留学。1921年回国后直至中华人民共和国成立初期，他在教育战线奋斗数十年，先后在国立暨南学校、江苏省立教育学院、国立浙江大学、国立中山大学等校任职，曾五次主政广西教育，出任过国立广西大学校长，创办了广西普及国民基础教育研究院、广西教育研究所、南宁农业专科学校和西江学院等。他的办学实践是我国近现代教育史上教育家办学的典范之一，值得我们研究、学习和借鉴。

# 一、研究缘由与意义

## （一）研究缘由

1. "教育家办学"的时代命题引发人们对教育家办学规律的探讨

近些年来，随着"教育家办学"这一命题的再次提出，关于教育家办学和教育家成长规律的探讨引起了人们高度的关注。雷沛鸿是中国近现代史上一位杰出的教育家，他早年追随孙中山先生致力于国民革命，后赴英美留学并回国改造教育，改造社会，对抗日救国做出了重大贡献，是中国近现代杰出的爱国主义、民主主义的人民教育家。[①]他在20世纪三四十年代的民族危急关头，合理汲取中国传统教育的优秀思想和外国现代教育的先进经验，致力于中国教育改造和民族振兴事业。在主管广西教育期间，他在广西全省范围内大刀阔斧地对传统教育进行全面改革，以实现自己宏大的教育抱负。他结合中国国情特别是广西"穷"省的实际，以新桂系在广西实施政治、经济、文化和军事"四大建设"为契机，以教育大众化、教育中国化为主要任务，有计划、有步骤地施行教育改革，把教育改造与社会改造相结合。特别是他从广西普及国民基础教育运动开始，进而改革广西国民中学制度，最后创立国民大学——西江学院，形成了比较完整的国民教育理论和实践体系，促进了广西教育文化事业的发展，创造了中国近现代教育改革实践的一个奇迹，在全国产生了积极影响。雷沛鸿"真正是一位脚踏实地、埋头苦干的教育政治家，又是一位具有远见卓识和宏观头脑的政治教育家"，他在广西的教育实践，类似于19世纪初德国民族主义教育家费希特和洪堡[②]的实践经验。

研究我国历史上教育家的共同特质、成长环境和办学历程，探寻教育家办学的规律，特别是那些功勋卓著的教育家的精神特质及其成长规律，可以为我们今天探讨"教育家办学"这个重要命题，以及当代教育工作者践行"教育家办学"理念、逐步成长为教育家提供借鉴与指导。为此，本书以雷

---

① 孙培青.对人民教育家雷沛鸿的初步认识 [M]// 广西雷沛鸿教育思想研究会.雷沛鸿教育思想研究文集:3.南宁:广西教育出版社，2001：8.

② 胡德海.雷沛鸿与中国现代教育 [M].兰州:甘肃教育出版社，2001：16.

沛鸿办学实践为研究对象，在总结其办学实践成就和贡献的基础上，分析其典范性特征和成为教育家办学典范的原因。这对于探寻教育家成长和教育家办学的内在规律，具有一定的理论价值和现实意义。

2. 学习借鉴历史经验引发人们反观我国近现代教育家办学典范

从历史视域看，教育家办学是"已然"，是历史中的伟大的教育丰碑。[①]20世纪上半叶，伴随新式教育的出现和发展，许多爱国知识分子纷纷投身于教育改革事业，探寻民族振兴和国家富强之路，涌现出了像蔡元培、黄炎培、陶行知、晏阳初、梁漱溟、俞庆棠、雷沛鸿等一批杰出的教育家代表，掀起了我国近现代教育发展史上教育家办学的热潮。从历史中寻求解决当代问题的灵感，从前人的经验中寻找智慧，可以激励人们为当前教育发展做出更为深广的创新性探索。

雷沛鸿的办学实践活动与中国近现代教育改革运动同步。他秉承"有教无类"的教育理想和"教育为公、学术为公、天下为公"的社会理想，大力倡导国民教育，促成教育的大众化、本土化。雷沛鸿一生致力于教育事业，在教育管理工作中推动教育事业的发展。他在教育思想上敢于创新，教育理论上有丰富造诣，教育实践上有辉煌业绩。他是我国少有的把教育理论探索与教育实践创新紧密结合并取得卓越成效的教育改革实践家之一，也是我国近现代教育史上教育家办学的典范之一。在今天这样一个呼唤教育改革、倡导教育家办学的时代，反观历史，研究雷沛鸿这个教育家办学的典范，可以帮助我们更好地学习、借鉴我国近现代教育家办学的成功经验。

3. 教育综合改革的时代要求引发人们对区域教育发展路径的探寻

在我国教育地图上，区域教育发展水平总体上是东高西低的状况。20世纪三四十年代的广西教育特别是基础教育之所以一度达到同时期我国教育的领先水平，与雷沛鸿在主管广西教育期间的努力密切相关。他立足广西，践行"有教无类"的教育理想，以全副精力致力于教育的大众化和本土化，在全省进行了长达二十年的颇具特色的教育改革，把教育纳入社会大系统，服务社会，改造社会。雷沛鸿的办学实践直接促进了当时广西社会发展特别是文化教育事业的发展，使广西现代国民教育体系得以初步建立。当时，广西

---

① 林森.怎么样才是"教育家办学"？：关于"教育家办学"的十个视角 [N].中国教育报,2010-05-11( 5 ).

教育改革的实践在全国产生了积极影响，为国民政府的教育改革提供了有益的经验。在推进教育综合改革、促进教育均衡发展与教育公平的今天，深入研究我国教育史上这一"广西现象"，有利于探索我国后发展地区的区域教育改革和发展规律。正如原国家教育委员会副主任柳斌指出的，雷沛鸿在广西实施普及国民基础教育的一套做法，确实为我们提供了穷国穷省办教育的成功经验，是十分珍贵而值得学习借鉴的。①

4.启发教育工作者在教育实践中传承教育家精神

雷沛鸿作为广西近现代教育史上一位著名的本土教育家，对广西近现代教育改革与发展做出了突出贡献。笔者以一名普通教育工作者的身份，将雷沛鸿办学实践作为研究对象，利用在地缘、学缘、人缘方面研究的便利条件，切身体会雷沛鸿办学思想与实践对广西近现代教育的影响和贡献。根据研究需要，笔者充分利用前人特别是广西教育界同行的研究成果，并向有关学术机构和专家请教，寻求指导帮助。同时，笔者作为一名高校管理工作者，通过深入研究雷沛鸿办学实践，可以进一步学习、传承雷沛鸿的教育家品格和教育家精神，将雷沛鸿一生献身教育的爱国、奉献、求实、创新精神传递到今天的教育改革实践之中，并不断增强和提高个人理论修养和实践水平。

## （二）研究意义

虽然在我国近现代教育肇兴之时就有人提出教育事业应当交与教育家来办的问题②，但今天重提"教育家办学"这一重大命题，是因为社会转型对教育提出了新的时代要求。雷沛鸿作为我国近现代教育家办学的一个典范，他的办学实践蕴藏着丰富的教育思想和教育家办学特质，后人深受教益。陈友松说："宾南先生的教育思想是当前教育弥足珍贵的镜鉴，其意义决不仅限于当前的教育，更不仅限于广西一省的范围，愿国人留意焉。"③

在国家大力推进教育改革、积极倡导教育家办学的背景下，本研究以雷

---

① 梁全进.缅怀先贤人生　弘扬沛鸿思想[M]//广西雷沛鸿教育思想研究会.雷沛鸿教育思想研究文集：3.南宁：广西教育出版社，2001：5.

② 蔡元培.教育独立议[M]//蔡元培.蔡元培教育名篇.北京：教育科学出版社，2007：159.

③ 陈友松.雷沛鸿教育论著选[M].北京：人民教育出版社，1992：编者的话.

沛鸿办学实践为典型个案，全面分析他作为一名教育实践家的成长过程及其在办学实践中形成和展现的优秀品格，探究其在办学实践中的典范性特征和养成要素，可以为探寻教育家办学规律提供借鉴，为探讨教育管理专业化和教育家办学、教育家治教提供参考。

雷沛鸿是中国近现代著名教育家之一，人们对他的教育理论与实践及其在我国教育史上的贡献已有全面、深入的研究，但在今天大力倡导"教育家办学"这一重大命题的时代背景下，这仍是教育学术研究领域的一个现实话题。在20世纪三四十年代，广西作为一个偏远落后的省份，能够在教育改革方面取得令人瞩目的成就，成为"模范省"，与雷沛鸿数十年的办学实践有着密切的联系。深入研究这一现象，研究雷沛鸿办学实践的成就、典范性特征、成为教育家办学典范的原因及其启示，探寻教育家办学规律，学习宣传雷沛鸿办学实践经验和教育家治学兴教精神，有助于我们探寻后发展地区的教育改革与发展规律。这对于实现教育均衡发展、促进社会进步具有十分重要的现实意义。

# 二、研究综述

## （一）关于教育家办学的研究述评

温家宝同志在2003年教师节会见教师代表时提出"教育家办学"之后，多次提到了"教育家"和"教育家办学"的话题。尤其是在2006年和2007年，他先后两次把"教育家办学"写进了《政府工作报告》。2010年颁布的《国家中长期教育改革和发展规划纲要（2010—2020年）》也明确提出，"创造有利条件，鼓励教师和校长在实践中大胆探索，创新教育思想、教育模式和教育方法，形成教学特色和办学风格，造就一批教育家，倡导教育家办学"。近些年，"教育家办学"这个时代命题引起了社会各界的强烈反响和热议。2009年，《中小学管理》杂志第8期开辟了"经典教育家办学"专栏，刊登了系列文章；《中国教育学刊》开辟了"教育家办学与教育家成长研究"专栏。2012年9月，中国教育学会创办了《未来教育家》杂志，分享教育家智慧，引领当代教育工作者朝着教育家办学的方向迈进。归纳起来，学术界关于教育家办学的研究主要集中在以下几个方面。

1. 教育家办学命题的时代意义探讨

最早就"教育家办学"意义进行专题探讨的文章是耿银平2007年3月在《大众科技报》发表的《有感于温总理"提倡教育家办学"》。他认为，温总理将教育家办学作为推进教育公平的一个举措，是针对教育领域经济思维、市场思维和利润思维的非教育家办学倾向违背教育规律，有损教育公平和公益性而提出的。[1]提倡教育家办学，就是要鼓励教育工作者按照教育规律办事，促进教育公平。

王湛认为，倡导教育家办学，进一步表达了办好教育要尊重人才的观念，要尊重教育规律，要坚持科学发展方向，从而推动中国有更多的教育家脱颖而出，办出一流的学校和一流的教育。[2]顾明远认为，提倡教育家办学主要有两个方面的意义：一是让全社会树立尊师重教的观念，让全社会都来尊重教育、尊重教育家；二是让全社会都知道教育是有规律的，要按照教育规律来办教育。[3]曾天山等人认为，倡导教育家办学作为一个时代命题，其意义在于让教育回归本质，走正确的教育发展道路，以实现教育大国向教育强国的转变，建设人力资源强国。[4]宋永忠认为，教育家办学是我国社会现实的强烈需要，它的意义在于让真正懂得教育规律的内行人来办教育，让校长和教师一辈子热爱并从事教育工作，使教育本质回归理性，使教育发展方式从外延发展向内涵提升转变。[5]

2. 教育家办学内涵的探讨

何谓教育家办学？林森从十个视角进行了分析。他认为，从历史视角看，教育家办学是对教育发展和人类文明进步做出了卓越贡献的已有现象；从现实视角看，教育家办学是我国社会发展到一个新的历史阶段对教育发展的必然要求；从未来视角看，教育家办学是对未来理想的美好教育应有走向

① 耿银平.有感于温总理"提倡教育家办学"[N].大众科技报，2007-03-13（A03）.
② 王湛."教育家办学"感言[J].江苏教育，2007（9）：8.
③ 顾明远.让懂得教育的教育家办学[J].现代远程教育研究，2011（4）：3-4.
④ 曾天山，丁杰.强国时代制度化推进教育家办学[J].中国教育学刊，2011（2）：1-2.
⑤ 宋永忠.教育家办学与教育家的培养[N].中国教育报，2011-05-18（7）.

的一种期盼；从理论视角看，教育家办学是教育实践应该遵循的一种先进教育理念；从实践视角看，教育家办学是教育科学发展观的具体实践要求；从表现视角看，教育家办学是独有的特色办学、特色教育的显然体现；从本质视角看，教育家办学是一种以人为本的教育服务；从价值追求视角看，教育家办学是实现社会公平、教育公平的追求；从教师职业视角看，教育家办学是教育工作者在神圣的教育生涯中专业成长的一个历程；从教育人格视角看，教育家办学是教育工作者高尚教育品格修养的一种境界。①

刘学军认为，倡导教育家办学，就是要培养和造就一批又一批的教育家，培养能够把人的全面发展作为教育价值追求，在教育理论与教育实践方面均有建树，并对社会产生广泛影响的优秀教育人才。②杨骞认为，教育家办学的根本要求就是按教育规律办学，尊重教育的独立性，遵循人才成长规律，坚守"育人"宗旨，在教育实践中正确解决"培养什么人"和"怎样培养人"的问题，杜绝"反教育"的行为，不断探索按教育规律办学的新思维和新思路。③何勇认为，倡导教育家办学，就是要在全社会形成一种风气，敢于打破各种束缚，真正让办学者放手按照教育规律去办学，让教育回归本质。④陈祥龙认为，教育家办学是一个动态的过程，有两重含义：一是让教育理论家参与办学实践，完善教育理论，成长为真正的教育家；二是让广大一线教育实践工作者在办学过程中提升教育理论，成长为真正的教育家。二者对立统一。⑤

3. 教育家办学路径的理论探寻

教育家办学既是个体的一种自我实现，也是在长期的实践过程中追求育人、仁爱、独立和管理之道与坚持实践、创新、反思和终身学习之路的不断融合和终身坚守的过程。⑥当前我国落实教育家办学还面临着诸多困难和困惑，要避免不懂教育的"外行办学"和不尊重教育规律的"非教育家办学"现象。有效实现教育家办学，还需要营造宽松、良好的社会环境，需要转变

---

① 林森. 怎么样才是"教育家办学"？：关于"教育家办学"的十个视角 [N]. 中国教育报, 2010-05-11( 5 ).
② 刘学军. 简论"教育家办学" [J]. 辽宁教育行政学院学报, 2013 ( 3 )：66-69.
③ 杨骞. "教育家办学"真谛：尊重教育规律 [J]. 中国教育学刊, 2013 ( 1 )：4-7.
④ 何勇. 教育家办学的四大"敌人" [N]. 人民日报, 2007-04-26 ( 13 ).
⑤ 陈祥龙. "教育家办学"的内涵及启示 [J]. 基础教育, 2012, 9 ( 1 )：18.
⑥ 邱德峰. 教育家办学的道与路 [J]. 西安文理学院学报（社会科学版）, 2014, 17 ( 4 )：109-112.

政府职能，使办学主体、办学目标回归本位。

学界普遍认为，实现教育家办学、促进教育家成长，需要各种有力的制度机制来保障，在全社会形成一种支持教育家办学的浓厚氛围。曾天山等人认为，要完善推进教育家办学的制度机制，为教育家办学和教育家成长创造条件，搭建平台，营造良好环境，拓展教育家成长的路径。教育家办学，需要宽裕的经济环境让教育家安心从教，宽松的政治环境让教育家专心从教，灵活的用人制度让教育家终身从教，宽容的社会环境让教育家实现专业发展。①张建雷认为，良好的制度环境是教育家办学局面形成的必要条件。我们要通过建立现代学校制度为教育家办学提供自主空间，完善学校内部民主管理机制为教育家办学谋求专业底蕴，创新学校利益机制为教育家办学的可持续发展奠定基础，优化校长管理制度，构建教育家型校长成长的有效激励机制。②王湛针对教育家办学受到大力倡导而推进乏力的现状指出，教育家办学需要克服急功近利、浅薄浮躁、话语分化等不良倾向，建设先进教育文化的精神家园。在全社会形成先进教育文化的高度自觉与自信，并在保证学校办学自主权、推进学校民主管理、支持和保障教育工作者专业成长、建立教育家荣誉制度等方面加强政策建设，以促进教育家成长，推动我国教育家办学的生动实践。③

尹茜从文化学、心理学、社会学、教育学和政治学等角度综合梳理了教育家的生活观特质、教育观特质和政治观特质，分析了影响和制约当前我国教育家成长的不利环境，提出了相应的对策建议。④栾树清以民国时期的张伯苓、经亨颐为例探讨了教育家办学机制，通过归纳两人的办学实践，提出了支持教育家成长和教育家办学的一些建议，分别是：营造宽松氛围，解放办学者思想；建立现代学校制度，确保学校办学自主权；增加教育投入，保证办学经费；畅通选拔渠道，规范校长选拔机制；创设办学条件，支持校长专业成长；办学者严格修炼，养成高尚品性。⑤全国人大代表、山东省教育厅原

① 曾天山，丁杰.强国时代制度化推进教育家办学 [J].中国教育学刊，2011（2）：5.
② 张建雷.现代教育制度视角下"教育家办学"实现条件分析 [J].河南师范大学学报（哲学社会科学版），2011，38（3）：240–243.
③ 王湛.教育家成长的环境建设与政策推动 [J].中国教育学刊，2013（1）：1–3.
④ 尹茜.教育家特质及其形成影响环境研究 [D].沈阳：沈阳师范大学，2014.
⑤ 栾树清.教育家办学机制研究：以民国时期张伯苓、经亨颐为例 [D].上海：上海师范大学，2013.

副厅长张志勇认为，教育事业需要懂教育的人来领导，为适应社会和教育发展的新要求，我们需要形成一支具有现代教育专业素养的教育局局长和中小学校长队伍。为此，我们要加强地方教育局局长专业化，完善中小学校长任职资格制度建设，从而为教育管理工作者专业素养的提升创造良好的制度环境和实践基础。①

### 4. 教育家办学的实践探索

近些年，推动教育家办学已经成为人们的共识，教育界对当下如何实现教育家办学也做了不少实践探索。2012 年，教育部围绕全面提高教育质量的战略目标，拟用十年时间有计划、有重点地选拔和培养一千名教学名师，以此来鼓励优秀人才长期从教、终身从教，努力营造教育家办学的氛围，造就一批教育家。中国教育学会还专门成立了未来教育家发展学院，为教育家成长提供"营养"、搭建平台。

朱庆葆认为，要实现教育家办学，首先要创设一种制度安排，实现校长职业化和学校管理专业化，这几乎是中外教育史上的通则。②马玉霞认为，提倡教育家办学首先要培养大批教育家校长，通过完善校长选拔任用机制、加强校长培训、健全校长考核评价制度，促使校长成为教育家。③尚嘉探讨了大学教育家型校长成长的制约因素、现实路径和生成机制。④禹小慧在分析教育家型校长培训现状及存在问题的基础上，提出了教育家型校长培训的改进对策，包括强化培训意识，合理制定培训目标，合理设置培训课程，改进培训形式和方法，健全培训管理体制，建立培训管理制度，改进培训评估，加强校长培训自我管理，等等。⑤侯琳在分析教育家型校长成长规律与当前我国校长培训的成就和不足的基础上，对教育家型校长的培训提出了合理化策略。⑥胡玲玲在分析当前我国教育家型校长成长现状和面临问题的基础上，提出了建立教育家阶梯制度、现代学校制度、校长评价体系，以及加强教育家型校

---

① 张志勇. 教育家办学制度建设思考 [J]. 教育发展研究，2009（8）：7-9.
② 朱庆葆. 教育家办学与校长职业化 [J]. 中国高等教育，2011（11）：1.
③ 马玉霞. 对教育家办学问题的思考 [J]. 河南社会科学，2012，20（6）：74.
④ 尚嘉. 我国大学教育家校长生成机制研究 [D]. 兰州：兰州大学，2012.
⑤ 禹小慧. 教育家型校长培训的问题及对策研究 [D]. 上海：华东师范大学，2012.
⑥ 侯琳. 教育家型校长培训策略研究 [D]. 长春：东北师范大学，2012.

长培训等方面的对策建议。①

　　林森深入论述了教育家型校长办学的理论与艺术，并从定位、哲理、流程、追求四个维度对教育家办学的主要内涵特质进行了解析。他指出，教育家办学适应社会和教育发展的需要，能担负起培养符合社会发展需要的各种新型人才的重任；能按教育规律办事，回归教育的本真，实现教育的应有功能；能促进校长和教师不断提升专业化发展水平；能有力地促进素质教育科学发展；能有效开拓学校教育新路径；能促进实现教育的真正价值——服务教育的发展，办出一流的学校和教育；有利于实现教育公平。②王晶晶从学校管理学角度研究教育家是怎么办学的，选择了五位教育家型校长，探讨他们改造学校的过程。她通过研究蔡元培与北京大学、陶行知与晓庄学校、杜威与芝加哥大学实验学校、苏霍姆林斯基与帕夫雷什中学、蒙台梭利与"儿童之家"，挖掘教育家改造学校的方法：有清晰的办学愿景，有强大的合作团队，有著书立说的能力，有强势推进的执行力。③葛声海通过对教育方针、素质教育、课程改革、课堂教学、教师成长、学校发展、办学模式和教育均衡的思考，表达教育家成长的幸福体验，认为教育工作者要走进教育家办学的境界，必须做"书香校园"的学者、"教学田野"的行者、"反思天地"的思者和"成长摇篮"的智者。④

　　5. "教育家办学"典范及个案研究

　　这些年来，学术界也对教育家办学的典范进行了一些探讨。刘堂江认为，北京力迈学校校长敢峰"几十年来领导北京景山学校和北京市力迈学校教改的实践，就是一个教育家办学的典范"⑤。敢峰大胆探索，积累了经验，也形成了独树一帜的教育思想，是一位杰出的教育改革家。中国教育学会小学教育专业委员会原理事长姚文俊称赞李升勇校长领导的山东省乐陵市实验小学的大课程改革，"既有理论研究，又有实践探索；既有人文素养，又有世界眼光，是教育家办学的典范"。耿有权指出，厦门大学校长林文庆凭借

---

① 胡玲玲.教育家型校长成长的问题与对策研究 [D].上海：上海师范大学，2014.

② 林森.教育家办学导论：校长专业化发展的使命与策略 [M].北京：人民教育出版社，2010：21–28.

③ 王晶晶.教育家办学：改造学校之路 [M].杭州：浙江大学出版社，2013：191.

④ 葛声海."教育家办学"的思考：增订本 [M].武汉：华中科技大学出版社，2011：186–188.

⑤ 刘堂江.《敢峰教育思想述评》序 [J].教育文汇，2010（8）：49.

"一生办教育"的职业志向，在主管厦门大学的16年里为我国近代高等教育事业做出了巨大贡献，可谓教育家办学的一个典范。①杨婉蓉认为，著名实业家、教育家陈嘉庚一生创办了许多学校，在办学中既大力弘扬中华民族的优良传统，又重视吸收西方文明的先进成果，培养出了许多优秀人才，为华侨回国兴办教育及祖国的繁荣发展做出了巨大的贡献，是华侨办学的典范。②

此外，学术界还通过中外教育史上的教育家个案研究来探讨教育家办学的典型经验和启示。比如，徐莹晖以陶行知和晓庄学校为例，探讨了民国时期教育家办学黄金时代的典型个案，分析了人民教育家陶行知先生在办学实践中形成的教育信仰、教育智慧和教育实践能力及其办学精神对当前教育改革的价值。③谢文庆从教育本土化的视角，对民国时期西部地区的雷沛鸿（广西）和卢作孚（四川）这两位办学颇具特色的教育家做了对比研究。④他认为，这两位教育家的办学都借鉴了中西方教育思想的精华，将教育视为民族独立、国家富强的基础，结合本地实际开展办学实践，在落后的西部地区对国际视野、时代精神、本土意识进行了创造性的转化，实现了新式教育的本土化发展，推动了西部地区教育现代化和区域现代化进程。两位教育家的办学取向成为民国时期本土化办学的典范。王长纯以傅任敢为例，探讨了教育家精神与教育家办学的历史使命和社会责任。他认为，傅任敢长期办学实践及其教育精神说明了任何一个教育家都有一个成长过程和教育文化积累过程。⑤冯林超、邓和平以世界著名教育家苏霍姆林斯基为例，分析了苏霍姆林斯基从教35年的办学思想和办学实践经验对我国教育家办学的重要借鉴意义。⑥

这些年来，从有关"教育家办学"课题研究成果可以看出，人们对"教育家办学"命题的时代意义的认识明显提高，这增强了教育家办学的感召

① 耿有权.教育家办学的典范：兼评张亚群教授新著《自强不息 止于至善——厦门大学校长林文庆》[J].大学教育科学，2013（1）：1.
② 杨婉蓉.华侨办学典范：陈嘉庚与集美学村研究[D].福州：福建师范大学，2010.
③ 徐莹晖.民国教育家办学的个案研究：陶行知和晓庄学校[J].生活教育，2013（12）：26-29.
④ 谢文庆.本土化视域中的西部地区两种办学取向比较：以雷沛鸿和卢作孚为例[D].上海：华东师范大学，2013.
⑤ 王长纯.教育家二题：教育家精神与教育家办学：以傅任敢先生为例[J].首都师范大学学报（社会科学版），2013（1）：124.
⑥ 冯林超，邓和平.从苏霍姆林斯基办学实践看教育家办学[J].教育探索，2014（5）：4-6.

力，坚定了教育家办学的教育发展之路。通过探讨，人们廓清了教育家办学的内涵——按照教育规律办学，丰富了教育家办学的理论，厘清了教育家办学的思路，认为社会环境建设、制度机制建设是教育家办学的基本保障，从校长职业化、教育管理专业化入手是推进教育家办学的重要突破口，并在教育家办学的实践探索方面迈出了实际步伐。也有学者对教育家办学典范及个案进行研究，注重从教育家办学的成功典范和个案当中探寻教育家成长及教育家办学的规律。但是，由于教育实践的复杂性和教育家成长的长期性，人们对教育家办学规律的探讨还不够全面和系统，在教育家办学典范性个案的研究中对教育家办学的典范特征及其养成要素等方面的研究还不够深入，还有待进一步探讨。

### （二）关于雷沛鸿的研究述评

回顾人们关于雷沛鸿教育理论与实践的研究，可以发现有两个大力研究的时期：民国时期和改革开放时期。

#### 1. 民国时期人们对雷沛鸿教育理论与实践的研究

1933年9月1日，雷沛鸿第三次出任广西省政府委员会委员兼教育厅厅长，由他亲自设计的广西普及国民基础教育运动开始实施。这一运动开始不久，便引起了民国教育界的广泛关注。不少学者、教育行政官员纷纷赴桂实地考察或撰文评介。他们对广西普及国民基础教育运动的主旨、计划、内涵、特征加以推介，并给予了赞誉。其中，具有代表性的有：1934年7月第22卷1期、8月第22卷2期《中华教育界》刊登的徐旭的《广西普及国民基础教育的前程》《广西教育新动向中的国民基础学校》；1935年3月《国民基础教育丛讯（创刊号）》刊登的梁漱溟的《广西国民基础教育与乡村建设运动》；1935年11月第25卷11期《教育杂志》刊登的漕浓的《广西普及国民基础教育面面观》。

1936年1月，俞庆棠、刘平江率中国社会教育社一行66人，在广西进行了为期三周的教育考察。考察结束后，他们在《广西的教育及其经济》一书中充分肯定了广西普及国民基础教育运动的成就，认为"广西的教育确有许多优点，值得我们取法。同时我们又觉得尚有一些须待改进的地方，可供当局参考"①。6月，广西普及国民基础教育研究院印行了龚家玮主编的《广西新教育之观感》，书中收录了胡适的《广西的教育与武化精神》、胡政之的《广西的教育事业》、陆诒的《建设途中的广西国民基础教育》、红叶的《广西的文化建设现状》、苏阳恂的《富有军事化的广西教育》、此庵的《新广西之学生军训》、王义周的《广西国民基础教育及其评价》、侯鸿鉴的《广西教育之观感》、李斗山（朝鲜）的《新广西之文化建设》、美国艾迪博士的《广西的实际教育》、国联卫生专家史丹巴的《广西教育事业的动向》等文章。这些文章对广西普及国民基础教育进行了集中评价，反映了国内外相关人士对广西普及国民基础教育的整体认识和肯定。7月，《教育杂志》刊登了雷沛鸿关于广西普及国民基础教育运动的总结性文章《三年间广西国民基础教育运动的回顾与前瞻》。编者称，广西普及国民基础教育为"全国闻名"的教育。②以《教育杂志》当时的地位，如此赞扬广西普及国民基础教育，表明雷沛鸿推行的广西教育改革在全国范围内已经产生了相当大的影响。

1938年，杨卫玉在《教育杂志》上介绍了广西教育发展的成就。他认为，广西"已经有了治标治本逐步解决的办法。不久之将来，广西的教育，将于抗战胜利声中获得更圆满之结果，这不是恭维的颂词"③。4月，虞伯舜在其编写的《抗战后方的新广西》中介绍了广西战时教育，内容包括广西学生军、国民基础教育、国民中学教育、国民大学教育及其服务抗战的情况。④

1946年8月，国民政府教育部督学刘寿祺在视察广西教育后表示，雷沛鸿是"中国学术界有数的人物"。雷沛鸿在广西先后倡导普及国民基础教育运动、创建国民中学制度、创办西江学院，始终坚持一贯的教育理想和主张，自下而上逐步推进教育改造。他这种高瞻远瞩、着眼全局、扎实推进的做法，实在鲜有。⑤他还认为，与山东的乡学、村学和定县的平民教育制度相比，雷沛鸿在广西推行的国民基础教育制度毫不逊色，因为"广西的国民基础教育制度，有崇高的理想、全盘的计划和具体的办法，而且能够切实地作

①　中国社会教育社广西考察团.广西的教育及其经济[M].无锡：民生书局，1937：43.
②　雷宾南.三年间广西国民基础教育运动的回顾与前瞻[J].教育杂志，1936，26（9）：9-14.
③　杨卫玉.广西教育之观感[J].教育杂志，1938，28（12）：15-24.
④　虞伯舜.抗战后方的新广西[M].桂林：建国书店，1938：27.
⑤　刘寿祺.我对于西江学院的希望[J].教育导报，1946（8）：12-14.

大规模的实践，所以能纳入国家立法，而推行于全国"①。

　　当然，任何事物都是一分为二的。人们在肯定雷沛鸿办学实践成效的同时，也就当时广西推行教育改造中遇到的困难和问题提出了一些疑问。比如，广西省立师专学生在开展调研之后，质疑雷沛鸿实施的爱国教育、生产教育的内容和方法，认为只有彻底消除了帝国主义和封建残余影响，教育救国才会有效。也有人认为，雷沛鸿推行的广西普及国民基础教育运动虽然在数量上可观，但质量上还有待改进②，特别是边远县的国民基础教育在师资、教材、校舍、经费、管理等方面还存在不少问题③。一些地方在推进过程中还存在计划不配合、工作推诿、校长漠视教育等问题。④这些问题与当时广西经费困难、设备简陋、师资缺乏、教材匮乏等现实情况有很大关系。另外，教育方法的不善，导致学生程度差，也是原因之一。人们对雷沛鸿推行的广西国民中学制度改革也有各种议论，而且是仁者见仁、智者见智。⑤有的主张以国民中学代替普通中学；有的认为国民中学问题繁多，主张取消国民中学，改办普通中学；还有的认为国民中学问题虽多，但重点不是取消而是如何改进，主张在国民中学里附设普通中学。这些争论也反映了国民中学制度改革还存在一些问题。雷沛鸿自己也清醒地认识到，国民教育存在着师资欠缺、经费不足、教育不当、工作不力、失信民众等问题。⑥尽管如此，雷沛鸿推行的国民中学制度改革依然在不断克服困难中前进，一些经验被国民政府教育部吸取并在全国推行。

　　总之，雷沛鸿在20世纪三四十年代所倡行的国民教育运动，不仅获得了当时海内外有识之士的极大关注和好评，而且还得到了国民政府教育部的部分采纳而推行于全国，这足以说明雷沛鸿在当时教育界的影响和声望。当时社会各界对雷沛鸿办学实践所做的研究和探讨，为我们今天研究雷沛鸿办学实践提供了客观条件。

---

① 刘寿祺.刘寿祺教育文集 [M].长沙：湖南教育出版社，1992：128–129.
② 张镇道.论推行国民教育的困难及其克服 [J].国民教育指导月刊，1942，1（10）：38–40.
③ 梁上燕.边远县份的国民教育问题 [J].国民教育指导月刊，1943，3（6）：21–22.
④ 李豪.本省边远县份的国民基础教育 [J].广西教育研究，1941（2）：54–57.
⑤ 苏希洵.广西省廿九年度全省中等学校校长会议暨中学区中学教育研究会联席会议训词 [J].国民教育指导月刊，1941，1（2）：54–56.
⑥ 雷沛鸿.广西省教育现况与检讨 [J].教育杂志，1940，30（9）：5–14.

2. 改革开放以来人们对雷沛鸿教育理论与实践的研究

改革开放以后，人们逐渐重视对雷沛鸿教育理论与实践的研究，大致经历了发轫、发展、深化三个阶段。

第一，发轫阶段（1984—1988年）。这个阶段主要是从整理与雷沛鸿有关的资料开始。最早是雷沛鸿的遗孀马清和女士编辑的《雷沛鸿先生事略》和《雷沛鸿先生教育思想研究资料集》，1984年12月由南宁私立西江业余职业学校内部印行。这些集子主要收集了雷沛鸿关于国民中学的论述、西江学院的文章和讲话。虽然是内部印行，流传不广，但引起了人们对雷沛鸿教育的注意，标志着改革开放后关于雷沛鸿教育理论与实践的研究工作开始重新回到人们的视野。这对后来编辑整理出版《雷沛鸿文集》起到了推动作用。

改革开放以来，学术界最早撰文论及雷沛鸿教育思想的是梁小克。1984年，他在《蒋桂对峙下的广西教育述要》一文中提及了雷沛鸿及其教育思想①，但这还不是对雷沛鸿的专门研究。1985年，梁小克又先后公开发表了《雷沛鸿传略》［见《河池师专学报（文科版）》1985年第2期］和《雷沛鸿对近代广西教育的贡献》［见《玉林师专学报（哲学社会科学版）》1985年第1期］两篇有关雷沛鸿的文章。这是新中国成立后最早关于雷沛鸿的教育研究专门文章。特别是在《雷沛鸿对近代广西教育的贡献》一文中，作者以历史唯物主义的观点，肯定了雷沛鸿在广西教育史上的地位和贡献，称他是"近代广西著名的教育理论家、教育改革实践家"②。

1986年，人民教育出版社将《雷沛鸿教育论著选》列入中国近代教育论著丛书出版计划。同时，广西学术界和出版界也着手整理有关雷沛鸿教育理论与实践的资料，结集出版。1988年1月，政协广西壮族自治区委员会文史资料研究委员会、致公党广西壮族自治区委员会编印了《雷沛鸿纪念文集》，收录雷沛鸿的门生故旧、亲朋好友撰写的五十余篇文章，这些文章从不同的方面回忆了雷沛鸿的生平事迹。

为了学习、研究、弘扬雷沛鸿教育思想，汲取雷沛鸿教育思想精华，指导教育实践，由雷沛鸿在江苏省立教育学院任教时的学生、著名作家吴强，雷沛鸿在广西普及国民基础教育研究院的同事、教育家杭苇，以及时任广西

---

① 梁小克. 蒋桂对峙下的广西教育述要 [J]. 玉林师专学报（哲学社会科学版），1984（3-4）：65.
② 梁小克. 雷沛鸿对近代广西教育的贡献 [J]. 玉林师专学报（哲学社会科学版），1985（1）：17-24.

教育厅党组书记、副厅长韦善美等发起，学术界对雷沛鸿教育思想开展有组织的研究。1988年2月，广西政协、教育厅等单位联合举办了雷沛鸿诞辰100周年纪念会暨雷沛鸿教育思想学术研讨会，并决定成立广西雷沛鸿教育思想研究会和雷沛鸿教育科学奖励基金会。韦善美在会上做了题为《雷沛鸿教育思想的现实意义》的报告，认为雷沛鸿对当时中国教育产生过强烈的影响，并在教育批判性思维，建立大众化、中国化民族教育体系，以及教育科研等方面提供了借鉴。[①]会议一致认为，雷沛鸿是"中国现代教育史上一位卓越的教育实践家，其论著丰富了我国的教育理论"[②]。

1988年，马秋帆在《雷沛鸿在中国现代教育史上的地位》一文中，评述了雷沛鸿教育思想与实践的重要价值及影响，肯定了他在中国现代教育史上的地位。[③]他还概括了雷沛鸿教育理论与实践的可贵之处：一是使教育生根于民众生活，注重成人教育、劳苦大众教育和普及教育；二是使"定式教育"（指正规学校教育）与"非定式教育"（指学校以外的各种教育）相结合，将学校教育与社会教育融为一体；三是使教育改造与社会改造相结合，创建一整套国民教育体系；四是使爱国教育与生产教育相结合，试图用教育挽救国家民族危亡；五是使教育真正成为人生的历程和社会的历程；六是教育学术与教育行政密切结合。[④]1988年，广西师范大学历史系中国近代史专业研究生何龙群的硕士学位论文题为《雷沛鸿与近代广西教育》，从历史学角度论述了雷沛鸿教育思想的时代背景、形成过程、内容、特征、实践活动及相关评价。

在这一发轫阶段，人们对雷沛鸿教育思想和教育实践的论述虽然是介绍性的资料收集或生平回顾居多，但它向世人介绍了教育家雷沛鸿。作为近现代教育家的雷沛鸿得到了人们的认可，其尘封的历史得以重见天日。人们开始肯定雷沛鸿在中国近现代教育，尤其是在广西教育史上的地位，为后续研究打下了基础。

第二，发展阶段（1989年至20世纪90年代末）。1989年4月，广西教育学

---

① 韦善美.教育泛论[M].南宁：广西师范大学出版社，1990：147–154.

② 雷坚.雷沛鸿传[M].南宁：广西人民出版社，1997：264.

③ 马秋帆.雷沛鸿在中国现代教育史上的地位[J].沈阳师范学院学报（科社版），1988（2）：39–45.

④ 马秋帆.对雷沛鸿教育理论与实践的再认识[M]//广西雷沛鸿教育思想研究会.雷沛鸿教育思想研究文集：1.南宁：广西教育出版社，1992：35–36.

会在南宁市召开学术会议，正式成立了广西雷沛鸿教育思想研究会暨雷沛鸿教育科学基金会。来自各地的专家学者近百人出席了会议，会议收到了50篇关于雷沛鸿教育研究的论文。自此，雷沛鸿教育研究成为一种有学术组织推动的行为。同年，韦善美、马清和主编的《雷沛鸿文集（上册）》由广西教育出版社出版。该书分为"教育泛论"和"国外教育"两个部分，收录了雷沛鸿自传1篇，有关文章51篇。

1990年3月，由李彦福等编写、广西人民出版社出版的《广西教育史料》在"广西民国时期教育"部分对雷沛鸿在20世纪二三十年代的教育思想及背景做了阐述，涉及西江学院、国民中学、国民基础教育和"特种部族教育"等。1990年9月，广西教育出版社又出版了由韦善美、马清和主编的《雷沛鸿文集（下册）》。该书以"民族教育体系的理论与实践"为主线，收集了雷沛鸿关于国民基础教育文章28篇，关于国民中学教育、国民大学（西江学院）教育文章、讲话等35篇。这些文献整理工作为进一步研究雷沛鸿教育理论与实践奠定了坚实的基础。

1991年1月，广西雷沛鸿教育思想研究会在南宁组织召开第三次雷沛鸿教育思想学术研讨会，雷沛鸿教育思想研究引起了国内教育史学界的广泛重视和海外学者的关注。1992年12月，人民教育出版社正式出版了被列入中国近代教育论著丛书、陈友松主编的《雷沛鸿教育论著选》。该书按发表时间收录了雷沛鸿的教育文章40余篇，这标志着雷沛鸿已跻身于我国近现代著名教育家的行列，他的贡献和地位进一步为国人所知。刘寿祺在为该书作序时指出，"雷沛鸿先生的教育思想和教育实践，对我们运用前人的教育成果，认真搞好今天正在深入开展的教育体制改革，努力探索和建设具有中国特色的社会主义教育体系，是大有裨益的"[1]。

1992年8月，《雷沛鸿教育思想研究文集》第一辑由广西教育出版社出版，收录了来自全国各地学者的42篇研究论文。这些文章对雷沛鸿在国民基础教育、国民中学教育、国民大学教育等领域的理论与实践，以及在比较教育、成人教育、少数民族教育、教育经济学、教育管理学等领域的成就和贡献做了探讨。随着学术界对雷沛鸿教育研究兴趣的扩大，1992年年底在哈尔

---

[1]  陈友松 . 雷沛鸿教育论著选 [M]. 北京：人民教育出版社，1992：6.

滨市召开了第四次雷沛鸿教育思想学术研讨会。这次会议标志着雷沛鸿教育研究走出了广西，开始遍及中国，面向世界，逐步树立起了中国教育家的旗帜。①

1993年，广西教育出版社又出版了由韦善美、马清和主编的《雷沛鸿文集（续编）》，更多地收集了雷沛鸿的著述，涉及政治经济文化、宏观教育、初等教育、中等教育、高等教育等领域，以及由他亲自起草或主持制定的13部具有代表性的教育法规。

1994年，韦善美和程刚合著的《雷沛鸿教育思想研究》，作为中国近代教育家系列研究的成果，由辽宁教育出版社出版。作者运用马克思主义世界观和方法论，系统分析和科学提炼了有关雷沛鸿教育思想的文献资料，介绍了雷沛鸿为改造中国教育、振兴民族而进行的艰苦卓绝的教育探索，阐述了雷沛鸿毕生探寻的国民教育的含义和实践体系。马秋帆在该书前言中这样评价：这是第一部全面系统地研究雷沛鸿教育思想的著作。该书充分展示了雷沛鸿教育思想的时代性、民族性和个性特征，对有些问题所做的分析和评论具有独到、精辟的见解。

1995年8月，《雷沛鸿教育思想研究文集》第二辑由广西教育出版社出版。与前几年相比，人们对雷沛鸿教育思想研究的视野更为开阔，研究方法也趋于多样化。9月，第六次雷沛鸿教育思想学术研讨会在重庆召开。这次会议进一步挖掘了雷沛鸿教育思想，特别就雷沛鸿关于中国教育现代化构想的理论与实践模式进行了探讨，从而将雷沛鸿教育研究推向了一个新的高度。2001年，广西教育出版社出版了高敏贵和潘启富主编的《雷沛鸿教育思想研究文集》第三辑，载有50多篇论文，在相关问题的研究上又有了新的突破。

雷沛鸿作为广西文化名人，后人也以著述的方式对他的生平事迹进行了全面的研究。1994年，接力出版社出版了黎浩邦著的《旷世师表雷沛鸿》，全面介绍了雷沛鸿光辉的一生。雷沛鸿作为"开平民教育之先河、创教育为公之新风"的著名教育家，其传记被列入《八桂俊杰丛书》。1997年广西人民出版社出版了雷沛鸿女儿雷坚编著的《雷沛鸿传》，该书以时间为经，以雷沛鸿生平活动为纬，详细展示了雷沛鸿的生平事迹，在雷沛鸿教育思想述

---

① 李诚忠.学习、宣传、研究、发扬雷沛鸿的精神与思想：东北地区雷沛鸿教育思想研讨会结束语[J].
黑龙江教育学院学报，1993（1）：9-10.

评上，又有了一些新的提法，比如，认为雷沛鸿"接受了科学的辩证唯物主义观点"，其教育思想体系是以"教育民族化、大众化为核心，以教育动态观为基础的民族教育思想体系"。1998年广西教育出版社出版了钱宗范主编的《雷沛鸿的生平和事业》，该书以"爱国、奉献、求实、创新"的"沛鸿精神"为主线，对雷沛鸿的生平业绩做了比较全面的叙述。

至此，在有关学术组织的推动下，对雷沛鸿教育思想的研究不再局限于广西，而是走向了全国；人们对雷沛鸿教育思想的研究也不再限于一般意义上的文献阐释和思想评价，而是以更宽广的视野从多角度、多层次来进行研究，也日益重视对雷沛鸿教育思想现实意义的探讨。

第三，深化阶段（20世纪90年代末至今）。这一阶段的雷沛鸿教育理论与实践研究有两个明显特点：一是通过课题立项的专题研究明显增多，并出版了相应的研究成果；二是关于雷沛鸿教育理论与实践研究的学位论文明显增多，研究层次明显提升。开展与雷沛鸿教育理论与实践相关研究的立项课题成果有：郭道明主持的广西教育科学"九五"规划重点课题"雷沛鸿国民教育研究"，研究成果《雷沛鸿国民教育概论》于1998年由广西师范大学出版社出版。该书分别论述了教育的功能、国民教育体系、教师与教师培养、课程与教学、道德与德育、国民教育的组织与管理、教育科研、教育立法等有关国民教育的基本问题，基本涵盖了雷沛鸿国民教育思想的主要方面。周玉良主持的全国哲学社会科学"九五"规划国家重点课题"中国地方教育史研究"的子课题研究成果《广西教育史》，1999年由广西人民出版社出版。该书专设了《雷沛鸿的教育理论与实践》一章，以传统中国教育现代化、外来教育中国化为主线，从教育的观念、功能、目的、对象、内容、方法及管理等方面研究了雷沛鸿教育改造的思想和实践，从理论基础、内容结构和特征等方面对雷沛鸿倡行的民族教育体系做了探讨。刘业超主持的全国教育科学"九五"规划国家教委重点课题研究成果《雷沛鸿高等教育理论研究》，2001年由湖南教育出版社出版。该书就雷沛鸿高等教育本体论、本质论、地位论、功能论等十几个方面做了详尽的研究。吴桂就主持的全国教育科学"九五"规划国家教委重点课题"雷沛鸿构建民族教育体系个案研究"，研究成果《雷沛鸿与民族教育体系》于2002年由广西师范大学出版社出版。该书围绕雷沛鸿办学实践与理论体系，系统分析其时代背景、实验过程、操作环节，总结了有关的理论特征、学术体系，揭示了其历史意义与现代价值。西北师范大学胡德海在已有研究成果的基础上写成的专著《雷沛鸿与中国现代教育》于2001年由甘肃教育出版社出版。该书对雷沛鸿的家世生平，社会理想和政治道路，教育思想的文化学术渊源、发展过程及其能够在广西实施的原因，民族教育体系的理论和实践等做了全面而又深刻的分析，认为雷沛鸿是一位视野宽广的宏观领域的教育改革家。中山大学曹天忠在其博士论文《雷沛鸿与民国广西教育、社会双改造研究》的基础上出版了专著《教育与社会改造：雷沛鸿与近代广西教育及社会》（天津古籍出版社，2004年）。作者运用历史与逻辑相统一的方法，以时间为经、相关史事为纬，深入探讨了雷沛鸿教育思想的渊源、流变和发展，揭示了广西普及国民基础教育运动与基层"四大建设"的关系，在前人的研究基础上有了明显的推进。

在研究层次方面，有一批硕士生和博士生的学位论文选择了与雷沛鸿教育理论与实践相关的问题进行研究。其中，硕士学位论文有多篇，如黄东的《对广西农村小学体育课程的初步研究》（广西师范大学，2000年）；刘东霞的《雷沛鸿普及国民基础教育策划活动研究》（西南大学，2007年）；黄文华的《救亡与救穷的双重使命：广西普及国民基础教育运动（1933—1940）》（四川大学，2007年）；田利召的《近代教育均衡思想研究——以二、三十年代中国乡村教育家为考察对象》（河北师范大学，2011年）；刘杰的《雷沛鸿国民基础教育实验研究》（湖南师范大学，2011年）。涉及雷沛鸿教育研究的博士学位论文有5篇：曹天忠的《雷沛鸿与民国广西教育、社会双改造研究》（中山大学，1999年）；李海云的《新教育中国化运动研究》（华东师范大学，2006年）；覃卫国的《抗战时期桂林教育发展研究》（湖南师范大学，2007年）；赵晓林的《中国近代农民教育研究》（西北农林科技大学，2011年）；谢文庆的《本土化视域中的西部地区两种办学取向比较——以雷沛鸿和卢作孚为例》（华东师范大学，2013年）。曹天忠还在其博士论文的基础上，连续发表了《国民基础教育与广西基层社会》《哈佛、欧柏林大学游学工读与雷沛鸿的教育思想》《桂林文化城时期的国民中学之争》等系列论文，对雷沛鸿教育理论与实践的有关问题做了深入探讨。

从以上可以看出，这个阶段参与雷沛鸿教育研究活动的队伍进一步扩大，既有一批造诣深、声望高的海内外专家、教授，又有众多年轻的博士、硕士以及热心雷沛鸿教育研究的学者。雷沛鸿教育研究的领域进一步拓宽，既涉及民族教育体系、国民基础教育、成人教育、教育管理、教育立法等方面，又涵盖哲学、社会学、人类学、文化学、经济学等领域。可以说，人们对雷沛鸿教育理论与实践的研究达到了一个新的高度，雷沛鸿在中国近现代教育史上的地位得到进一步确立。

3. 已有研究取得的成就和存在的不足

第一，关于雷沛鸿教育研究所取得的成就。1989年以来，在有组织的学术活动推动下，雷沛鸿教育研究获得了长足发展，参与的研究者众多，遍布海内外，取得了以下成就：一是成立了专门的学术组织——广西雷沛鸿教育思想研究会，开展了丰富的学术研究活动，仅雷沛鸿教育思想学术研讨会就举办过10余次，形势喜人。以学术研究的广度而言，研究涉及雷沛鸿教育理论与实践的各个方面，包括民族教育理论和实践的探索与整体推进，对雷沛鸿在我国近现代教育史上的突出贡献有了全面、深入的研究。人们从历史唯物主义的立场和观点出发，对雷沛鸿的教育思想及教育实践在中国近现代教育史上的地位和社会价值进行了实事求是的分析与评价，并将他与同时代的其他著名教育家进行了比较。通过与同时代教育家的横向比较，来探索雷沛鸿教育思想和实践在那个时代的独到之处。从研究队伍来看，从事雷沛鸿教育研究的圈子不断扩大，形成了以广西和东北为主要研究阵地，并向全国其他地区辐射的局面。二是人们先后整理编辑出版了雷沛鸿生前的教育实践和教育理论著述集5部，系统挖掘了雷沛鸿丰富的教育思想理论和教育文化精神，为宣传、学习、研究雷沛鸿教育思想奠定了基础。三是通过研究，人们全面系统地梳理了雷沛鸿的教育思想理论和实践成就，公开出版了一系列专门研究雷沛鸿教育思想的著作，其中有雷沛鸿生平传记3部、专题论著6部、研究论文集3部，研究内容涉及雷沛鸿关于教育本质属性的认识，关于民族教育体系的理论和实践的探索，关于教育方法、教育管理、教育研究、比较教育等领域的思想，以及雷沛鸿教育思想的形成、发展与启示，等等。雷沛鸿教育思想得到了学习、研究、弘扬，为当代教育改革和发展提供了有益的参考。四是随着雷沛鸿教育思想研究的逐步深入，雷沛鸿教育思想从广西走向全国，甚至传播海外。雷沛鸿作为我国近现代教育发展史上杰出教育家的地位得到人们的认同，他的思想和精神得到了传承。广西成立了以"雷沛鸿"

命名的纪念性学校4所，设立雷沛鸿纪念馆1处。

第二，关于雷沛鸿教育研究的不足。从上述雷沛鸿教育研究的学术史我们可以看出，改革开放以来，人们对雷沛鸿教育研究的发展与我国新时期教育改革发展方向是一致的。雷沛鸿的办学实践与教育思想对我国改革开放以来的教育体制改革、义务教育发展、成人教育发展、少数民族教育发展等方面都有启示。这也说明了雷沛鸿教育思想在当代中国教育改革发展中的强大生命力。然而，从学术发展的更高水准来看，对雷沛鸿教育理论与实践的研究也存在一些不足，仍有待深化和拓展。

从研究者所在区域来看，虽然研究队伍不断壮大、区域不断扩大，但主要还是集中在广西和东北地区，其他地区的研究热情还不高，没有形成百家争鸣的学术景象，对雷沛鸿教育研究及其教育成就的宣传还不够。

从研究内容来看，尽管雷沛鸿教育研究的领域相当广，但仍有许多方面值得拓展和挖掘。一是对雷沛鸿教育思想形成与其办学实践历程相互关系的研究还不够深入。人们在研究雷沛鸿教育思想时，偏重于雷沛鸿教育思想的梳理分析，较少有人对雷沛鸿教育思想与其办学实践中的内在动因和外部环境的关系等问题做深入系统的研究。事实上，作为教育家的雷沛鸿，正是在正确处理教育改造与社会发展等复杂关系的过程中，根据当时中国教育特别是广西的实际情况而提出自己的教育主张和办学方略，在长期的办学实践中逐步形成自己独特的教育思想。所以，与其具体的教育思想相比，雷沛鸿办学过程中所体现的典范性特征与他的教育智慧、教育品格更值得我们今天去研究和借鉴。二是对雷沛鸿如何成长为教育家的过程研究还不够。虽然过去的研究成果丰硕，但多集中在对雷沛鸿的办学实践、教育思想和历史贡献的介绍、概括与评价层面，缺乏对其办学实践生涯中的心路历程的研究，因而导致研究中不见其"人"，也难以发现其成为教育家和实现教育家办学梦的规律性特征。三是对雷沛鸿办学实践的时代意义研究得还不够深入，未能深入探索雷沛鸿的教育家成长和教育家办学之路，对其局限性研究还不够，对其教育思想怎样产生、怎么运用的问题研究还不够，对雷沛鸿教育思想的时代意义挖掘得不够。

从研究方法来看，虽然在研究雷沛鸿教育理论与实践的过程中研究方法不断创新，但仍显单调。人们多采用文献研究法，多是以论带史，"脸谱化"的研究模式多，容易人为地放大和拔高研究对象。所以，雷沛鸿教育研究的方法路径仍需创新。我们需要运用辩证唯物主义的历史观，合理运用人才学、区域现代化、教育原理、复杂系统论等理论，拓宽研究视角，系统考察雷沛鸿在中国近现代社会转型的特殊环境下办学的艰难历程和教育智慧。我们既要研究他的教育理论成果，又要探寻他的办学实践，多角度、全方位进行研究。

总之，已有的研究有助于本研究方向的凝练，为本研究奠定了良好的基础。本研究试图在已有研究的基础上，对上述问题进行力所能及的探讨，进一步弥补对雷沛鸿办学实践和"教育家办学"典范研究的"空白"。

## 三、研究视角与研究思路

### （一）从教育家办学的视角研究雷沛鸿，以求常研常新

"横看成岭侧成峰，远近高低各不同"，人们观察事物的视角不同，所看到的结果也往往不同。从物理学意义上讲，视角就是指视线对物体两端的张角，它由观察者、观察对象和观察中介构成。延伸到社会现象，视角的含义就是指看待认识对象的方法、角度、观点，也就是认识主体从社会现象之间的关系来观察和解释认识对象的一种心理品质或认知方式。在具体考察一种社会现象时，主体的认识过程和认识结果往往受一定视角的影响。这是因为，人们在观察社会现象时，由于观察者的生活环境，个人阅历，知识结构和水平，以及考察和分析问题的立场、经验、动机等方面的差异，往往会产生不同的认识过程，导致不同的认识结果。同时，观察视角还代表观察者（或研究者）的理念和研究目标的指向性。不同的研究理念和研究目标指向会产生不同的研究结果。就雷沛鸿的教育实践活动而言，人们已经从不同的思维视角进行了考察、认识和评价。为了在原有研究的基础上发掘教育家雷沛鸿的办学实践活动及其教育思想中更多有特色、有价值的东西，从而加深对教育家办学和教育家成长规律的认识，使我们更加全面地把握近现代教育

家的本质特征，本研究将从教育家办学的视角，运用文献研究法等方法，从方法论的角度分析雷沛鸿办学实践。

教育家是教育工作者队伍中的优秀人才，教育家办学是我国当代教育治理现代化的发展方向和必然要求。从人才学理论视角来看，人才作为一种社会现象，是指那些具有良好素质，能够在一定条件下通过不断取得创造性劳动成果，对人类社会发展产生较大影响的人。[①]人才学认为，人才的素质存在着差异性和层次性；人才所起的历史作用代表着社会发展的方向，具有先进性和时代性；人才的劳动过程和成果具有创新性；人才能量的形成和释放具有时效性和动态性。教育家是高素质专业化人才，是教育人才专业发展的最高阶段和最佳境界。[②]教育工作者成长为教育家，是要带着强烈的教育情感和社会责任感，正确选择和适应特定的环境，在教育实践中通过自身的努力，不断提高专业素养，辐射和影响其他教育工作者，引领一个学校乃至一个区域的教育发展，在教育理论和实践方面有独到的建树，并得到社会的广泛认可和尊重。

人才资源是第一资源，是社会各项事业发展的根本动力。教育大计，教师为本，有好的教师，才有好的教育。"强教先强师""教育家办学"等时代命题就说明教育事业的发展关键靠人才。倡导教育家办学，就是要求办教育要尊重教育规律和依靠教育人才。一方面，教育要遵循人才成长规律，比如，遵循"十年树木，百年树人"规律，遵循个体发展多样性规律，树立学校育才、自我成才、人人成才、全面发展和系统培养人才等观念。另一方面，教育要遵循科学育人规律，即遵循受教育者身心发展规律和社会发展规律。所以，建设教育强国和人力资源强国必须依靠教育家办学。要实现教育家办学，就要让每个教育工作者都有一方真正属于自己的水土，去实现个性化的专业发展，提升整个教师队伍的专业素质，培养和造就一批又一批的教育家。

人才成长都是以创造性实践为中介、内外诸要素相互作用的结果。也就是说，时代发展环境创造人才，人才推动时代发展。人才的成长要经历一个由潜人才向显人才、由低层次人才向高层次人才转化的过程，这种转化实现

① 罗洪铁，周琪.人才学原理[M].北京：人民出版社，2013：6.
② 曾天山，丁杰.强国时代制度化推进教育家办学[J].中国教育学刊，2011（2）：1-5.

的可能性和程度则取决于人才成长过程中的社会承认。①社会对人才的素质和成果表示肯定和认可的活动过程，往往具有客观性、层次性和时代性的特点。人才从潜才到显才、从低层次到高层次，都需要经过社会承认，得到组织、权威和公众的肯定和认可。但由于"今明效应"②的影响，不少成才者在成才前（学习继承期）和成才中（实践创造期）往往遇到"今效应"（抹黑效应）或"逆境效应"（磨难效应）的阻力，它驱使身处逆境的成才者不屈不挠地奋斗；在成才后又遇到"明效应"（建碑效应）或"顺境效应"（锦上添花效应）的干扰。这种"变色龙效应"始终伴随人才的成长。③作为教育家的雷沛鸿是在数十年的办学实践中成长起来的，而他的办学实践更多的是以教育管理者的角色在进行宏观办学。因此，我们要鼓励人才、支持人才、尊重人才，必须做好科学化的社会认可，以人尽其才、才尽其用。

历史上"大教育家"的称号往往都是后世赋予的，这些"大教育家"一开始也只是普通的教育工作者，他们自己及同时代的人也并不称其为"大教育家"，只是随着时间的推移和历史的检验，他们的业绩和可贵之处被人们认可，才渐渐被称为"大教育家"。20世纪上半叶对于中国来说是一个灾难深重的时代，但也是一个教育家办学的黄金时期，期间涌现出了众多的优秀教育人才。比如，有办大学的蔡元培（北京大学）、梅贻琦（清华大学）、吴贻芳（金陵女子大学）等，有办中小学和幼儿园的陶行知、陈鹤琴、张雪门等，有办民众教育的晏阳初、梁漱溟、雷沛鸿等，有办职业教育的黄炎培等。他们一开始并不是教育家，而是在办学实践中逐步成长，不断向教育家办学的方向靠拢，最后才被世人公认为教育家。

## （二）研究思路

雷沛鸿是我国近现代教育史上的一位杰出教育实践家，他的教育思想博大精深，教育实践丰富多彩。本研究基于对教育家办学理论的思考，以雷沛鸿办学实践为对象，在总结前人研究成果的基础上，合理运用人才学、现

---

① 罗洪铁，周琪. 人才学原理 [M]. 北京：人民出版社，2013：169.
② "今明效应"，亦称"柴门霍甫效应"。这是世界语创始人、波兰籍犹太人柴门霍甫发现的一种社会现象，意指人才在成长发展过程中常常遇到逆境的阻力和顺境的干扰。
③ 张骏生. 人才学 [M]. 北京：中国劳动社会保障出版社，2006：82.

代教育治理等理论，运用文献研究法、历史研究法、个案研究法、比较研究法等研究方法，从教育家办学的视角对雷沛鸿办学实践进行深入的研究。雷沛鸿作为一名教育管理者，其办学实践主要体现为他以教育管理者角色在教育研究、教育策划、教育实施以及服务教育事业发展过程中的表现及成就。本书在总结雷沛鸿办学实践成就的基础上，深入探讨雷沛鸿办学过程中所表现的典范性特征和养成要素，及其成长为教育家、实现教育家办学的规律，呈现一个鲜活灵动、个性分明的教育家办学典范，探寻对今天教育家办学的启示。

　　本书基于雷沛鸿的主要办学实践活动及成就，通过对教育家雷沛鸿从事办学实践的动机、情感、态度、认知、身份等要素的考察，用辩证唯物主义的历史观分析他在中国近现代社会转型、军阀割据、民族危亡的环境中改造教育、改造社会所展现的成就与智慧，探讨一位教育家的成长历程及其教育品格，展示教育家办学典范的丰富性。期望本书能够填补关于雷沛鸿作为教育家办学典范研究的空白，以丰富我国现代教育家研究的理论成果，进一步提高人们对教育家办学典范的理论、特征、要素及规律的理性认识。

# 第一章

# 关于教育家办学的理论解析

"教育家办学"作为一个时代命题提出，是教育发展到一定阶段的产物。教育家和教育家办学是一种共生关系。教育家作为教育工作者队伍中的高素质专业化优秀人才，有其特定的标准和内涵。扎实的教育知识、深厚的教育情怀、坚强的教育意志、丰富的教育实践及公认的教育成就和影响是一个人成为教育家的基本条件。今天大力倡导教育家办学，既是针对现实中不按教育规律办学而导致教育被扭曲、被异化的"非教育家办学"倾向而提出，也与积极推进教育综合改革、落实和扩大教育公平、推进教育治理现代化等要求有着密切的联系。教育发展的内在逻辑决定了教育家办学的必然性。倡导教育家办学，标志着我国教育发展方式从外延发展向内涵发展的转变。这对受教育者个体发展、教育者同行发展、教育科学发展，乃至整个教育事业和社会发展，都是十分有价值的。

# 第一节  教育家办学命题的提出

进入21世纪以来，我国教育改革和发展将培养大批教育家、让教育家办学作为重大命题提出，究其原因，在于重视教育家的培养、倡导教育家办学有很强的现实针对性。一是"非教育家办学"的现象严重影响和制约着教育事业的健康发展；二是党和国家领导人高度重视教育改革和发展，人们越来越渴盼教育回归本真，希望那些不懂教育、不遵循教育规律的"非教育家办学"倾向得到纠正，避免外部力量"瞎指挥"干预办学。

## 一、"非教育家办学"的倾向

长期以来，出于历史和国情的原因，在教育现实当中还存在种种违背教育规律的"非教育家办学"倾向[①]。

一是按政治家思维办学。教育的本质在于培养人，而培养人是要有一个长期积淀的过程，不是说规定了数据指标就能造就的。如果办学者在任期内仅仅是以获得数据、典型和亮点来支撑教育业绩为目标，就会导致办学"官僚化""行政化"。教育机构就会成为行政权力的附庸，行政权威代替教育理性，学校功利主义倾向被不断强化，教育规律在办学过程中能发挥的作用被弱化。这就明显违背了办学规律和教育的文化价值，不利于人才培养和学校自主性、创造性的发挥。

二是按企业家思维办学。企业家追求经济效益最大化，关注投入和产出

---

① 陈晞.关于"教育家办学"的思考[J].上海教育科研，2009（2）：20-23.

的关系，以较小的成本消耗获得更多的产品。如果办学也像办企业那样去追逐利润、追求功利，以经济效益为办学的第一原则，就会置教育的本意——促进人的全面发展于不顾。现实中就有这样的现象存在，把学校当作工厂来办，把培养人的过程当作车间式的机械化生产，学生班级就像车间，班主任就像工头，学生成了被加工的"产品"。这样，整个学校和利益相关方被"效益"所牵制，学生个体自然的、自由的、幸福的身心发展过程也就消失了。

三是按科学家思维办学。对科学家而言，好奇心大于一切，创新高于一切。但在教育家眼里，人高于一切。教育是要在传承与创新中慢慢积淀，潜移默化，所以办学者不能片面追求标新立异。此外，搞科学研究多是探索事物发展的规律，可以反复实验，允许无数次的失败。而教育工作面对的是活生生的人，是有个性、有感情、成长中的孩子。他们的成长过程是不可逆也不可耽搁的，所以我们不能把教育对象当作科学实验材料，更不能把教育过程当作可以从头再来的科学实验。当然，办教育要有科学精神，但更要有理智、有情感、有爱心，还要有艺术、有人文关怀。

四是按军事家思维办学。军人是以服从命令为天职，必须步调一致。现实中就有不少人是按照军事化思维进行管理，把学校当军营，把考场当战场。"决战课堂"的口号、迎考挑战书、考前誓师大会等现象在我国中小学校园里并不鲜见。学校、学生、教师的成功与否就看考场上的一决胜负，成者为王，败者为寇。但从教育规律来看，培养人的工作不能毕其功于一役，而是要给人以个性发展的空间。

五是教书匠式的办学①。教育家与教书匠有本质区别。人们往往把那种忽略教育的育人功能，缺乏教育创新和教育思想，一味地把知识和技能灌输给学生，以教书为谋生手段的教师称为教书匠。他们强调"书本中心"的教学方式，采用"灌输式"的教学手段和"魔鬼般"的考试训练，学生在书山题海中演绎成考试的机器。这样的教师虽然对应试教育能够驾轻就熟，但凭的是"经验主义"，是没有创造性、开拓性和灵性的匠人办学。在他们的眼里，教师只是一门赖以谋生的职业，而不是塑造灵魂的工程师。这样的教育

---

① 何勇.教育家办学的四大"敌人"[N].人民日报，2007-04-26（13）.

毫无生机，缺乏创造力，仅仅是考试工具。

总之，所有这些"非教育家办学"的倾向都不是按教育规律办学，偏离了教育的本质。它们都不是从对学生、对教育、对社会负责的高度来办学，因此不能从培养人的角度促进学生全面发展。如果把学校办得像官场，像商场，像实验室，像军营和战场，就会导致教育被扭曲、被异化，会严重影响和制约教育事业的健康发展。今天再次倡导教育家办学，就意味着要求办学者用教育家的思维方式来思考和解决教育问题。

## 二、教育家办学成为时代命题

教育家办学是教育发展到一定历史阶段的必然产物和时代要求。早在1922年，蔡元培先生就曾提出了教育家办学的观点。他认为，教育是帮助被教育的人，给其能发展自己的能力，完成其人格发展，对人类文化尽一份责任，所以"教育事业当完全交与教育家"①。尽管当时蔡元培先生是基于教育的独立性诉求而提出这一观点，但他提倡教育家办学的主张是显而易见的。

随着现代文明的进步，教育越来越受到社会各界的关注和重视。我们党和政府把教育事业列为民生之首，以满足人民群众日益增长的教育需求。在2003—2012年，时任国务院总理温家宝同志曾先后十余次在各种正式场合提过"教育家办学"的主张和要求，"教育家办学"的命题被反复强调。特别是他先后在2006年、2007年的《政府工作报告》中提出，要倡导教育家办学，培养一支德才兼备的教师队伍，造就一批杰出的教育家。他还先后在2008年、2009年的国家科技教育领导小组会上强调，教育事业应该由懂教育的人办，要倡导教育家办学。此外，温总理还就教育家办学的内涵阐明了自己的看法。他认为，教育家可能不是某些专业的专家，但是他们第一要热爱教育，第二要懂教育，第三要站在教育的第一线，不是一时而是终身。教育有其自身发展的规律，大力倡导教育家办学，就是要充分发挥教育家的办学

---

① 蔡元培.教育独立议 [M] // 蔡元培.蔡元培教育名篇.北京：教育科学出版社，2007：159.

才能和特长，让那些有终身从教志向的人不受任何名利干扰和诱惑，把自己完全献身于教育事业。我们要努力培养和造就一大批献身教育事业、具有先进教育理念和独特办学风格的人民教育家。①

2010年颁布的《国家中长期教育改革和发展规划纲要（2010—2020年）》明确提出："创造有利条件，鼓励教师和校长在实践中大胆探索，创新教育思想、教育模式和教育方法，形成教学特色和办学风格，造就一批教育家，倡导教育家办学。"这标志着教育家办学已经作为一个时代命题上升到了国家政策层面，成为党和政府对我国新时期教育事业的一项部署。这也充分说明，教育家办学已经成为我国当前和今后一个时期教育发展的强烈社会共识。它既是人们对教育内涵发展的诉求，也是尊重教育规律的体现。

当前，全球教育治理出现了重视人力资源、发动全民教育、开展国际评估、统一大学学制、构建学习化社会等典型趋势。②教育治理的理念就是在尊重教育主体多元化的前提下，使教育发展既能符合国家发展的最高利益，也能保证各教育主体的合法权益，以契约联结利益相关方，保持教育系统内外之间的平衡与协调，支持多方参与。③教育治理现代化是实现教育现代化的重要条件。教育治理现代化就是要通过教育系统各要素之间的协同以及社会系统各组织要素之间的协作，构建一个联结社会、政府、学校、家庭及个人等的完善教育治理体系，保障和促进指导者和学习者共同发展，最终实现人的解放和生产力的提升。

教育具有多重属性，关乎多方利益，现代教育的突出特征就是多元、灵活、开放、公平。作为一种专业化程度很高的社会公益事业，教育的本质属性十分适合多元共治。推进教育领域综合改革需要构建现代教育公共治理体系。教育治理科学化、民主化、教育化与法治化，是教育治理现代化的本质内涵，也是教育治理现代化的重要特征。④我国教育改革发展提出了"治理"阶段性命题，以期恢复教育生态，回归教育规律。教育治理是国家治理体系的重要组成部分，是深化教育领域综合改革的重要内容。建立与中国特色现

① 温家宝.强国必强教，强国先强教 [N].中国教育报，2010-09-01（1）.
② 王晓辉.教育决策与治理 [M].北京：教育科学出版社，2010：201.
③ 王晓辉.关于教育治理的理论构思 [J].北京师范大学学报（社会科学版），2007（4）：5-14.
④ 尹达.教育治理现代化：理论依据、内涵特点及体系建构 [J].重庆高教研究，2015，3（1）：5-9.

代教育体系相适应的教育治理体系，就是要正确处理好政府与学校、政府与社会、学校内部以及学校与家庭、学校与社区诸方面的关系，建立多方合作机制，转变政府职能，改善宏观管理，全面落实依法治教，依法保障学校办学自主权。所有这一切的落脚点就是要实现教育家办学。

教育治理现代化与教育家办学是相辅相成的关系。[①]教育治理能力建设和教育治理现代化是实现教育现代化的根本要求和重要保障，也是我国教育领域综合改革的总目标、新任务，教育家办学是实现这一伟大目标的最佳路径。一方面，治理现代化的价值体系为教育家办学指明了方向，也为教育家办学提供制度保障。现实表明，教育家办学遇到的种种障碍，很多来自制度缺失或者制度僵化。构建教育民主的制度体系是推进教育治理现代化的重要内容。形成支持教育家办学、促进教育家成长的制度体系，并保证这些制度有效执行，是教育治理体系和治理能力现代化的具体体现。另一方面，一个国家、一个地区教育治理能力的高低，很大程度上取决于这个国家、地区教育家群体的数量和水平。因为，教育家是教育改革的领航者，他们在不断探索、不断创新的教育改革实践中施展抱负和才能。这也是提高现代教育治理能力、推进教育治理现代化进程的旨归。

# 第二节　教育家的标准和类型

教育家不像科学家那样可以通过某项举世瞩目的业绩评定、评选出来，我们很难找到一个明显的成功"标志"或"终端"。教育家的成长过程是指在特定环境下，教育工作者的教育职业素养协调发展到较高水平的过程，也是一个长期甚至无止境的修炼过程。

---

① 王湛.教育治理现代化与教育家办学 [J].人民教育，2014（14）：1.

# 一、相关概念梳理

## （一）办学实践

实践是主体与客体之间通过一定的中介发生相互作用。实现人类理性价值的过程，也是人类生活的基本内容。人类是在实践中认识世界和改造世界，创造人类历史，推动社会发展的。同时，人类实践活动也是丰富多样的。我们可以将实践活动区分为不同的类型。从实践的内容看，可以把实践区分为生产斗争实践、阶级斗争实践、科学实验实践、教育实践、医疗实践和艺术实践等类型；从实践的主体看，可以把实践区分为个体型实践和群体型实践；从实践的过程看，可以把实践区分为常规型实践和探索型实践；从实践的层次看，可以把实践区分为简单型实践和复杂型实践①；从实践的结果看，可以把实践区分为成功的实践和失败的实践；从实践与认识的关系看，可以把实践区分为在理论指导下的实践和摸着石头过河的实践。

从实践行为来看，办学包括教育及其管理者从教、治教、兴教、办校、教研等多种履职形式。办学行为大体可以分为三种：第一，办学就是办教育。从投资和管理的角度来看，意指谁去承担教育活动所需的各种资源的投入，谁是教育资源产权的拥有者。我国目前基本办学形式有政府办学和社会力量办学两种。第二，办学就是办理学校。从学校运营者的角度来看，指学校的组织运作由谁负责，是由学校所有者（如政府）直接管理和经营，还是按照现代学校制度，由专业教育工作者去管理和经营。第三，办学就是培养人。从教育活动运行来看，指教育者、受教育者以及教育影响诸要素之间围绕"培养什么人"和"怎样培养人"的根本问题的解决，促进受教育者的身心健康发展。归纳起来，办学实践就是指办学者在一定的教育思想或教育理论指导下，实施以培养人为核心的各种行为和活动的总和，它是一种具有群体性、复杂性、探索性和创造性的社会实践活动。雷沛鸿作为一名教育管理

---

① 桑志达. 多角度研究实践的类型：从哲学对实践的研究说起 [J]. 社会科学，1990（11）:15–18.

者，其办学实践是他为实现"教育为公"的价值追求，在教育研究、教育策划、教育实施以及服务教育事业发展过程中的行为、表现、成就的总和。为探讨雷沛鸿办学实践及其成长为教育家、实现教育家办学的实践过程和规律，本研究根据雷沛鸿成长为教育家的递进性发展历程及其教育实践的阶段性特征，将他办学实践的主要活动及成就分为三个阶段，即初探性实践阶段、开拓性实践阶段和跃升性实践阶段。

## （二）教育家

何谓教育家？按照《辞海》的解释，"某某家"中的"家"，是指"经营某种行业，掌握某种专门学识、技能或从事某种专门活动的人"[①]。根据我国《教育大辞典》的解释，"教育家"是指"在教育理论或实践上有创见、有贡献、有影响的杰出人物"[②]。研究历史上出现过的教育家，一直是我国教育研究的重要领域。学术界通过"直接的认识"对教育家进行了不少描述性研究，也有不少学者对教育家进行过概念上的探讨。早在20世纪90年代初，程斯辉教授在《当代教育家论》一文中提出，教育家是指那些在前人教育实践的基础上进行过富有成效的有特色的教育实践活动，为其所处时代培养出许多有用人才，以及在前人的教育思想基础上提出过独到的教育理论并产生过一定社会影响的人。[③]近些年来，随着教育家办学呼声的高涨，不少学者对教育家的定义和类型做了深入探究，也有学者撰写了专门的论著。林森从多个维度解释了教育家：从客观视域看，教育家不只是在教育发展史上有过重大贡献的人；从大教育视域看，教育家是社会上对教育有较大影响力的名人；从历史演进视域看，教育家是趋于现代教育领域的杰出人物；从学校教育视域看，教育家是从事学校教育教学工作的专家；从行业特性视域看，教育家是人类社会文明进步的先知先觉。[④]沈玉顺认为，教育家是一个用于描述高层次杰出教育人才的概念，是指通过亲力亲为的办学实践创造出重大教育业绩，对一定时期、一定范围内的教育思想和实践产生重要影响的优秀教育

---

① 辞海编辑委员会.辞海：中 [M].上海：上海辞书出版社，1979：2339.
② 教育大辞典编纂委员会.教育大辞典 [M].上海：上海教育出版社，1990：82.
③ 程斯辉.当代教育家论 [J].教育评论，1991（6）：6.
④ 林森.对教育家的多维认知 [J].中国教育学刊，2012（10）：5-7.

工作者。①孙孔懿在《论教育家》一书中则从个体、群体、整体三个层面界定教育家，并把教育家分为从事广义教育活动的"广义的教育家"和从事学校教育的"狭义的教育家"。②

虽然人们对教育家的定义不尽一致，但我们可以看到，教育家是指有专门的教育知识和才能，懂教育规律并能按照教育规律创造性地开展教育工作，在办学实践中取得突出成就并能形成独特的教育思想，展现出高尚的人格和高远的教育追求，得到社会广泛认可并有一定社会影响力的优秀教育工作者。教育家是教育工作者中的一个特殊的群体。一个教育工作者只有达到按照教育规律办教育的标准，才可以被称为教育家。所以，教育家既是一种职业和身份的称号，也是一种素养和才能的象征，更是一种人格的高度。

教育家和办学是共生同构的关系。这里只是对教育家一般性的定义。在后人看来，教育家往往是给少数教育工作者的一种称号和赞誉，也是教育工作者的最高境界。尽管人们带着感情色彩评选出来的教育家可能有阶级和民族色彩，但也有一些不同信仰、不同民族的教育家在坚持按照教育规律办学从教，他们的教育贡献为社会广泛认可，甚至在教育发展史上留下不可磨灭的印记。

## （三）教育家办学

近些年来，在教育家办学的时代呼声中，人们也在反思什么是教育家办学。高德胜认为，教育家办学有两层含义：一是有人已经是教育家了，由他们来办学；二是教育战线的工作者在办学的过程中逐步成长为教育家。③陈晞就教育家办学给出这样的解释：一是不仅在教育理论上，而且在教育实践上有公认建树的教育工作者，像蔡元培、梅贻琦、陶行知等办学；二是具有教育家精神的人在办学，虽然这些人可能还称不上教育家，但他们拥有教育理想、教育情怀和教育家精神，坚守在教育这个园地上兢兢业业地工作，这也是教育家办学。④也有学者从理想、现实和规范三个层面来解释教育家办学：

① 沈玉顺．"教育家"评价标准建构及其内涵解析 [J].上海教育科研，2010（9）：17.
② 孙孔懿．论教育家 [M].北京：人民教育出版社，2006：13–19.
③ 高德胜．"教育家办学"的冷思考 [J].江苏教育学院学报（社会科学），2011，27（4）：8.
④ 陈晞．关于"教育家办学"的思考 [J].上海教育科研，2009（2）：20.

在理想层面上，教育理应由教育家来办，这也是教育事业发展的必然要求和追求；在现实层面上，提出"教育家办学"这一命题意味着在现实的办学实践中许多办学者现在还不是教育家，还没有完全按照教育规律来思考和解决教育问题，还没有达到教育家的境界，还没有履行好办学者的职责；在规范的层面上，教育家办学意味着正在办学者应该将成为教育家作为自己的自觉追求，在办学实践中立功、立德、立言，逐渐成长为教育家。①

教育家办学是教育理论和教育实践完美结合的产物。我们认为，可以从狭义和广义两个维度界定教育家办学。从狭义上来看，"办学"是指兴办、管理各种学校教育机构，包括大、中、小学及幼儿园。那么，狭义的"教育家办学"就是指具有一定专业素质、人文情怀和社会责任感的人以教育本体价值实现为目的，按照教育规律去组织、管理学校教育工作，其运作方式是由具有教育家品质的校长借助于专业化教师来承担富有人文关怀、专业品质的教育教学工作，完成学校的使命，并在一定范围内产生较大影响。从广义上来看，"办学"是指兴办、管理各种学校教育机构、教育科研机构、教育行政机构。广义的"教育家办学"则是指具有一定教育家素养的人按照教育规律兴办和管理各种教育机构、教育科研机构、教育行政机构，在人才培养、教育理论创新和教育实践等方面取得重大成就，并在一定范围内产生较大影响，得到公众认可。

本书是把"教育家办学"放在一个大教育系统中来理解，从广义的概念来开展研究的。本书视雷沛鸿为教育家办学的典型个案，基于教育家办学的相关理论思考，梳理雷沛鸿独特的办学实践和办学思想，以他独到的办学理论与实践成果和影响来论证他懂教育、办教育、献身于教育，以探寻今天教育家办学和教育家成长的规律。

## （四）典范

从字面上看，"典"，即为标准的意思，如字典、词典、经典、典章、典籍等；"范"，即为榜样的意思，如模范、规范、示范等。根据《现代汉语词典》的解释，"典范"就是"可以作为学习、效仿标准的人或事物"②。

---

① 周兴国．"教育家办学"：应然与现实 [J]．教育科学研究，2009（9）：19．
② 中国社会科学院语言研究所词典编辑室．现代汉语词典 [M]．7 版．北京：商务印书馆，2016：291．

凡被认为是值得仿效的人或事物在某方面的表现和基本特征是合乎规范的，都称得上典范。比如，达芬奇有堪称素描艺术典范的作品，唐诗宋词堪称中国古代诗词的典范，《红楼梦》堪称中国古代文学的典范，鲁迅的杂文堪称讽刺文学的典范，古代的孟母教子是家庭教育的典范，雷锋是助人为乐的道德人物典范，焦裕禄是优秀共产党员的典范，等等。而教育家办学的典范则是指一个教育家在办学和自身成长的过程中所表现出来的教育成就、办学模式、教育思想、教育品质等基本特征和特质，值得后人学习、借鉴和推广。就我国近现代而言，曾经涌现一批堪称"教育家办学"的典范，如蔡元培、陶行知、雷沛鸿等。本书的定位是教育家办学典范的个案研究。

## 二、教育家的标准

教育家是高素质、专业化的教育人才，是从事教育工作且具有优秀品质的人。那么，这种优秀品质包括哪些方面呢？学术界做了不少分析和探讨。早在20世纪初，我国著名思想家梁启超就对教育家标准做过探讨。他认为，教育家必须具备四个方面的条件：①必须"有一哲学之理想，以与社会之恶习相抵抗"，要有为社会、为教育而奋斗的最高理想，并能时时以此来排除杂念、抵御社会的纷纷扰扰，而不随波逐流；②必须热爱教育事业，乐于教育事业，专于教育事业，立志终身以教育为职；③要有不畏困难、勇往直前、不达目的不罢休的勇气，"切不因其责重而退缩不前，只需认定方针，必可达到目的"；④要有冷静的头脑和广博的见识与学问，能"洞察五洲各国之趋势，熟考我国民族之特性"，领会教育的意义。①

近些年来，随着人们对"教育家办学"这一命题的深入探讨，人们对教育家的标准和条件也有不少总结和概括。

柳斌认为，教育家的标准是有进步的教育理念，有丰富的教育实践，并与教师、学生共同成长。

① 梁启超.中国教育之前途与教育家之自觉 [M] // 舒新城.中国近代教育史资料：下册.2版.北京：人民教育出版社，1981：944–951.

顾明远认为，教育家要具备三个条件：一是热爱教育，热爱学生，长期或终身从事教育工作；二是勤于思考，善于实践，有自己独立的教育思想和观点；三是工作业绩出色，经验丰富，有风格，有影响，被公认。[①]概括起来就是高尚的道德人格，先进的教育理念，卓著的教育成就。[②]

袁振国把成为教育家的条件概括为十条外在特征和十条内部特征。前者包括：①培养出大批人才；②受到学生广泛拥戴；③能激发员工的热情；④有广为人知的教育观点；⑤有可以学习的教育方法；⑥有鲜明的教育特色和风格；⑦有教育定心力；⑧影响超出学校围墙；⑨能根据社会的要求做出必要的变化；⑩有人格魅力，道德高尚。后者包括：①有长期教育实践；②热爱学生，尊重学生；③有教育理想和目标；④有自觉的教育理论；⑤教育理论能够具体化、操作化；⑥善于探索总结，并形成自己的教育风格；⑦认识达到信念程度；⑧有社会责任感；⑨能与时俱进；⑩有人格魅力。[③]

林崇德认为，教育家至少需要具备以下三个条件：一是懂中外教育史和当前教育改革的需要和着力点；二是有丰富的教育实践经历或办学经历；三是有自己的教育理论体系与观点，并在国内或国外的教育界产生了较大影响。[④]

严文清认为，教育家必须具备六种特质：①有教育思想，懂教育；②有教育追求，有终身从教的理想与信念；③有教育实践，并能以实践来检验和完善自己的教育思想；④有教育创造，在教育理论或教育实践中有建树；⑤有教育理论研究或教育教学实践的成就，事业上的成功者；⑥有社会影响，得到社会认可。[⑤]

唐彪对如何评判教育家给出了七条标准：①是一个真实的教育工作者；②是一个有强烈责任心的人；③是一个充满爱心的人，也就是要对学生、对教育始终如一地爱；④是一个有正确思想的人；⑤是一个有明确目标的人；⑥是一个有良好韧性的人；⑦是一个生活平常，但思想出色，行动果敢，坚

---

① 顾明远.让懂得教育的教育家办学 [J].现代远程教育研究，2011（4）：4.
② 郭振有.教育家办学：时代的呼唤 [J].中国教育学刊，2012（10）：卷首语.
③ 袁振国.教育家的诞生 [J].上海教育，2007（7）：22–23.
④ 林崇德.让楷模精神成为时代最强音 [N].中国教育报，2010–09–10（5）.
⑤ 严文清."教育家办学"的诉求分析 [N].光明日报，2010–07–17（7）.

持不懈，并且愿意为教育理想奉献一生的人。①

刘庆昌提出了教育家的"五有"标准：有教育实践、有教育素质、有教育思想创造、有教育成就、有社会影响。在此基础上，成为教育家还要在一定历史时期和一定范围内对社会产生积极影响，并得到人们的广泛认可。②

马玉霞参考领导特质理论、权变理论、校长成长阶段理论，从教育家和管理学的角度提出，教育家型的校长应具备四种特质：①教育家要有自己独到的教育思想和实践主张；②教育家要有执着的专业精神，在对教育意义充分理解的基础上把教育事业作为自己终生的追求，形成自己的办学特色；③教育家要有践行精神，把教育理论与实践相结合，运用于人才培养实践当中；④教育家要有广泛的社会影响力，在富有成效的教育实践中创造出推动教育发展的教育理论成果，并受到社会的普遍认可和赞誉，对教育实践产生重大影响，在一定程度上引领教育发展的潮流，带动本地区教育的发展。③

沈玉顺提出了教育家的八项标准：①全职教育工作者的职业身份；②宽厚广博的文化知识基础；③长期从事教育实际工作的资历；④系统、熟练的教育专业知识和技能；⑤有系统、成熟或独特的教育思想；⑥取得教育界广泛认可的重大教育成果；⑦拥有广泛认可的专业声誉；⑧堪为社会楷模的道德操守。④

反复强调"教育家办学"的温家宝同志也对教育家的标准提出过自己的看法。他在2010年2月27日与网友进行在线交流时就说："我这里所说的教育家他们可能不是某些专业的专门家，但是他们第一热爱教育，第二懂得教育，第三要站在教育的第一线，不是一时而是终身。"即爱教育、懂教育、终身从事教育工作是成为教育家的基本条件。

综合上述关于教育家应然标准的各种探讨，我们可以看出，要判定一个人是不是教育家，可以从其对教育的知、情、意、行、成五个要素来考量。①对教育的"知"。它是指要懂教育，具体而言是对教育及其规律有自己独到的认识、主张和智慧，尊重并敬畏教育的价值。这是人们从事教育活

①　唐彪.教育家办学的现实困惑与出路展望[J].遵义师范学院学报，2011，13（5）：97-98.
②　刘庆昌.论教育家[J].山西大学学报（哲学社会科学版），2001，24（5）：8-9.
③　马玉霞.对教育家办学问题的思考[J].河南社会科学，2012，20（6）：73-74.
④　沈玉顺."教育家"评价标准建构及其内涵解析[J].上海教育科研，2010（9）：18-19.

动的认识基础和前提条件，没有正确的教育认知就不可能产生正确、有效的教育行为。②对教育的"情"。它是指在正确的教育认知基础上形成的对教育的情感体验和主观态度，也就是要爱教育（体现为爱祖国、爱人民、爱学生）。深厚的教育情怀是一个人终身从事教育事业的内部动力和力量源泉。教育家与其他很多行业"家"的重要区别就在于更高的职业道德要求。教育工作者的职业道德集中体现为对教育、对学生的那种深厚的、无私的爱。这种爱越真诚也就越能赢得学生和社会的爱戴，对学生和社会的影响就越深远。③对教育的"意"。它是指为了实现个人的教育理想而产生的主观能动性。它常常表现为，为实现教育理想目标而严格约束自己、抑制冲动和克服种种困难的意志行为，这是一种巨大的精神力量。在教育实践过程中形成的顽强毅力，可以不断强化对教育的认识和情感，调节教育行为，逐步形成自己的教育信念和强烈的教育使命感、责任感。一个人要成长为教育家，不仅要有崇高的教育理想，而且还要勇于摆脱来自各方面对创新活力的束缚，开展富有特色的教育实践。④对教育的"行"。它是指在正确的教育认识和深厚的教育情怀支配下，能够深深扎根于教育实践，并在实践中不断积淀专业素养和实践经验，慢慢修炼出自己独特的教育智慧和教育品格。这也是一个教育工作者的专业素养和专业水平是否达到教育家境界的外部表现和标志。只有在实践中按教育规律办事的实践家才称得上是真正的教育家。古今中外大教育家都是在长期教育实践中锻造出来的，就像著名教育家陶行知走进乡村进行教育实验，培养最有生活力的中国新农民；苏霍姆林斯基在帕夫雷什中学做教师、班主任、校长，持续开展22年的教育实验；裴斯泰洛齐与孩子们吃住在一起，打成一片；等等。⑤对教育的"成"。它是指在教育领域有独到的教育理论与实践成果，产生深远的社会影响。这是实现教育的知、情、意、行后水到渠成的结果。教育工作者的业绩应该是客观上促进了教育的科学发展和学生的健康成长，理论上有自己独到的思想成果，并得到同行和后人的认可，经得起历史的检验。这样的人应该是当之无愧的教育家。从后人公认的中国近现代教育家来看，他们无不是同时具备以上五个特征的优秀教育工作者，也是经过以上五个方面的历练而成为教育家的。

## 三、教育家的类型

根据教育家的标准和内涵分析，我们可以对教育家的类型在理论上做进一步的分析，以进一步加深对教育家的认识。孙孔懿根据谱系学方法对教育家进行了多个维度的分类：从教育的广义和狭义的维度，分为广义的教育家（主要从事广义的教育活动）和狭义的教育家（主要从事学校教育工作）两大类；从职业地位的维度，分为职业的教育家和非职业的教育家；从专业知识和技能的维度，分为以教育思想生产、加工、传播为主的教育科学家和以教育实践为主的教育艺术家；从教育场所的维度，分为社会教育家、家庭教育家和学校教育家；从个人贡献领域的维度，分为教育思想家、教育理论家、教育实践家、教育事业家等。[①]

教育作为一种社会实践活动，有宏观、中观、微观三个层面，教育家也可据此分为三类。从宏观层面看，教育活动总是与一定社会的政治、经济、科学、文化等社会实践活动密切相关。除了教育界本身之外，还有其他部门和领域的人对教育施加影响、促进教育发展、对教育做出过贡献，特别是一些政要、实业家、科学家、知名学者。从这个角度，我们可把教育家分为政治家型的教育家（如明代的张居正、晚清的张之洞等即为典型代表）、实业家型的教育家（如张謇、陈嘉庚等）、科学家型的教育家（如竺可桢、陈垣）等等。从中观层面看，教育活动可分为教育实践与教育科学研究两大类，相应地我们可以把教育家分为教育实践家和教育理论家，以及那些把教育理论与教育实践有机结合从事教育管理并做出过突出贡献的教育管理家。从微观上看，教育活动可以细分为从事某一领域、某一层次、某一学科的教育实践或教育科学研究，在这些微观的领域里做出过贡献并富有创见和影响的人可以分为幼儿教育家、小学教育家、中学教育家、大学教育家，以及语文教育家、数学教育家、化学教育家，等等。

从教育实践对象和内容的侧重点以及办学者在办学实践中的主要角色来看，教育实践活动大致可以分为教育行政管理实践、学校管理实践和教育

---

① 孙孔懿. 论教育家 [M]. 北京：人民教育出版社，2006：13–66.

教学实践三类。依此，教育家的类型也可以相应地分为行政管理型、学校管理型和教育教学型三类。行政管理型教育家是指那些在教育行政部门行使教育决策和宏观管理职能的卓越的教育领导人，如曾任南京临时政府第一任教育总长的蔡元培。学校管理型教育家是指那些在学校管理过程中行使教育决策、指挥、组织、协调职能的卓越管理者，能够成功地领导某一所学校在某个时期显著地提高办学水平和声誉，积累丰富而有价值的办学经验和教育思想。比如，尽职尽责担任南开大学校长近30年的张伯苓，为新中国高等教育发展做出巨大贡献、先后担任吉林大学和南京大学校长的匡亚明，把自己独特的教育思想转化为学校灵魂的苏霍姆林斯基等人，就是这方面的典范。教育教学型教育家是指那些直接面对学生，在教书育人中积累了丰富而有价值的教育教学经验，做出显著成绩，并在相关领域有开创性建树，引领潮流的教育工作者，如李吉林、于漪等。

当然，这里对教育家的分类只是一种理论分析活动。就像心理学对人的气质、性格类型的分类一样，我们对教育家的分类只是一种相对的类别划分，而不是绝对的。这种划分也只是就教育家的主要特征或其活动重点而言，目的是揭示教育家概念的外延。因此，作为教育家个体在类型上也就可能表现得不那么单一。从雷沛鸿的办学实践来看，他属于广义上的教育实践家、行政管理型教育家。

# 第三节  教育家办学的逻辑和价值

## 一、教育家办学的逻辑分析

教育家办学是针对现实中不按教育规律办学而导致教育被扭曲、被异化的非教育家办学现象而提出的。当然，教育不是孤立的社会活动，教育发展的内在逻辑也决定了教育家办学的必然要求。从教育学逻辑看，"培养人"是教育家办学的逻辑起点；从经济学逻辑看，尊重人才是教育家办学的外部要求；从生命逻辑看，尊重生命是教育家办学的内在要求；从文化学逻辑看，社会文化生态是教育家办学的土壤；从政治学逻辑看，教育民主是教育家办学的重要保障。

1. 教育家办学的教育学逻辑

教育学认为，教育的本质是培养人的社会实践活动。教育家办学的出发点和立足点都在于"培养人"，这是教育家办学的根本所在。因此，"培养人"是教育家办学的逻辑起点。古今中外的教育家无不是在培养人的长期实践中做出了突出贡献，形成了独特的办学思想，逐步达到教育家办学的境界之后，而被后人称为教育家的。雷沛鸿之所以能够达到教育家办学的境界，就是因为他能够站在民族复兴的高度，培养能够担当民族救亡、建设社会大任的青年。

教育的功能是"培养人"而非"制造人"，其终极取向是实现人的全面发展。[①]因此，倡导教育家办学就是要按照教育规律培养人。而教育研究最基本的任务就在于回答培养什么人、怎样培养人的问题。只有正确认识和处理好这两个根本问题，才能把握好教育与社会发展、教育与人的发展的关系，也才能按照教育规律办学。只有以"培养人"作为办学的逻辑起点，办学者才会有教育理想、教育信念、教育良知、教育情怀，才会有教育家精神，也才能做到用教育家思维办学。因此，倡导教育家办学首先是要准确把握时代发展的脉搏，担负起历史使命，把兴学育才与社会发展、人的发展紧密结合起来，把教育办得越来越好。

2. 教育家办学的经济学逻辑

教育的发展与经济的发展是一个共生同构的过程。教育与经济的关系表现为：教育通过再生产劳动力、生产及再生产科学技术来推动经济的发展，同时经济又为教育发展提供保障和基础，教育在适应经济发展要求的过程中不断进行自我调整。随着社会的发展进步，教育与经济的关系日益密切。无论从教育发展规律的要求来看，还是从社会对教育健康发展的期待来看，如果没有经济发展作保障，教育家办学就无从谈起。因此要实现教育家办学，我们必须处理好教育的"生产性"和"消费性"、"产业性"和"事业性"

---

① 胡弼成，成雁瑛. 办学型教育家：大学校长的职业追求 [J]. 高教探索，2013（3）：5.

的关系。国家和各级政府都必须从政策上、制度上保障办学经费的持续稳定，解除办学者经济上的后顾之忧，让教师安心从教、潜心执教、立志于教，教育管理者摆正角色、潜心治教、专于办学。

在我国教育发展的新阶段，"有学上"的问题基本得到了解决。要解决如何"上好学"的问题，就需要提升教育的内涵，真正按教育规律来办学。教育家办学，就是要全面推进教育事业健康发展，使教育本质理性回归。这是时代强烈的现实需求，也是我国教育发展方式从外延发展转向内涵提升的迫切需要。所以，从"科学技术是第一生产力""人才是第一资源"的战略高度倡导教育家办学，有利于深化教育教学改革，提高教育质量，建设人力资源强国。

3. 教育家办学的生命逻辑

教育的对象是人，是鲜活的、完整的、富有情感的生命体。对于教育本质的认识，首先是要关注学生健全人格的养成和身心和谐发展，这是教育工作者特别是教育领导者的首要责任。[①]教育的根本目的就是要让受教育者学习和掌握生存的本领和生活的经验，引导他们在身心发展的过程中体验生命的意义和人生的幸福。因此，从人的基本属性出发，促进受教育者的身心发展，是教育家办学的出发点和归宿。有效的教育应该是关注生命价值与意义提升的教育，而不是漠视生命的、工具性的教育。[②]倡导教育家办学就是要在办学中秉持强烈的"人本"意识、生命意识，关注生命的意义。这就必然要求教育者在培养人的过程中敬畏生命、珍惜生命，尊重学生的独立人格，为学生的终身发展奠定基础，提升生命的价值与意义，发展人的主动精神、创新精神与生存能力，最终实现人的可持续发展。

教育的目的是发现和发展人的潜能，培养学生的健全人格，发掘其真、善、美的人性，增进其人生幸福。正如叶圣陶先生所说，教育是农业而不是工业，是一种深度润泽。所以，倡导教育家办学就是要关注学生生命价值与意义的提升，而不是简单地进行现存知识的直接传递。只有把教育看作生命与生命之间交往与沟通的过程，才能深刻地实现对生命发展的影响。[③]正如美

① 张俊华. 教育领导学 [M]. 上海：华东师范大学出版社，2008：10.
② 程斯辉. 教育之道 [M]. 合肥：安徽教育出版社，2007：16.
③ 叶澜. 时代精神与新教育理想的构建：中国基础教育改革的跨世纪思考 [M] // 顾明远. 素质教育的理论探讨. 北京：中国和平出版社，1996：133，135.

国教育家杜威所说，"我们所要求的是使儿童带着整个的身体和整个的心智来到学校，又带着更圆满发展的心智和甚至更健全的身体离开学校"①。教育者提升对生命的认识，遵循人的成长规律和认知规律，以生命激情点燃生命激情，这样才能使教育充满生命的活力，使学生充满生命的活力。

以学生为本是现代教育的一个基本理念，它要求教育首先要肯定每一个学生的价值，去开启学生的心智，激发学生的潜能，使学生能够感悟生活、理解生命，学会思考、学会生活，得到全面发展。但是有些教育机构和教育工作者办教育就像办工业一样，追求快节奏、大容量、流水线生产和模式化的培养。从生命意义来看，这就没有把教育当作增进受教育者人生幸福的活动。教育家办学的价值首先体现在对受教育者的影响，尤其是对受教育者身心全面发展的影响上。古今中外的教育家在探索教育规律、改革教育实践的过程中，无不是把人与自然、人与人的本质联系作为一个重点，把人的自然属性和社会属性有机结合起来。我国古代教育家孔子提出的"性相近也，习相远也""有教无类""因材施教"等著名教育论断和主张，都渗透着朴素的人本思想和人文关怀。陶行知毕生追求的理想学校，就是遵循人的差异"大不同"，建立一个"和花园相类"的"人园"。"在这里的人都能各得其所，现出各人本来之美"，营造出美轮美奂的"大同"。②教育家办学的这种智慧生动地体现了对生命的敬畏和呵护。

4. 教育家办学的文化学逻辑

就文化与教育的"亲缘"关系来看，文化是教育的"近亲"。文化对教育的影响要比政治和经济对教育的影响来得更直接，并且文化也是社会政治、经济对教育发挥作用和影响的中间环节和载体。③因此，教育是一种特殊的文化生成机制，先天就具有人类文化传承、创新功能，这是教育本质及其内在逻辑的反映。教育家办学和教育家的成长需要适宜的文化环境。长期以来，非教育家办学思维之所以盛行，一个重要原因就是社会文化生态的钳制，特别是"官本位"的文化意识严重影响了教育家的成长。社会期待教育

---

① 杜威.学校与社会·明日之学校 [M].赵祥麟，任钟印，吴志宏，译.北京：人民教育出版社，2004：61.

② 陶行知.晓庄三岁敬告同志书 [M]// 董宝良.陶行知教育论著选.北京：人民教育出版社，1991.

③ 郑金洲.教育文化学 [M].北京：人民教育出版社，2000：1.

家办学，教育家办学也需要社会的支持。因为教育家的成长需要培育适宜的文化生态，让教育返璞归真也需要全社会的参与和支持。

在特定的历史和环境中所形成的文化生态影响着教育的走向。在如何认识和处理教育与文化的关系问题上，雷沛鸿以历史学和社会学的方法论分析了中国的社会文化和教育状况。他把文化比喻为一种营养品，认为文化是教育的内容，教育是文化的选择和组织方法。他在办学实践中，对中外文化特别是广西文化的研究和领悟是十分到位的。雷沛鸿的教育思想吸收了文化学观点，从中国文化的问题根源来思考和探寻教育改革。他的办学实践就是为适应民族生活的需要和社会变动的要求而产生的有意识的民族行为。"这种大众化的教育，我们不仅视之为一种事业，而且把它当作一种运动看待。"①他结合广西地方文化所具有的同化力、大同精神、质朴性与未成熟性、女性主义、复杂的农业等五大特点②，把教育作为推进文化、改进文化、创造文化的工具。同时，他把教育问题宏观地放在社会文化大背景中来考察，根据特定社会文化环境对教育的目的、内容、形式、方法及手段进行开创性的改革探索。

文化是教育的温床，教育家办学同样需要文化的滋养。但是，我国文化传统中的一些消极因素仍然阻碍着当今教育家办学。比如，社会上"学而优则仕""读书要做官"的文化心态，使得教育界许多有志于教育事业的优秀人才缺乏主动进取精神和创造精神，缺乏成为教育家的坚定意志。

5. 教育家办学的政治学逻辑

人类历史发展到一定阶段，教育与政治发生联系，并形成一种关系属性，即教育的政治属性。在不同政治背景下，不仅教育的政治属性不同，教育与政治之间的关系也不尽相同。随着教育组织独立化，特别是教育系统的形成，教育活动与政治活动的区别越来越显著。所以，在独立的教育系统出现以后，教育与政治不免发生矛盾，这种矛盾远比在"教育从属于政治"状态下复杂得多。③

---

① 雷沛鸿.六年来广西国民基础教育 [M]// 韦善美，马清和.雷沛鸿文集：下.南宁：广西教育出版社，1990：249.
② 雷沛鸿.广西地方文化的研究一得 [M]// 韦善美，马清和.雷沛鸿文集：下.南宁：广西教育出版社，1990：540–558.
③ 陈桂生.教育原理 [M].2 版.上海：华东师范大学出版社，2000：126–128.

教育服务和服从于政治，要走教育家办学的道路必须依靠强有力的行政力量来推动和保障。针对我国自上而下的教育机制运行特点，没有可靠的政治力量作为教育的推动力，真正的教育家办学是无法实现的。因此，教育家必须有高远的政治眼光，要站在政治的高度去认识和把握教育规律，办人民满意的教育。但是教育和学校也必须保持相对的独立，不可完全依附于行政权力，政府的体制机制环境要真正让教育家放手按教育规律去办学。这就要求政府转变职能，在政策和制度上保障学校的办学自主权，为教育家办学搭建制度平台，真正做到"教育事业由懂教育的人办"。

从目前情况来看，我国的教育管理体制仍存在一些问题。比如，教育管理队伍素质和管理效能偏低，对学校的管理方式存在"行政化"倾向，对校长、教师的教育行为过多干预和控制等。这些问题和障碍在不同程度上影响了教育家的成长。因此，政府要把"教育家办学"作为教育发展的基本理念，让教育回归正常的轨道，给教育一个相对独立、自主的空间，赋予办学者必要的自主权和独立性，让精通教育、尊重教育规律的人办学。

教育与政治的关系决定了教育必然为其所处时代占统治地位的政治服务。但是，教育还有其自身发展的规律，我们必须尊重和遵循教育发展的客观规律。中外历史上也有一些教育家虽有一定的政治立场，但他们在办学治校过程中也能遵循教育的普遍规律，超越政治纷争和党派利益，基于国家、民族和社会发展的根本利益来培养人才和办理学校。他们的办学实践和办学思想超越了政治，经得起历史的检验，他们本人也成为人们敬重的教育家。雷沛鸿就是这样一位教育家。

总之，"教育家办学"这一重大命题的核心就是按照教育规律办事，它是尊重教育规律和回归教育本真的重要体现，是教育工作从外延发展向内涵发展的重心转移，是对当代教育发展的新要求。每一位教育工作者要从教育的内在逻辑关系去反思教育家办学的本意，以高度的责任感和使命感响应国家的号召，回应社会的呼唤，在教育家办学思维的引领下，主动探索教育规律，自觉遵循教育规律，把促进教育事业的健康发展和学生的全面发展作为教育实践的出发点和落脚点。尽管多数教育工作者可能成不了教育家，但是每一个教育工作者都应当不断地培养教育家思维，提高教育家素养，养成教育家气质，把"教育家办学"作为一种事业理想和专业境界去追求，不断提升自己的专业化水平，行走在"教育家成长"的路上。

## 二、教育家办学的价值

强国必强教，强教须强师。倡导教育家办学，已经不是对教育的一个看法，而是对教育事业的要求和部署。它标志着我国教育发展方式正逐步从外延发展向内涵发展转变。教育家办学体现了按照教育规律办事，既能正确处理好教育与其他社会现象之间的外部关系，又能处理好教育与受教育者身心发展以及教育诸要素间的内部关系，体现教育的专业特性。最大范围地落实教育家办学，尽可能地避免"非教育家办学"倾向，对教育的受益各方都是十分有价值的。

1. 对受教育者而言，教育家办学可以促进其身心健康发展

教育的直接目的是培养人，促进人的身心全面发展。教育家办学，就是要让真正懂教育的人来履行教育及其管理的职能，使教育回归培养人的本真——把受教育者作为"一个完整的人"来培养，关注其长远发展和生命质量，而不是只顾某一方面的片面发展。人们一般多注重使学生掌握更多的知识，把学生培养成为有知识的人，而忽视以自身的情感和智慧使学生成为既有知识又有精神的人。教育家型的教师是用最本质的东西去影响学生，他们善于用自己的智慧和爱心唤起学生的智慧和爱心，把知识变成教育的手段，引导学生把知识和技能转换成有益于生活的素质，促进学生情感和智慧、人格和体格、知识和能力的全面发展。

2. 对教育界同行而言，教育家办学可以引领教师队伍专业成长

凡可称为教育家的人，都是教育工作者群体中的杰出人才和优秀代表。他们具有良好的教育品格和教育艺术，拥有比一般教育工作者更深刻、更系统的先进教育思想。他们对身边甚至更大范围的教育界同行产生积极影响，特别是教育家先进的教育思想影响着一代又一代教育工作者的专业发展。教育家的成长是与一个地域或一个时期的教育水平的提高相辅相成的。一方面，教育家通过各种方式推广自己的教育经验和主张，一般教育工作者有了

学习和追求的榜样，有机会在教育家的影响和指导下提高教育教学水平。另一方面，教育家的学问、人格、魅力、职业道德、个人修养都是同行楷模，其对教育价值、教育过程、教育方法等方面的独到认识能为一般教育工作者提供一定的指导。

3. 对教育科学探索而言，教育家办学可以推动教育理论创新发展

教育家大多具有创造精神和开拓精神，在教育实践和教育理论方面开展创新性探索是教育家办学的一个基本特征。教育家办学总是与教育创新、教育改革密不可分。从中外教育历史发展来看，什么时代、什么地方涌现的教育家多，这个时代、这个地方的教育理论创新度就高，反之亦然。所以，教育变革的时代往往是盛产教育家的时代。教育家敢于冲破那些不合时宜的观念和做法的束缚，敢于在办学思想、办学体制、学校管理、教育模式、教学方法等方面去大胆探索。他们不仅能够在教育实践上创造出类拔萃的业绩，而且能够以此为基础总结出教育理论成果。在教育改革实践探索过程中推动教育理论向前发展，可以直接为教育理论创新添砖加瓦。比如，孔子教人，各因其材，这是他在实践中形成的教育理论初步成果。后人以"因材施教"来概括孔子的这一教育思想，并将其上升为教学原则。可见，教育家办学总是与教育实践创新、教育理论创新互动共生的。倡导教育家办学，有助于教育工作者在教育实践和教育理论研究中做出创新性的贡献。

4. 对整个教育事业而言，教育家办学可以促进社会文明进步

当前，我国教育领域迫切需要解决的问题，已经从教育资源短缺的"上学难"转变为优质教育资源不足的"上好学难"，教育发展模式正在由粗放型向精细化转变。倡导教育家办学，就是要推动这一转变。总体而言，各级各类教育的硬件设施基本实现了现代化，但教育思想、教育管理等内涵建设现代化的步伐没有跟上。也正是在这样的背景下，我们提倡教育家办学，以促进教育事业又好又快发展。要解决好广大人民群众关注的"如何上好学、读好书"的问题，其根本出路就是促进教育内涵发展，全面提高各级各类教育质量，努力解决人们对优质教育资源的需求和教育发展不平衡不充分之间的矛盾，办好人民满意的教育。倡导教育家办学，就是要激发广大教育工作者为国育才的教育情怀，让真正懂教育、爱教育、会教育的人来从事教育事业，把教育事业带上科学发展的良性轨道。我们相信，随着"教育家办学"

的时代共识、社会氛围和制度机制的逐步形成，我国教育事业繁荣发展、教育家群起的时代，教育振兴、民族兴旺的景象指日可待。

总之，教育是有其自身规律的，应该由懂教育的人去按照教育自身规律办学，所以"教育家办学"是教育事业发展的必然要求。但在现实当中，还不乏教育外行办学和不按教育规律办学的现象。即便是懂教育的人办学，有些人出于主观和客观的原因，还不能真正按照教育规律去办学，没有达到教育家的境界。为此，我们今天大力倡导"教育家办学"，一方面是要让越来越多的懂教育的人从事教育事业，另一方面也希望正在办学者将成为教育家作为一种自觉追求，在教育实践中立功、立德、立言，逐渐成长为教育家。①

---

① 周兴国."教育家办学"：应然与现实 [J]. 教育科学研究，2009（9）：19.

# 第二章

# 雷沛鸿的办学实践

雷沛鸿以服务家乡广西为主线，把全副精力倾注于教育事业，用他生命的黄金时期谱写了光辉的教育人生。雷沛鸿先后赴欧美和东南亚的一些国家留学和考察教育，把外国先进的教育理论与在广西的办学实践结合起来，从普及国民基础教育、创建国民中学制度，到实施"特种部族教育"①，推行成人教育，创办广西省立医学院、南宁农业专科学校、西江学院等，基本奠定了20世纪三四十年代广西的基础教育、中学教育和高等教育的发展水平。民国时期，他历任广西左江师范监督、南宁中学校长、广西省长公署教育科长，四度任广西省教育厅厅长；曾任广西省立医学院院长、国立广西大学校长、西江学院院长、广西普及国民基础教育研究院院长、广西教育研究所所长、广东省教育委员会委员兼广东高等甲种工业学校校长。作为一名普通教员，他曾在广西桂平县立中学、国立暨南学校、国立中央大学、江苏省立教育学院等校任职。雷沛鸿是一位名副其实的教育实践家，值得世人敬仰和推崇。从他成长为教育家的递进性发展历程及其办学实践的阶段性特征看，他的办学实践历程大致可以分为以下三个阶段：初探性实践阶段（1912—1933年）、开拓性实践阶段（1933—1940年）和跃升性实践阶段（1940—1952年）。

---

① 20世纪30年代，新桂系所实施的"特种部族教育"，就其教育对象而言，与国民政府所推行的"边疆教育"名异而实同。

# 第一节　初探性实践阶段（1912—1933年）

## 一、雷沛鸿办学生涯的开端

1911年4月，雷沛鸿参加黄花岗起义失败后，回到广西浔州（今桂平市）的浔州中学、桂平中学任教。1912年，雷沛鸿任左江师范监督、南宁中学校长。后来，他又在南宁市郊的津头村创办了"新屋小学"。这是雷沛鸿办学实践生涯中创办的第一所学校。1913年，雷沛鸿获公费资助赴英国留学，次年转赴美国。在美留学期间，他开始关注教育，举办华侨教育，实践半工半读。1916年，他撰写的《工读主义与教育普及》一文发表在留美学生工读会主办的《工读杂志》首卷首期。文章阐述了他对普及教育的思考。正如他自己所说："先后留英美十年，深感今后革命建国，必须多方用力，而教育为建国大业之根本要图，个人甚欲在教育方面，为此一代、后一代，后数代国民身心之发展而尽其绵（原文为'棉'）力。"[①]回国后，雷沛鸿以教育为职业志向，结合国情、省情，在教育园地辛勤耕耘了三十余载。

## 二、构设地方教育行政组织

1921年8月，雷沛鸿应广西省省长马君武的邀请，出任广西省长公署教育科长。广西当时尚未设立教育厅，也没有高等教育，教育科实际管辖的只是全省中等教育而已。所以，雷沛鸿一上任就起草了一份关于广西中等教育改革的意见书，开始推动广西的中等教育改革：一是改变国民观念，责令男校

---

① 雷沛鸿.我的自白[M]//韦善美，马清和.雷沛鸿文集：上册.南宁：广西教育出版社，1989：6.

招收女生，广西的男女同校从此开始；二是规划广西教育行政，扩充教育科的组织机构，着眼县级教育行政体制建设。

民国初期，广西地方教育行政机关仍沿袭清末旧制，各县设劝学所。鉴于"民众入学已无须劝说，劝学所功能已失"的实际情况，雷沛鸿起草暂行规程，建议每县设一个名为"督学局"的教育行政机关（相当于后来的教育局），这正合省长马君武"学无须劝而应该督"的想法，并获批准。可惜因政局动荡，雷沛鸿于1922年6月辞去职务，这一教育行政改革规划未能实现。尽管如此，雷沛鸿关于各县设"督学局"的构想适应了当时中国教育管理发展的潮流，并且走在时代的前列。1922年9月，教育部在济南召开学制会议，有山东、浙江的代表提议修改劝学制度，把各县的劝学所改为教育局。1923年3月，教育部以大总统令正式颁行《县教育局规程》，着手建立县级教育行政体制。

新桂系统一广西后，李宗仁深知教育在统一教化、发展势力中的重要作用，于1927年3月邀请雷沛鸿出任广西省政府委员会委员兼教育厅厅长。雷沛鸿上任后，根据当时广西的实际情况，进行了一系列的教育管理改革。一是拟订《广西省教育厅组织条例》，以法规的形式改革和规范教育厅的内部组织机构，设总务处、校务处、导学处和编译处，厘清职责，使广西教育厅的管理工作有规可循；二是出台《整顿广西全省县、市、乡立小学方案》，改革地方教育行政，提出了13条改革计划，以理顺省教育厅与县教育局的关系，完善省视学与各基层学区教育委员会制度，建立较完善的用人机制，以便向基层学区推行新教育。这两个文件自上而下，旨在对广西教育行政体系进行改革，推行新教育，以适应现代广西教育的发展。

但是，1927年11月，雷沛鸿因故辞去厅长一职，他所描绘的教育改革蓝图也因此而作罢。而时隔一年之后，广西教育当局出台《广西县市教育局暂行规程》的内容和雷沛鸿之前所定的方案大同小异。[①]

---

① 曹天忠.教育与社会改造：雷沛鸿与近代广西教育及社会 [M].天津：天津古籍出版社，2004：79.

# 三、探寻教育大众化方针

鉴于当时广西新教育还没有制定明确的教育方针，1927年7月，雷沛鸿亲拟《请确定党化教育为广西全省教育方针草案》呈报广西省政府委员会，并获得通过。他提出："中华民国之教育方针应建筑于中国国民党的基本党义上；而此等基本党义，实为先总理所创之三民主义。故三民主义实为全国实施教育时所必应依据，以之为施政方针而完成教育的党化。"①雷沛鸿在这个草案中，将党化教育作为教育革命化、教育民众化的指导方针。其中，教育革命化是指实施革命的教育，促成教育的革命；教育民众化是指民众的教育化，教育的民众化。②据此，他还提出了改革当时广西教育的十七条建议、措施。

（一）统一语言，厉行平民识字运动，并以文字语言及历史地理等学科为工具，普及三民主义理想，使之成为民族思想，以求中华民族统一。

（二）推行有系统的体育训练及军事训练，以提倡尚武精神，增强人民的健康及求中华民族的独立。

（三）努力收回教育权，以取得中华民族的自主。

（四）厉行公民教育，使学生、民众习于相爱互助及自己牺牲，而成为团体化及社会化，以取得中华民族的自由。

（五）建设职业教育的组织，以增加人民的生产能力，改善人民之衣食住行，而促进民生主义的实现。

（六）改革传统的古代教育思想，改造现代教育制度，使学校生活适应新时代的社会生活。

（七）依照科学原理和实际需要，修订小学、中学、专门学校的学程，以满足新时代的要求。

（八）奖励学术研究，提倡科学教育。

（九）增加学校之教育效率，在知识方面力求透彻（原文为"澈"），在

---

① 雷沛鸿.请确定党化教育为广西全省教育方针草案 [J].广西教育公报，1927（1）：1-5.
② 同①.

技术方面力求熟练。

（十）积极整顿师范教育，同时应增加在职教师进修的机会，以鼓舞教育专业的精神。

（十一）分期实施义务教育，使学龄儿童均得及时入学。

（十二）提高女子教育，务使之与男子在教育上有平等机会。

（十三）建设广西中山大学，培植专门人才。

（十四）分年增设通俗演讲所，同时推广图书馆教育。

（十五）分年筹设动植物园、博物馆及美术馆。

（十六）保障及增加教育经费，以谋全省教育之充分发达。

（十七）教育行政采取省集中制，使全省教育作有计划及有系统的进步。①

关于当时广西推行的党化教育方针，学界有不同看法。由于"党化教育"的口号是国共合作时期提出来的，幻想以教育来改变现实或主张教育救国的教育界人士和一些对国民党反动派抱有幻想的知识分子，对"党化教育"各执己见。有人误以为雷沛鸿的党化教育是在为国民党服务，拥护蒋介石，但实际上，当时是国共合作时期，雷沛鸿所倡导的党化教育是指孙中山先生领导改组后的国民党，而非后来蒋介石领导的国民党。雷沛鸿提出的"党化教育"计划也源于广州国民政府提出的以党治国②，主要依据是孙中山的教育主张③。1921年11月29日，孙中山先生在《在广西阳朔人民欢迎会的演说》中讲道："希望诸君之对于广西，以先觉悟，先负责任，实行三民主义相勉勉。……在使国民有世界之知识，普及教育，提倡科学，宣传三民主义，使人人皆知国为民有，非一家一姓所得而私，亦非腐败官僚、专横武人、阴谋政客所得而治。"④孙中山先生当时讲演的这番话后来成了广西教育的中心思想，雷沛鸿正是把孙中山的三民主义思想在教育领域加以植入和推广⑤，提出了其关于党化教育的主张。

---

① 雷沛鸿.请确定党化教育为广西全省教育方针草案[J].广西教育公报，1927（1）：1-5.

② 毛礼锐，沈灌群.中国教育通史：第5卷[M].济南：山东教育出版社，1988：248-249.

③ 李彦福，黄启文，莫雁诗，等.广西教育史料[M].南宁：广西人民出版社，1990：281.

④ 孙中山.在广西阳朔人民欢迎会的演说[M]//孙中山.孙中山全集：第5卷.北京：中华书局，1985：637.

⑤ 曹天忠.教育与社会改造：雷沛鸿与近代广西教育及社会[M].天津：天津古籍出版社，2004：86.

雷沛鸿受社会学理论的影响，认为广西教育的方针应该是教育运动与社会运动密切结合，特别强调教育对社会秩序建设的功能。①他所提出的党化教育计划，就是把教育看作实现中华民族统一、独立、民主、自由的工具，进而比较全面地提出了改进广西教育的具体措施。从总体上看，他的建议和措施比较符合当时中国国情和广西省情对教育的要求，具有一定的进步性，也反映了教育救国的思想。

## 四、初整广西教育

1921年10月27日至11月7日，雷沛鸿作为广西代表出席了全国教育会联合会在广州举行的第七届年会，参与讨论审议《学制系统草案》（"壬戌学制"的基础）等议案，主张"教育制度应依据社会经济条件而定"②，采用外国学制和教育制度时要注意年限、形式问题，更要注意教育的社会基础，以符合中国社会需要这一根本性问题。

1927年，《请确定党化教育为广西全省教育方针草案》获得广西省政府委员会通过后，雷沛鸿又先后提交了具体实施《广西全省教育草案》的5个计划书，它们分别是《筹设广西中山大学草案》《整顿广西全省县、市、乡立小学方案》《整理广西全省中等学校相互关系草案》《改良及推广师范教育草案》《请推广女子师范教育草案》，也均获通过。9月初，国民政府教育行政委员会对雷沛鸿所呈各件做核查备案，批复认为，《请确定党化教育为广西全省教育方针草案》"大致尚无不合，应准予备案，惟第六条古代之下应加不良二字"。对于5个整顿教育的草案，认为教育厅厅长应就地方的情形谋划教育的普及，建设、整顿计划应当十分周详。此后，雷沛鸿先着手对广西中小学教育、师范教育、民族教育进行改造，接着积极筹设广西中山大学

---

① 雷沛鸿.十五年前许下的一个心愿[M]//韦善美，马清和.雷沛鸿文集：下册.南宁：广西教育出版社，1990：134-135.

② 雷沛鸿.国民基础教育的理论与实际[M]//韦善美，马清和.雷沛鸿文集：下册.南宁：广西教育出版社，1990：157.

（后定名为广西大学）。这些计划既贯彻了党化教育的方针，又体现了壬戌学制的精神。

1929年7月至12月，雷沛鸿第二次出任广西省教育厅厅长，在此期间，他重点推进中等教育改革，并成立中等教育委员会，规定师范生可享受贷学金。正当他想振作起来干一番事业的时候，滇、桂军阀构衅，全省政治、经济生活动荡，教育事业几乎停顿。遇到事业上的挫折，雷沛鸿发出了"人事纷纭时相缠扰，世事沧桑饱尝忧患"①的感慨。

雷沛鸿从1921—1929年初整广西教育期间就开始注重教育与中国社会实际相结合，他在这个阶段的办学实践虽然取得了一些成绩，但与他后来的办学实践所取得的成绩相比，还是相形见绌。这一方面有时局动荡、经费短缺、居位不久、人去政息等客观原因；另一方面也有雷沛鸿自身教育行政管理过于理想化、经验不足、政策欠当、教育理论知识系统性不够等主观上的原因。但是，雷沛鸿提出的教育整顿涉及各个不同层次以及教育行政各个方面，实际上是在一省范围内进行教育改造的探索性尝试。他在广西所倡导的一些教育改革做法也符合甚至领先于当时中国教育革新的大势。同时，雷沛鸿在此期间提出了"新教育"与"新社会秩序"等重要概念，民族教育体系的建构工作已现端倪，这是他后来以广西为基地探索、构建民族教育体系的一个源头。②

## 五、苏沪"充电"

1928年冬，雷沛鸿应好友高阳（践四）的邀请，前往中央大学区民众教育学院任教。雷沛鸿之所以到这里任教，是因为该院以"任劳耐苦，公正无私，清廉不苟，事业至上"为立校精神，倡导民众教育运动，以"注重人民教育"为办学重点，以是否愿意献身民众教育事业作为招聘人才的标准。

① 雷宾南.菲律宾教育研究发凡[M]//韦善美，马清和.雷沛鸿文集：上册.南宁：广西教育出版社，1989：435.
② 曹天忠.教育与社会改造：雷沛鸿与近代广西教育及社会[M].天津：天津古籍出版社，2004：91.

"凡到此地来的同事，无论所授何科，担任何职，终不免对于民众教育与农事教育发生亲切之感"。[①]这样的立校精神和学术环境正好迎合雷沛鸿"为穷而失教之劳苦大众教育事业而奋斗"的愿望。

在苏沪期间，是雷沛鸿教育人生承前启后的阶段。他潜心为教，专心向学，先后在中央大学区民众教育学院、劳农学院以及江苏省立教育学院任教，开设了成人教育、比较成人教育、民众教育概论、教育哲学、法学基础等课程，教学风格深受学生好评。他还兼任研究实验部主任，开设实验民众学校，带领学生走出课堂，开展社会实践。他学识渊博，平易近人，在师生之间建立了深厚情谊。后来，教育学院的不少学生，如叶蕴贞、龚家玮等追随雷沛鸿来到广西，成为广西普及国民基础教育研究院的骨干分子。

1930年前后是雷沛鸿教育学术创造和理论提升的一个高峰期，他不仅以教促研，还著书立说，整理了他赴丹麦、瑞典、挪威、芬兰、英国、意大利和德国等国游学、考察的成果和外国教育思想。他的教育学术研究涉及成人教育、民众教育、比较教育、民族教育、中国教育现状等众多领域。这些研究为他日后在广西大规模地进行教育改造奠定了坚实的理论基础。

# 第二节　开拓性实践阶段（1933—1940年）

20世纪三四十年代，雷沛鸿在广西致力于大众化的教育改造，先后通过推行普及国民基础教育运动、国民中学制度改革，全面改造传统教育，试图实现"有教无类""一视同仁"的教育理想和"教育为公、学术为公、天下为公"的社会理想。

---

① 童润之. 院庆感旧 [J]. 教育与民众，1946（3-4）：32-41.

# 一、设计并推行广西普及国民基础教育运动

1933年9月，雷沛鸿第三次出任广西省教育厅厅长。世界经济危机引发了资本主义国家的政治危机，中国也面临内忧外患的复杂局势，加上广西"穷"省的实际情况，推行广西教育大众化改造面临着严峻挑战。在这样的局势下，雷沛鸿知难而上，在就职时郑重宣誓：将务求教育的彻底普及，务求教育生根于民众生活，"以全副精神注重于'教育的大众化'"[①]。只要"深信集合各方面之努力，必能实现'有教无类'、'一视同仁'之教育理想，进而实现教育为公、学术为公、天下为公之社会理想。庶几中华民国之全体人民，可跻身于有教育之世界公民"[②]。从此，他以《广西普及国民基础教育六年计划大纲》为教育改革蓝本，以"教育大众化"为指针，以爱国教育为灵魂，以生产教育为内容，以广西的经济、政治、文化发展为中心，有计划有步骤地在全省推广普及国民基础教育运动。这也是雷沛鸿办学生涯中最突出的贡献。

雷沛鸿第三次就任广西省教育厅厅长一职后，先后向将《广西普及国民基础教育五年计划大纲》（后改为六年）、《广西普及国民基础教育研究院开办计划》以及《广西普及国民基础教育试办区规程》等议案呈报给省政府委员会审议，并获得了通过。在这些议案中，雷沛鸿围绕广西教育大众化这条主线，系统设计了广西普及国民基础教育运动的主旨、目标、内容、经费、师资、方法等。广西普及国民基础教育运动的主旨，是以政治为推动力量，辅之以经济和社会力量，限时六年普及于全省，以此助推本省的政治、经济、文化、社会建设。广西普及国民基础教育运动的内容，一是在8足岁至12足岁的儿童中实施两学年的国民基础教育，13足岁至16足岁的失学儿童补受一学年的短期国民基础教育；二是在成人教育方面，补充识字教育，实行民团训练，建立和完善村（街）乡（镇）组织，促成合作运动。广西普及国

---

① 雷沛鸿.今后本省教育的实施方针 [M] // 韦善美, 马清和.雷沛鸿文集: 下册.南宁: 广西教育出版社, 1990: 1.

② 雷沛鸿.我的自白 [M] // 韦善美, 马清和.雷沛鸿文集: 上册.南宁: 广西教育出版社, 1989: 7.

民基础教育运动的方法是：学问与劳动合作，学问、劳动与政治合作。广西普及国民基础教育运动分为三个阶段实施，将全省划分为八个普及国民基础教育指导区，逐步扩大普及国民基础教育的范围。

为了保证普及国民基础教育运动的顺利进行，在雷沛鸿的积极推动下，广西及时制定了《广西普及国民基础教育指导区规程》等新的督导制度；规定了各年龄阶段儿童、成人入学接受国民基础教育的时间，以及国民基础教育的指导方式、方法等；将全省划分为八个普及国民基础教育指导区，每个指导区设指导处，统筹本区普及国民基础教育事宜，督促区内各县执行普及国民基础教育法令。广西普及国民基础教育研究院负责为指导区提供学术指导。

雷沛鸿创设、推行的普及国民基础教育运动，把学校教育与社会教育统筹考虑，一并实施，形成了一个大教育体系。这是一场规模宏大、名副其实的教育改造运动，也是雷沛鸿办学实践的重要业绩之一。他结合广西的社会实际和时代需要，在教育的范围、设施、功能、目的、内容、对象、方法、管理、实施等各个方面，对广西原有的教育进行了全面的改造，既有继承，也有创新，既反映了广西教育的新动向，又顺应了20世纪30年代中国教育发展的新潮流。这个运动发轫以后，成效卓著，影响很大。据1938年统计，广西全省共有国民基础学校19699所、中心国民基础学校2301所，合计22000所。从学生方面看，1938年入学儿童数比1933年增加了约98万人，受教成人增加了129万人。毕业人数儿童班增加了15.6万人，成人班增加了约102万人，毕业人数逐年增加。1940年，雷沛鸿在对普及国民基础教育做总结时说道，六年来的普及国民基础教育已形成一种有力的影响和基础：一是创立新的教育观念；二是开辟普及教育的途径；三是助成本省政治、经济、文化、军事四大建设；四是建立民族文化的基础。①

1940年3月，教育部在重庆召开全国国民教育会议，会议分享了广西省的普及国民基础教育经验，并给予了好评。会议通过的《国民教育实施纲要》在设校原则、经费筹集、教育视导、教育概念和范畴等方面，都吸纳了广西的一些经验和做法。会后，雷沛鸿也自豪地说："现在全国所待推行的国民

---

① 雷沛鸿.六年来广西国民基础教育[M]//韦善美，马清和.雷沛鸿文集：下册.南宁：广西教育出版社，1990：267.

教育，就是本省已实施了六年的国民基础教育。"①同时，他也清醒地看到，今后广西的国民教育问题不在于学校数量与入学人数，而在于如何进一步充实学校内容与提高教育水准。回到广西后，他又根据教育部《国民教育实施纲要》给省政府拟订了《广西省普及国民教育五年计划大纲》，并获通过。这是继《广西普及国民基础教育六年计划大纲》之后，广西普及国民教育的又一重要文件。从此，广西普及国民基础教育运动也进入充实提高的阶段。

## 二、创建广西普及国民基础教育研究院

为谋求教育学术与教育行政的紧密结合，解决广西普及国民基础教育过程中的实际问题，1933年12月，雷沛鸿在南宁市郊津头村创立广西普及国民基础教育研究院，并兼任院长。研究院集学术研究、改革实验、师资培训和决策参谋等职能于一体，直接服务广西基础教育。雷沛鸿积极从省外聘请教育专家和教师到研究院开展教育研究、师资培训、教材编写和教育指导工作。他先后拟订《广西普及国民基础教育研究院开办计划》（以下简称《开办计划》）和《广西普及国民基础教育研究院组织大纲》（以下简称《组织大纲》），细化研究院的职能。《开办计划》规定，研究院的办院宗旨是：用学术研究成果服务教育行政，在全省完成普及国民基础教育六年计划。研究院的职能有：开展教育工作调查，设计研究方案，组织短期培训，辅导一线人员并协助其进修，编辑有关教材。研究院的工作原则，一是切合生活日用，二是应付目前急需。此外，《开办计划》还对研究院的人员编制、开办费及经常费数额和计划等做了原则性规定。《组织大纲》则进一步明确了研究院的办院宗旨，即从事普及国民基础教育的理论研究与实施，促进和服务国民基础教育的试行与推广。其运行的基本原则是：①认定国民基础教育为全省政治、经济、军事、文化的紧密纽带；②认定民族复兴运动是推进国民基础教育的原动力；③认定国民基础教育为解决内忧外患的中华民国甚至解

---

① 雷沛鸿.今后本省国民教育实施问题 [M]// 韦善美，马清和.雷沛鸿文集：下册.南宁：广西教育出版社，1990：235.

决世界危机的需要；④认定国民基础教育的作用在于提高国民技能与素质，进而提高国民生产能力、振兴中华民族。此外，文件还就研究院的事业、研究院的组织及行政、院务会议及其他会议等做出明确而具体的规定。

1936年6月，雷沛鸿辞去教育厅厅长职务，广西普及国民基础教育研究院也随之停办，但广西普及国民基础教育研究院为广西教育发展所做出的历史贡献是不可磨灭的，它开启了广西建立教育科研机构的先河。

# 三、创建国民中学制度

广西普及国民基础教育运动实施两年后，广西各地的学习氛围逐渐上升。为提升普及国民基础教育水平，形成广西本省独具特色的教育体系，雷沛鸿从广西多民族的实际出发，对中等教育进行改造，打破普通中学以升学为唯一目的的"三三制"传统体制，以提高地方民族文化水平为宗旨，兼顾职业教育和社会教育，培养符合地方社会需要、政治需要的建设人才，构建民族教育体系的第二个层次——国民中学。根据1934年广西省政府颁布的《广西建设纲领》，各地全面开展政治、经济、军事、文化"四大建设"，急需大批基层干部人才。由于先前的普及国民基础教育运动所能担负的任务有限，而旧的中等教育学制受传统教育体制束缚，难以承担起为广西建设输送人才的任务。于是，雷沛鸿把这种政治的要求和其他社会的要求结合考虑，创建了一种较高层次的国民中学制度。

雷沛鸿创建的新型国民中学制度是紧随普及国民基础教育运动之后，让儿童、青年以及成人接受进一步教育的制度。[1]这种新型中学制度就是沿着国民基础教育路线前进，与基础教育自然而然形成统一的教育体系，"殆与中华民族解放运动的洪流相接触、相交合，以至汇为一体"[2]。新型国民中学采用四年制学制，四年修业不要求一气呵成。学员每修完一学年课程，可根据

---

[1] 雷沛鸿.国民中学之名称与修业年限问题[M]// 韦善美，马清和.雷沛鸿文集：续编.南宁：广西教育出版社，1993：438.

[2] 同①439.

实际需要，或派往指定地点工作，或自谋生计，以后可以再回校继续学习其他应学的课程。这样，一方面照顾了社会的经济能力，另一方面又增强了学生服务社会的能力，也贯穿了理论与实践相结合的教育理念。

关于国民中学培养什么人的问题，雷沛鸿认为，"国民中学不只教青年能升学，而且能就业；不只能治学，而且能治生；不只能知所以做事，而且知所以做人"[①]。为此，国民中学实施两大教育：一是公民训练，主要是用公民教育陶铸新国家的健全国民；二是人才教育，主要是顾全学生个性差异，使升学者得以继续研究高深学问，就业者能成为地方建设的人才，以适应和满足社会需要。[②]国民中学就其学校类型而言，"是公众学校的一个新型。它不复带来从前所有家馆、家塾、村塾或义学的遗传；它仍不欲取法于世界各国所有私家利益支配下之学校制度。它要本着总理一向主张'天下为公'的精神，向前迈进，替全国儿童、青年、成人，做到'教育为公'"[③]。1936年2月，由雷沛鸿主持制定的《广西国民中学办法大纲》（以下简称《办法大纲》）和《广西国民中学组织规程》（以下简称《组织规程》）获得广西省政府委员会第209次会议通过，成为广西国民中学制度改革的基本法律依据。

国民中学制度以广西地方建设需要为先决条件。改造国民中学涉及诸多方面，改革的环境不稳定，人们的观念还比较顽固，师资与教材不完备。为此，雷沛鸿以十分谨慎的态度推行新的教育制度。他一边由实践探究理论，一边用理论指导实践，以谋理论与实践的统一。[④]1936年春，雷沛鸿将邕宁县立乡村师范学校改组并入邕宁县国民中学。他还组织广西普及国民基础教育研究院的骨干人员在这里进行实验研究，以期取得经验后再进行推广。依照《办法大纲》和《组织规程》的规定，1936年5月，完成第一批国民中学的创设，包括邕宁县国民中学、苍梧县立国民中学和桂平县立国民中学3所，共14班，学生人数674人，收效良好。国民中学创设后不久，因"两广事变"爆

---

① 雷沛鸿.国民中学与县政建设[M]//韦善美，马清和.雷沛鸿文集：下册.南宁：广西教育出版社，1990：414.

② 雷沛鸿.国民中学教育之目的理想及措施[M]//韦善美，马清和.雷沛鸿文集：下册.南宁：广西教育出版社，1990：385-387.

③ 雷沛鸿.国民中学制度之当前重要问题[M]//韦善美，马清和.雷沛鸿文集：下册.南宁：广西教育出版社，1990：348-349.

④ 雷沛鸿.《国民中学教育丛书》序[M]//韦善美，马清和.雷沛鸿文集：下册.南宁：广西教育出版社，1990：435.

发，雷沛鸿不得不辞去了教育厅厅长一职，再次出国考察，他的国民中学教育改革实验也随之停顿。

至1942年，广西每县都设立了国民中学，全省共计80所左右。作为广西教育制度改造计划的一部分，国民中学是国民基础教育的继续，是为适应地方建设人才需要而建，在广西当时的社会生活中产生了巨大影响。


## 四、实施"特种部族教育"

广西是一个多民族聚居的地区，有汉、壮、瑶、侗、苗、仫佬、毛南、回、彝、京、水、仡佬等十多个兄弟民族生活在一起。为了提高广西各族人民的素质，雷沛鸿在普及国民基础教育运动中采取特殊的措施，逐步发展少数民族地区的基础教育，使经济文化发展落后的少数民族聚居区的壮、苗、瑶、侗等"特种部族"40万人普遍接受教育（当时把少数民族的教育称为"特种部族教育"），以实现他"有教无类""一视同仁"的教育理想。

1933年11月，雷沛鸿主持制定的《广西省特种教育委员会组织大纲草案》经省政府核准公布。1934年1月，在省教育厅专门成立特种教育委员会（即少数民族教育委员会），专门研究"特种部族教育"实施过程中的实际问题。特种教育委员会成员由教育厅厅长、主管"特种部族教育"的科长和富有教育经验、熟悉省内各特种部族人民状况者组成，雷沛鸿亲任委员长。1939年，南京国民政府成立了边疆教育司。1941年，广西特种教育委员会改组为边地教育委员会，仍承担发展少数民族教育的任务。

1935年8月，由雷沛鸿主持修订的《广西省特种教育实施方案》经省政府颁布实施。该方案对特种教育委员会的工作职责、多民族聚居地的工作职责、省教育行政机关的工作职责，以及特种部族学校校长、教师及特种部族教育训导员的资格和任务等都有明确的规定。同时，要求毗邻特种部族区域的各县酌情设立特种部族教育师范班，选拔有一定教育程度的特种部族人士加以训练，准备扩充特种部族教育。实施特种部族教育所需经费由省政府拨支，各县就地筹款，逐年增加特种部族小学、中等以上学校公费生名额。在省立师范专科学校增设特种部族教育研究选修科目。

经费和师资是实施特种部族教育最关键的问题。为解决特种部族教育地区办校经费的短缺问题，雷沛鸿主持制定了《广西省特种教育区域设校补助金办法》。办法规定，各县在划定校区、筹设学校时，绘制校区图说，连同经费补助预算，呈请省政府核发补助金。为解决特种部族教育师资短缺问题，雷沛鸿除了按照《广西省特种教育实施方案》落实相关工作以外，还创办了广西省立特种教育师资训练所，由刘介任所长。特种教育师资训练所最初设在南宁，1937年后迁到桂林。该训练所专门吸收特种部族子弟受训，同时对少数民族生活和文化进行调查，并对少数民族生活和教育进行指导。

雷沛鸿摒弃民族偏见，从民族地区的实际出发，推广少数民族教育，以救愚救穷，提高少数民族的文化素质，使少数民族地区的政治、经济和文化得到了发展。雷沛鸿为少数民族教育的发展做出了不可磨灭的贡献，是当时中国唯一一位在少数民族地区开拓平民教育事业的民族教育家。桂西地区各族人民至今还深深地怀念不辞劳苦为他们办学的"雷厅长"。

## 五、推行成人教育

实施成人教育是雷沛鸿推行的普及国民基础教育运动的重要内容之一，也是他构设整个民族教育体系的重要组成部分。他认为："成人教育是国民基础教育的一部分"①，"如果我们要建设未来的中华民国，我们必须要依赖现在的幼孩及儿童；如果我们要挽救目前在急转直下的中华民国，我们必须要依赖现有的青年妇女，以至青年男丁，以及大多数成年男女。"②他在《广西普及国民基础教育六年计划大纲》中对成人教育做了详细的计划，并明确了到1938年年底，广西全省成人教育与儿童教育要基本普及，达到全省"无

---

① 雷沛鸿.本院同工同学今后工作方式 [M]// 韦善美，马清和.雷沛鸿文集：续编.南宁：广西教育出版社，1993：385.
② 雷沛鸿.广西国民基础教育运动的时代使命 [M]// 韦善美，马清和.雷沛鸿文集：下册.南宁：广西教育出版社，1990：11.

地不学校，无人不学问"的目标。但实际结果是儿童教育成绩颇为显著，而成人教育因师资与经费的限制，未能达到预定目标。

早在1936年雷沛鸿就发表了《广西全省成人教育实施方案的设计研究》一文，对广西成人教育的宗旨、目标、范围、对象、方法、课程、师资等问题提出了一整套设计方案。1936年12月，广西省政府颁布了《广西省成人教育实施办法》，将国民基础教育与民团制度紧密结合起来，各县实行成人（18—45岁）教育。1938年8月，雷沛鸿应邀再次回到广西担任省政府委员会委员，倡议通过"成人教育年"活动来推进广西成人教育。这个提议得到了时任教育厅厅长邱昌渭及各方面的支持。11月，广西省政府决定将1939年定为"广西成人教育年"，组织开展系列活动，以完成《广西普及国民基础教育六年计划大纲》目标。1939年2月，广西省政府委员会通过了《广西省成人教育年实施方案》（以下简称《实施方案》），"广西成人教育年"活动依此开展。《实施方案》的内容共19章64条，分为主旨、目标、实施原则、组织、设置和设备、师资、经费、课程、教材、教学、视导、考核、特种部族教育，以及进行程序、总计、附则等。从各项内容来看，"广西成人教育年"活动并不是单纯地要扫除文盲，而是要全面地扫除政治盲、军事盲、经济盲、文化盲，以适应整个抗战形势的需要，为抗战胜利培养大批有政治觉悟、有工作能力的人才。因此，成人教育特别突出了以抗战建国为中心、运用政治力量策动、动员社会力量推行、配合国民基础教育要求等特点。[①]

1939年7月，雷沛鸿第四次出任广西省教育厅厅长。为了更好地推进"广西成人教育年"活动，教育厅颁布了《广西省成人教育年推行委员会组织大纲》《广西各县成人教育年推行委员会组织大纲》《广西省成人教育师资训练班办法大纲》《应入学成人调查办法》《成人班训导标准》《成人班社会活动举例》等一系列配套实施文件。在第二期成人班结束后，雷沛鸿综合各方意见，颁布了《成人教育年应行改进事项》，就行政、入学、师资、教导、结业等各方面存在的实际问题提出了解决方法。但因日军由海路大举进犯广西，一切秩序被打乱，雷沛鸿呕心沥血推行的"广西成人教育年"活动也受到了重创。

---

① 雷沛鸿．广西省成人教育年实施概况[M]//韦善美，马清和．雷沛鸿文集：下册．南宁：广西教育出版社，1990：270–271．

　　虽然战争给"广西成人教育年"活动的推行增加了一些困难，推行中也存在不少问题，但在雷沛鸿及广西教育界人士的共同努力下，"广西成人教育年"活动仍使广西普及国民基础教育的工作向前推进了一大步，基本上达到了预想的效果。一方面，该活动对提高全省教育水平、活跃教育和读书学习风气发挥了很大作用。从广西普及国民基础教育运动本身来看，以突击的方式开展"广西成人教育年"活动，为1940年按时完成《广西普及国民基础教育六年计划大纲》规定的任务扫除了障碍，并对前一阶段国民基础教育重儿童轻成人的不足有所补正。[①]据1940年统计，全省成年妇女参加学习的比例达到74%，这在当时国内是罕见的。特别是在边远山区和少数民族地区，各族群众扶老携幼，翻山越岭，提着小灯，揣着《咱们都是中国人》的课本，争先恐后地上学的情景，至今还能唤起人们对雷沛鸿油然而生的怀念和敬意。另一方面，该活动对唤醒民众抗战救国发挥了巨大作用，并得到了社会各界的高度评价。"广西成人教育年"活动既把战时教育扎扎实实地开展起来，又把国民基础教育运动推向了一个新的高潮，一度轰动中外，广西也成为推动抗战的"模范省"[②]。当时，大规模推行战时民众教育的省份，除广西外，还有甘肃、福建两省。而广西教育界人士对广西"成人教育年"活动的开展充满了信心，认为该活动的成功，一定比甘肃、福建两省来得大而且快。教育家陶行知称赞广西人民不仅把四十万兵献了出来，把一千多万白银献了出来，把几十万乃至几百万游击队都献了出来，而且把"整个广西，都献给中华民族了"[③]。可见，无论是理论上还是实践上，雷沛鸿都堪称我国成人教育领域的先驱。

---

① 曹天忠.教育与社会改造：雷沛鸿与近代广西教育及社会 [M].天津：天津古籍出版社，2004：188.

② 中央教育科学研究所.林砺儒教育文选 [M].北京：北京师范大学出版社，1984：149.

③ 陶行知.在大转机中活跃的广西 [M]//华中师范大学教育科学研究所.陶行知全集：第3卷.长沙：湖南教育出版社，1985：310.

## 六、创办广西省立医学院

广西多山区，气候恶劣，属"瘴疠之地"，环境卫生条件较差，医疗卫生事业落后。当时的省政府也不够重视医疗卫生工作，没有设立卫生厅，医疗卫生事务由教育厅兼管。1933年，雷沛鸿第三次出任广西省教育厅厅长，为改变广西医疗卫生事业落后的局面，他呈请省政府批准在南宁创办广西省立医学院，培养广西自己的医疗卫生人才。为解决当时创办医学院无院址、无师资、无设备、无经费等实际办学困难，雷沛鸿不辞劳苦，为办成医学院四处奔走。

在雷沛鸿积极努力之下，省政府拨民权路旧省府的房屋暂作医学院和附属医院的院舍。他又利用自己的声望，协助政府从外地引进专门人才，克服了重重困难。1934年10月20日，广西省立医学院开始招生。这一年招了本科一班31人，附设助产班25人，护士班23人。当时全院有教职员51人，其中只有一名化学助教是广西人，其余都是从外省聘请来的员工，足见当时广西医科人才极端缺乏。附属医院也于同年12月10日开业就诊，学校、医院都走上了正轨，秩序井然。1935年10月，医学院招收第二届学生，有本科生32人，专科生50人，助产生25人，护士生19人。由于学生人数增加，院舍、师资都不能满足教学需要，雷沛鸿又请省政府拨借共和路原兽医养成所暂用，继续从省外聘请教师来院任教，同时大力购买仪器设备，推动医学院不断向前发展。

1936年夏，新桂系发动了名为抗日实则倒蒋的"两广事变"，大大削减教育经费，压缩高等教育事业。随着雷沛鸿的离职，广西省立医学院也逐渐陷入困境，先后改名为"广西大学医学院""广西军医学校"。1938年，日军进犯广西，对南宁猛轰滥炸，广西军医学校迁往右江田阳县城和田州镇的碑楼村，损失惨重，学校几乎是名实俱亡。1938年7月，雷沛鸿从第五战区的工作岗位上退下来，再次回到广西省服务。他不顾个人安危，赴右江视察教育和医学院改制后的情况。雷沛鸿提出恢复省立医学院的请求，让师生们看到了希望。当雷沛鸿了解到他走后医学院名称变更等情况后，同情师生的遭遇，赞成他们的请求，并立即把自己的意见电告了广西军政当局。军政当局复电广西军医学校，将校名改为"广西省立医药专科学校"，拨归教育厅领导。虽然取消了部队编制，但原来的学院却降格为专科学校。师生们坚决反对，请求恢复医学院旧制，并派代表赴桂林向省政府请愿。广西军政当局迫于形势，只得批准恢复"广西省立医学院"。

1939年秋，雷沛鸿以教育厅厅长的身份，到田阳召开解决医学院问题的会议。10月，省政府任命雷沛鸿代理广西省立医学院院长。他在就职大会上发表讲话，教导师生员工克服困难，安心工作和学习，共同维持大局，并宣布任命从长沙湘雅医科大学新聘来的著名内科专家刘南山教授为教务处主任，留美归来的陆起华先生为训导处主任，杨寿椿为事务主任，钟铁夫为会议室主任。学院很快恢复了正常上课，院内秩序渐趋正常和稳定，在艰苦办学中濒临崩溃的医学院得以复苏。为了医学院的长期发展，雷沛鸿又筹备把医学院迁到桂林，新建了院舍、附属医院，补充了教学及治疗设备，还从外省聘来教师和医师。1940年8月，医学院全部迁到桂林。9月，招收新生本科和专修科各一班，每班50人。这时，广西省立医学院结束了成立五年来"四易校名""五换院长""三年停止招生"的反复多变、秩序无常的命运，走上了健康发展的道路，呈现出欣欣向荣的气象。雷沛鸿为医学院的发展付出了艰辛的劳动，看到医学院走上正轨，感到非常快慰，但他并不沽名争位，而是辞去了代理广西省立医学院院长的职务。①

广西省立医学院是雷沛鸿在当时广西医疗卫生事业极其落后的情况下创办起来的。在它面临绝境几乎消亡的时候，又是雷沛鸿把它挽救了过来。他把政治、经济、文化等力量紧密结合，使教育渗透于民众生活，生根于民众生活，达到协助改善民众生活的目的，这也是他的民众教育思想在办学实践中的体现。

---

① 钟文典.20 世纪 30 年代的广西 [M].桂林：广西师范大学出版社，1993：792–796.

# 第三节　跃升性实践阶段（1940—1952年）

为进一步探索和构建一个涵盖国民基础教育、国民中学和国民大学，兼顾学校教育和社会教育的完整的国民教育体系，20世纪40年代，雷沛鸿将主要精力转向了高等教育领域。国民大学是他所构设的民族教育体系中的最高层次，他创办的西江学院是其国民大学建设的雏形。雷沛鸿试图通过西江学院完成民族教育体系的构建，并使之与桂南社会改造相结合。

## 一、主管国立广西大学

雷沛鸿与广西大学有着深厚的渊源。早在1927年任广西省教育厅厅长期间，他就把筹设这所大学作为一项重要工作。雷沛鸿认为，大学具有"研究学术、培植专门人才、提高文化及沟通中外文明而协助中华民族文明之创造"[①]的使命。他指出，"广西近年来教育日行发达，升学者日众，本省尚未设立大学，负笈外省肄业者不少，一般贫寒子弟有志升学者均因限于经济中途废学，以此沦没人才实不在少数"，故而下定决心办成此事，以"慰本省民众属望"。[②]雷沛鸿亲自起草了《筹设广西中山大学草案》和《广西中山大学筹备委员会组织大纲》，呈交省政府委员会。1927年冬，由雷沛鸿等11人组成的筹备委员会成立后，他还以南洋及欧洲高等教育考察特派员的身份，负责对南洋及欧洲的高等教育进行调研，为创办广西中山大学做学术准备。1928年10月10日，广西大学在桂东重镇梧州市正式成立（当时的校名为"省

---

① 雷沛鸿.筹设广西中山大学草案 [J] // 广西教育厅.广西教育公报，1927，2（2）：108–110.
② 雷沛鸿.整顿广西全省县、市、乡立小学草案 [J]// 广西教育厅.广西教育公报，1927，1（12）：88–95.

立广西大学"），由从日本留学归来的马君武博士任校长。雷沛鸿参加了开学典礼。

在那动荡的年代，省立广西大学在十年间经历了停办、搬迁、合并等变故，到1939年8月广西大学由省立改为国立。10月10日，广西大学举行改名和欢迎马君武校长回校典礼。李宗仁、黄旭初及教育厅厅长雷沛鸿莅临典礼。广西大学改为国立后，马君武依照教育部颁布的组织要点，修订广西大学组织大纲，挑选一批教育专家分任各职。但在广西大学步入发展黄金期的时候，马君武这位爱国的革命者、科学家和教育家校长却于1940年8月1日不幸病逝。这对广西大学乃至全国教育界来讲是一个重大损失。在广西大学全体师生处于迷惘、困惑时，国民政府行政院于8月28日召开的第479次会议决定，任命雷沛鸿接任国立广西大学校长。

雷沛鸿受命于危难之时，如何将国立广西大学的学术风气传承下去并发扬光大，是他首先思考的问题，也是全校师生的期盼。当时的社会媒体得知雷沛鸿继任国立广西大学校长后立即对他进行了专访。他谈到了自己民主办学的方针："今后吾人应配合抗战之需要，努力培养各种人才，以充实抗战力量……至于改善大学之教育方针，本人以为，需要有严格的训练与管理。但如纯以纪律约束，亦为不当。因大学为研究高深学问之教育场所，对学生应予以相当自由，同时应积极设法促使学生自发地研究，使其获得研究的兴趣而自由发展。"

雷沛鸿上任国立广西大学校长后，逐步完善学校基础设施建设。他曾以国立广西大学的名义呈请教育部设立师范学院，未果。后教育部批准扩充文法学院，设法商学院。他先后主持建成了物理馆，化学馆，发电所，第一、二、三学生宿舍，农学院教员宿舍，并将新落成的图书馆定名为"君武图书馆"，充实了图书设备和机械厂设备。学校基础设施建设在他的努力推动下大为改观。

雷沛鸿高度重视人才培养工作。1941年2月，雷沛鸿在为《国立广西大学手册》作序时指出，大学教育培养首先应给学生明确学习方向，使其把握社会变动的脉搏。他说："现代世界各国教育——尤其是大学教育——对于全校学生，无论是初年级的学生，或高年级的学生，均要黾勉从事于一个主要活动，这就是方向，指引迷津的活动。"①他认为，广西大学改为国立后，学生来自全国各地，生源比较复杂，接受大学教育的思想准备也有差异，大学教育应该为学生指引方向、启发学生好学深思。他希望"全校学生，偕同全校教职员，无论通过羊肠小道，或者行径大路通衢，都能志于科学，据于人道，依于仁义，游于艺术，而一同引进于教育世界，并一同探险于新知识的园地。随之，学者遂能对于新教育目的有所调整，对于旧教育传统随时代的进展而有所新认识，对于五光十色，使人迷目瞀心的课程及教材，有所抉择，对于自然环境，有所适应，对于生活的新方式，有所共同实践，对于时代要求，有所应付，对于人民生计，社会幸福，国家安危，民族生存的斗争，有所贡献"②。雷沛鸿在学校管理中非常注意言传身教，凡是要求学生做的，他总是身先士卒。同学们经常听到年过半百的雷校长在校长宿舍附近朗读英语。他的好学精神在学校被传为佳话，鼓舞着广大学生。在雷沛鸿的主持下，广西大学办得有声有色、生动活泼。

雷沛鸿主持的广西大学最突出的特点是推行"学术自由""兼收并蓄"的办学方针，营造民主宽松的氛围。雷沛鸿借鉴蔡元培任北京大学校长时"兼收并蓄"的办学方针，提倡学术自由，广纳社会贤达，聘请专家学者到学校从教任职，如聘请李四光任理工学院院长，童润之任农学院院长。他还邀请各界名流来校做演讲报告，其中有李济深、蒋经国、梁漱溟、李四光、丁西林、汪敬熙、欧阳予倩、千家驹、张铁生、张志让、董维键、丁绪贤、童润之、盛成等，"尽管他们的立场、观点、见解各有不同，但都给学生一些新的东西，扩大知识面，也给学生以各种思想锻炼，提高他们分析批判的能力。学生当时听演讲的兴趣相当浓厚，从中也得到一定的教育与启发"③。名人学者的演讲和授课内容十分丰富，极富教育意义，深受师生欢迎，对于提高学校的学术水平，促进学校良好学风的建设，具有重要影响。特别是学生当中的自由民主气息十分活跃。在全民族抗战的严峻形势下，学生组织通过举行演讲比赛、辩论会、公演、募捐、墙报等活动，以及发表文章、出版

---

① 雷沛鸿.《国立广西大学手册》序[M]//韦善美，马清和.雷沛鸿文集：续编.南宁：广西教育出版社，1993：468.

② 同①469.

③ 广西大学校史编写组.广西大学校史（1928—1988）[Z].南宁：广西大学学报编辑部，1988：76.

刊物等各种方式抒发爱国情怀，宣传民族自由、民主、团结、进步精神。中共广西大学支部在雷沛鸿担任校长后发展了一些党员，党组织又发展壮大起来。①党员们在学术自由的氛围中，宣传中国共产党"坚持抗战，反对投降；坚持团结，反对分裂；坚持进步，反对倒退"的政治主张，开展慰问抗战前线战士的活动，表达了青年学生的乐观主义精神和以创造祖国美好前途为己任的远大抱负。

图书馆是保存人类文化遗产、开展社会教育、服务学术研究的重要场所。雷沛鸿十分重视图书馆的建设和使用，把它作为大学教育的重要阵地和自由研究学术的场所。雷沛鸿在广西大学任职期间，图书馆藏书丰富，除了藏有哲学、社会科学、语言学、自然科学、应用科学、美术、文学及史地类图书外，还购进了一批马列主义书籍和进步的报纸杂志及文学著作，供师生自由阅读，"对于师生进行自由研究提供了有利条件"②。图书馆的自由民主风气也体现了雷沛鸿的办学思想。

正当雷沛鸿在国立广西大学大展宏图，欲全面实施其大学教育理想时，1941年8月，教育部长陈立夫到学校视察，对雷沛鸿的做法极为不满，特别是当他发现学校图书馆藏有不少马列主义书籍和《新华日报》时尤为不满。8月15日，国民政府行政院第526次会议决议以"另有任用"为名，免去了雷沛鸿国立广西大学校长之职，由高阳继任。广大师生对此极为愤慨，进行了持续近一个月的"挽雷拒高"抗议活动。迫于压力，新桂系只好暂调雷沛鸿到广西科学实验馆工作，以示调和。雷沛鸿被免去国立广西大学校长之职后不久，位于广州的国立中山大学即聘他为教授。

尽管雷沛鸿主管国立广西大学只有短短一年时间，但他却给学校注入了许多新鲜血液。在这一年中，学校稳定发展，教学力量雄厚，图书设备充实，学风淳朴，学生勤奋好学，自由研究学术之风浓郁。如果说接管国立广西大学期间，由于时间短促，不足以全面展现雷沛鸿高等教育的理想和实践的话，那么创办南宁农业专科学校、西江学院，则是雷沛鸿民族教育体系的第三个层次——国民大学教育思想与实践——的更完美、更充分的体现。

① 广西大学校史编写组.广西大学校史（1928—1988）[Z].南宁：广西大学学报编辑部，1988：72.

② 宋光翘.怀念尊敬的雷校长 [M]// 政协广西壮族自治区委员会文史资料研究委员会，致公党广西壮族自治区委员会.雷沛鸿纪念文集.桂林：广西师范大学出版社，1988：115–116.

## 二、创建南宁农业专科学校

1940年11月，日寇被赶出广西南部，南宁得以收复。此后，雷沛鸿在桂林开始筹建南宁农业专科学校。为什么要创办这样一所学校？雷沛鸿认为有三个方面的理由。一是为了纪念失地收复。在驱逐日寇的浴血奋战中，我们的民众，尤其是南宁城内外以至邕江两岸居民，勇往向前，义无反顾，誓不与日寇共戴天。这种苦痛经历和民族正气不可以不纪念！如此伟大的成就，不可以不纪念！"而最好的纪念实为教育，尤其是农业专门教育。因为中国大体系农业社会，桂南十八县民众大多数系农民。"①这是创立南宁农业专科学校的最大社会原动力。二是为了协助战区复兴，服务后方生产。全国抗战尚未结束，战区复兴在当时国内各战区都是重要任务，需要全国人民在前方努力杀敌，在后方努力生产。受帝国主义的侵略，中国农村日见枯竭，为恢复农村生产力，发展农村生计，改善农村生活，无论在平时或战时，我们都必须注意农村教育。基于教育指导生产、教育指导战区复兴的整个集体生活的迫切要求，雷沛鸿决定在南宁创设农业专科学校。三是为了培养和提升社会基础的技术水平。雷沛鸿认为，以科学技术改善一般人民生活的民众教育的需要，在农村环境下，即是以农业生产科学技术改善农民生活——农民教育的需要。这两个需要的结合可以调动更多的力量培植科学及技术专门人才，服务抗战和建国事业。南宁农业专科学校的设立，正是为了满足这两种需要，这也成为教育改造历程中的一种实验。

1942年秋，经过周密的计划和设计，根据《私立南宁农业专科学校创设计划》，南宁农业专科学校成立。在创设计划中，雷沛鸿详细地列举了所要进行的程序与步骤。在选择校址上，雷沛鸿充分利用前广西普及国民基础教育研究院、前家畜保畜所、前民团干部学校废址，并争取将公有农林场作实习及示范场地之用。在创设科系课程及其他教育方案上，雷沛鸿聘请教育专家、农业工商业专家共同设计。南宁农业专科学校创立后，雷沛鸿本着"服

---

① 雷沛鸿.私立南宁农业专科学校之教育旨趣[M]// 韦善美，马清和.雷沛鸿文集：续编.南宁：广西教育出版社，1993：473.

务社会，服务公众，培养农业技术专才"的教育原则而不懈努力。在办学目标上，雷沛鸿确立了"服务公众、天下为公"的立校精神。他认为，学校应本着"天下为公"的文化，以公存心，以公行事，"以'天下为公'为其立校精神"①。南宁农业专科学校作为一所农业技术专门学校，它所有的劳动活动和农业科学研究是为了公众，所有的生产产品和农业科学技术也是为了公众，所得的劳动生产成果也是为公众。也就是说，要从劳动为公、学术为公、教育为公做到天下为公，将劳动与学问结合起来、生产与教育结合起来，彼此通力合作，以实现天下为公。

雷沛鸿在创办南宁农业专科学校的过程中，将服务社会、参加生产作为重要教育内容。他认为，南宁农业专科学校的创设和发展都是为社会服务，其教育设施、教育活动也应该坚持以服务为宗旨。那么，南宁农业专科学校怎样服务于社会呢？那就是：以教育尤其以农业专门教育服务于社会。为此，南宁农业专科学校的教育设施分为社会教育和学校教育两大类。社会教育的目的是切合民众需要，满足社会要求。雷沛鸿采用生产教育的方法，要求学生参与农业生产、植树造林、畜牧兽医、乡村合作及其他必要的工作，在生产劳动中培养人才。这不仅可以形成强大的服务社会的力量，而且可以使学生在掌握农业专门技术的同时养成良好的劳动习惯和劳动意识。学校教育则以通识教育为基础，以实用教育为支柱，让学生在集体生活中培养自治能力，在思想上引导学生树立正确的求知观，而不是要学生弃文从农，让学生在学校生活中探讨科学知识，探求农业科学方法。南宁农业专科学校在雷沛鸿正确的办学方针指导下，充满了生机与活力。他带领学生一边学习，一边参加实践，在南宁市郊的津头、埌东、埌西、佛子岭等地，开展农业实践教育，以此作为大课堂把学生培养成为既懂技术又能动手实操的人才。

1944年秋，垂死挣扎的日寇为打通其所谓"大陆交通线"，再次进犯广西。广西各地紧急疏散，雷沛鸿也将南宁农业专科学校迁到桂西田阳，但最终还是因为战乱的破坏而被迫停办。南宁农业专科学校是雷沛鸿在广西创办高等教育的又一里程碑。它的创办丰富了雷沛鸿的高等教育思想，为他深入开展高等教育实践活动积累了经验。雷沛鸿在广西省立医学院、国立广西大

---

① 雷沛鸿.私立南宁农业专科学校之教育旨趣 [M]// 韦善美，马清和.雷沛鸿文集：续编.南宁：广西教育出版社，1993：479.

学、南宁农业专科学校等广西高校的办学和管理经验基础上，又开始了新的更加宏大的办学实践。

# 三、创办西江学院

在办学生涯中，雷沛鸿曾先后参与或主持过上海法政大学、广西省立医学院、国立广西大学、南宁农业专科学校和西江学院5所院校的筹办或创建工作，其中最为全面展示和反映他的高等教育思想、才学和实践成就的，当数创办西江学院。这是他的国民教育体系最高阶段——国民大学教育理论和构想的实验园地，也标志着他的民族教育体系构建梦想得以初步实现。

1943年7月，为了继续推行国民基础教育，连接国民中学和国民大学，雷沛鸿在总结南宁农业专科学校办学经验基础上，进一步提出创办国民大学的建议。为什么要创建西江学院？雷沛鸿认为，当时的中国依旧是农业经济、乡村社会的国家，基本上仍处于农业文明阶段。为了使教育能够适应经济发展实际，既要改进农业发展，又要提高物质文化，改善民众生活。为此，广西亟须创办适应经济发展实际需求的新型大学。他认为南宁农业专科学校还不能适应此要求，所以还要再联合省内父老及省外热心人士，将学校扩大为西江学院，而且迟早还要将它扩大为西江大学。①由此可见，从南宁农业专科学校到西江学院，既是当时广西社会发展的需求，也是雷沛鸿实践其教育构想的又一阶段。

西江学院从1944年筹办，1945年正式成立，1946年取得合法地位，到1952年并入广西人民革命大学，经历了设计筹备、组织实施、新旧交替三个阶段，始终倾注着雷沛鸿的一片心血。1944年6月1日，雷沛鸿等人草拟了《发展国民大学教育计划大纲草案》，阐述了创建国民大学的重要性和必要性。在随后的两个月里，在雷沛鸿主持下的广西教育研究所先后组织召开了四次较大规模的筹备会议。会议研究讨论了创建西江学院的许多具体事宜，

---

① 雷沛鸿.我的自白[M]// 韦善美，马清和.雷沛鸿文集：上册.南宁：广西教育出版社，1989：7–8.

其中就有雷沛鸿亲自起草的《创设西江学院建议书》。随着广西教育研究所因战事从桂林迁至百色，西江学院的筹建工作也转移到百色。1944年11月16日在百色举行的第五次筹备会议决定设置西江学院校董事会，公推苏希洵、雷沛鸿等人为董事，其中，苏希洵为董事长，邵力子、李四光、李宗仁、白崇禧、黄旭初等为名誉董事。11月26日，西江学院校董事会在百色正式成立，雷沛鸿被聘为首任院长。1945年西江学院着力解决学院性质和招生问题，以免因战争对省内高等教育的破坏而导致青年失学。1945年2月22日，公立西江学院终于面向社会宣布正式成立，校址选在百色，开创了壮族聚居区举办近代大学之先河。[①]学院之所以称"公立"，是取各县协款联合之意，也有"教育为公"的本意。[②]3月，西江学院首次招收大学进修生甲乙丙班，共20人。抗战胜利后，西江学院于9月16日迁到南宁，与私立南宁农业专科学校合并，以原广西普及国民基础教育研究院旧址为院址，并开始第一年秋季招生，大学本科、专科、预科共计7个班，346人。

1946—1947年是西江学院发展良好的时期。学院按照《西江学院五年建设计划大纲》重点创造学术和教育环境，运用社会力量加强学院基础设施建设。学院无论在办学规模还是学生人数、基本建设、图书资料、教学设备设施、生产效益等方面都有长足进步。但是，西江学院几经周折都未能在国民政府教育部立案。直到1946年11月由广西省政府定为"省立"，学院才真正取得合法地位。虽然校名几经变换，但院长一直是雷沛鸿。1948—1949年，西江学院发展举步维艰，雷沛鸿赴南洋开展募捐。中华人民共和国成立后，1950年1月，南宁军管会接管西江学院，调整了行政机构，废除训导制，成立院务委员会，雷沛鸿被文教部指定为主任委员。此后，西江学院受命对系科设置进行调整，雷沛鸿也积极总结、改造自己的教育思想，主动接受人民民主教育思想，完成了从一个旧式教育家向新式教育家质的转变和飞跃。[③]1951年1月，广西省人民政府教育厅发文，将西江学院更名为广西省西江文理学院，并着手调整办学形式，重点开展广西建设所急需的短期人才培训。1952

① 顾明远.中国教育大百科全书：第4卷[M].上海：上海教育出版社，2012：2624.
② 陈业强.雷沛鸿先生创建的两个教育学术研究机构与西江学院[M]//广西政协文史资料研究委员会.雷沛鸿纪念文集.桂林：广西师范大学出版社，1988：28.
③ 曹又文.雷沛鸿教育思想的演进[J].广西师范大学学报（哲学社会科学版），1993，29（2）：45.

年3月，经教育部批准，西江文理学院正式并入广西人民革命大学。西江文理学院的原址变成广西人民革命大学的校本部，成为新型大学的一部分，雷沛鸿调任他职。

公立西江学院从1945年2月22日宣告成立，到1952年3月7日并入广西人民革命大学，历时7年。雷沛鸿在西江学院的办学过程中，实践并总结了如下大学教育思想。

第一，关于大学教育的三个功能。雷沛鸿认为："大学是民族的灵魂，也是人类文明的一个文化渊源。"①据此，大学教育主要有三个方面的功能：一是研究高深学术，扩大及推进知识领域；二是培养专门学者及技术专才；三是传播智慧，改善民生。②由他亲手拟订的《西江学院之教育实施方针》就是以此为理论依据，提出西江学院要以推进学术研究、普及科学知识、训练实用技术人才、培养有专门知识的人才、促进团体道德、传承文明为终极目的③。

第二，关于大学之"大"的三个特性。雷沛鸿认为，办大学如果只解决物质条件问题，或只是解决经费及人力问题，或只是矫正青年在学问方面的问题，都还不能使大学名副其实。他在创办西江学院的过程中专门写了《什么是构成大学大的特性》一文，阐述了大学之"大"的三个特性。一是大学要与民众结合。由于中国教育的传统"一向与民众生活背离"，大学只有与民众结合、有民众支持，才会有广厚的社会基础。西江学院就要建立在广大民众生活基础之上。它的发展与广大民众的支持是分不开的，其教育功能对民众生活也有极为重要的作用，能够促进经济发展和民众生活幸福。二是大学要有自由思考。作为大学之"大"的一个要素，自由思考是人类在文明进步过程中寻求解放自然束缚和解放人为束缚的开端。没有思想解放和自由思考，人类文明进步就必然受到阻碍。因此，大学要真正成为名副其实的"大"学，必须着力营造自由思考的环境，发扬自由思考的作风，拥有宽容

---

① 雷沛鸿.什么是构成大学大的特性[M]//韦善美，马清和.雷沛鸿文集：下册.南宁：广西教育出版社，1990：471.
② 雷沛鸿.西江学院之教育作用[M]//韦善美，马清和.雷沛鸿文集：下册.南宁：广西教育出版社，1990：472.
③ 雷沛鸿.西江学院之教育实施方针[M]//韦善美，马清和.雷沛鸿文集：下册.南宁：广西教育出版社，1990：441.

自由思考和表达的思想与能力。三是大学要倡行科学方法。科学方法是自由思考的条件。科学精神的涵养、科学方法的运用、科学真理的追求是大学之所以成其为"大"的一个要素。科学研究的对象是自然现象与社会现象，我们既不能局限于书本，也不宜一味采取主观的内省法。①

第三，关于大学教育的三重目标。雷沛鸿将西江学院的办学目标分为三个层次，分别是参与地方建设、参与国家建设、参与世界建设，并随各层次的社会建设的进步而演进。②西江学院的专业设置、教育内容和教育方法都是与此目标相适应的。雷沛鸿本着"从远处大处着想，从近处小处做起"的实事求是态度，从本省实际出发，在十多年的国民基础教育与中学教育发展基础上，将西江学院分为大学教育、专科教育、预科教育三个层次，以适应广西实际发展需要。③他认为，西江学院作为国民大学的初步实验，以文理科教育为大学教育的基础与中心，故取"学院"之名。当前侧重专科教育，"实谋以帮助解决广大民众生活问题，及新中华文明问题"④。

第四，关于大学教育的内容与方法。教育的内容与方法直接关系到大学培养什么人和怎样培养人的问题。雷沛鸿十分重视西江学院在教育内容和教育方法上的改革，根据培养学生及公民正确的人生观、世界观、宇宙观的需要来选择教材、课程、科目。所以，大学教育"应进一步加重学术的研究、道德的实践、民族意志及责任心的培育"⑤。在教育方法上，要实施活的教育，根据学生的个性差异进行启发和辅导，使每个学生能够开发智力，智慧达到至真、至善、至美的理想境界。

第五，关于大学教育的制度与设施。针对当时高等教育盲目抄袭外国、未能立足现实发挥教育的创造性，制度上没有适当的安排，政策上没有完善的措施等弊病，雷沛鸿主张，大学教育要坚持一切从实际出发，从根本做起，从远处大处着想，从近处小处着眼。大学教育按需要设立各专业学校，

---

① 雷沛鸿.什么是构成大学大的特性 [M]//韦善美，马清和.雷沛鸿文集：下册.南宁：广西教育出版社，1990：459–471.

② 雷沛鸿.西江学院之教育实施方针 [M]//韦善美，马清和.雷沛鸿文集：下册.南宁：广西教育出版社，1990：441.

③ 雷沛鸿.西江学院是什么 [M]//韦善美，马清和.雷沛鸿文集：下册.南宁：广西教育出版社，1990：455.

④ 同③453.

⑤ 同②441.

如法学院、医学院、教育学院等，又设立各技术专门学校，如工学院、农学院，或农业、工业、商业、医药等专科学校。同时，还要按照学术需要设图书馆、美术馆、天文台、植物园、动物园、农场、工厂及医院等，以便研究、传播知识，促进生活、生产技术，增进民众幸福感。

西江学院是雷沛鸿整个国民教育体系的第三层次。至此，他终身探寻的自下而上（国民基础教育、国民中学、国民大学）的教育实践，形成了一个比较完备的体系。在这个体系中，他又将各个教育阶段紧密衔接，每个教育阶段都贯穿了他的教育思想与实践理念，并能紧跟时代需要不断加以扩充，与当时全国的学校教育系统相呼应，形成了具有时代特色和地方特色的民族教育体系。

## 四、创建广西教育研究所

1936年，广西普及国民基础教育研究院被迫停办后，广西便没有了教育研究机构。1939年，雷沛鸿第四次出任广西省教育厅厅长后，为使教育学术与教育行政密切结合，他再次向广西省政府提议设立广西教育研究所，以促进广西教育事业的科学发展。1940年5月4日，广西省政府委员会第471次会议通过了雷沛鸿起草的《广西教育研究所组织大纲》。5月中旬，通过了研究所的预算，并决定聘请李任仁、陈鹤琴、陈剑修、高阳为研究所委员，雷沛鸿以教育厅厅长身份被选为当然委员。广西教育研究所在桂林正式成立，由省参议长李任仁任所长。

广西教育研究所发扬广西普及国民基础教育研究院的优良传统，承担本省国民基础教育、中等教育及其他各种教育的理论、制度与方法的研究与实验，研究解决本省教育发展中的实际问题，为广西教育事业发展服务。雷沛鸿在研究所开创之初，便明确设计了其内部组织机构和所应担负的任务。研究所内设辅导组、教学组、研究实验组、总务组。辅导组的任务是联系各师范学校从事教育辅导工作，教学组的任务是联系各高等学校办理中等学校教师进修工作，研究实验组的任务侧重于教学辅导上实际问题的设计与解决。

广西教育研究所前期的主要工作是服务国民中学发展，为中学教育培养师资。研究所成立后不久就组织举办了各种中学教师训练班。1940年8月中旬，研究所开办童子军教练员训练班，招收学员77人。11月，研究所委托江苏省立教育学院代办国民中学教育研究班，招收学员34人。此外，还办有文史地教学研究班、中学数理化教职员训练班等，为提高广西中学教师素质做出了贡献。广西教育研究所还专门设立国民中学教育研究室，深入开展教育研究。在雷沛鸿的领导下，研究所成员与当时在桂林的教育界著名人士林砺儒、董渭川等进行了上百次的座谈和小组讨论，就国民中学教育、师范教育、战地教育、国民大学教育等问题展开了深入研究，并着手修订课程，制定《广西国民中学课程标准》，编写了20多种新教材。可惜这些集体研究成果大多毁于战火之中。

1941年，广西省政府恢复筹建广西省立师范专科学校。1942年，广西省立师范专科学校与广西教育研究所合并，改名为"广西省立桂林师范学院"，并在学院内部附设师范教育研究所。但合并不到半年，广西省政府又将教育研究所恢复独立，并于1943年1月重新制定《广西教育研究所组织大纲》。研究所随即在桂林原址正式恢复，雷沛鸿担任所长。在恢复发展阶段，雷沛鸿继续发挥广西教育研究所学术机构和教育机构的双重职能，为广西教育事业的发展做出了许多不可磨灭的贡献。1941年1月，研究所刊物《广西教育研究》创刊，成为教育界开展教育研讨、交流教育观点的重要园地。1943年研究所重建后，雷沛鸿对《广西教育研究》栏目进行了调整，内容多为针对本省教育实际问题的研究、讨论和报道，侧重于国民教育、普通中学等问题，后又转到国民大学的研究探讨上。1946年，研究所又创办了另一教育刊物《教育导报》，进一步加强了广西教育理论的探讨与研究。此外，研究所还编辑出版了《国民基础教育论丛》《国民中学创制集》《广西地方文化研究的一得》等一系列教育丛书，以及《教育概论》《成人教育》等多种教材，有力地推动了广西教育的发展。

在广西教育研究所的恢复发展阶段，雷沛鸿不仅要克服场地不足、图书财物匮乏、经费短缺等种种困难，还要冒着生命危险，在枪林弹雨中进行广西教育的建设工作。1944年9月，日寇再次进犯广西。研究所人员奉命撤离桂林，分别疏散到柳州、宜山、昭平等地。几经周折，最后在田阳、那坡汇集，后又迁到百色，再从百色向乐业县等地转移，真可谓颠沛流离。但困难和灾难并没有把雷沛鸿击倒，反而使他在危难关头更加坚定了信心，并深切地认识到教育的责任与使命。他唯一的愿望，是把全省教育界同仁团结起来，能够真正使教育服务于大众。他向全省教育界同仁发出号召："从今以后，我们大家要抱定献身于民族国家的决心，普鲁士、丹麦等国的先知，便是我们的好榜样。我们大家要看重我们自己的事业，不要见异思迁，知难而退，要抱定'鞠躬尽瘁，死而后已'的信心。我们要极力扫除过去教育上一切散漫、空洞、偏枯、纷乱、抄袭等等的弊端，要依照我们的目标，根据我们的需要，去彻底改造现有的教育事业。"①从这里我们可以看到，一个教育家神圣的教育责任与事业使命牢牢地植根于雷沛鸿的心中。

1945年8月抗日战争胜利后，雷沛鸿又把目光投向了更高的教育研究目标。1945年9月，研究所和西江学院一并从百色迁回南宁，以原广西普及基础教育研究院为址。此前，在研究所被逼撤离桂林，奔波流离之时，雷沛鸿已开始致力于西江学院的筹建工作。

当研究所在南宁稳定下来后，雷沛鸿便把研究方向转移到高等教育上来。雷沛鸿认为要进一步发展国民基础教育，解决广西普及国民基础教育中存在的质量问题，关键不在于限制"量"而单纯去求"质"，而是必须在较高层次的中等教育以及最高层次的高等教育方面用力。因此，在雷沛鸿的主持下，广西教育研究所后一阶段的工作开始把国民基础教育、国民中学与国民大学联系起来，一同加以研究，对本省高等教育的实际问题进行研究和讨论，并为西江学院的筹建做了大量具体工作。广西教育研究所为筹建西江学院拟订了《发展国民大学教育计划大纲草案》《筹设广西文理学院暨专科学校计划草案》《创建西江学院建议书》，发动社会各界捐资兴学。1948年初，广西省政府裁撤广西教育研究所，其人员编制拨入省立西江学院。

广西教育研究所从创建、发展到裁撤，雷沛鸿在其中起到了重要的作用。尽管研究所的大部分时间是在艰难的抗战环境中度过的，但在雷沛鸿领导下仍然对广西教育事业做出积极的贡献。无论是前期对国民中学制度的完

---

① 雷沛鸿.国民教育简论[M]//韦善美，马清和.雷沛鸿文集：上册.南宁：广西教育出版社，1989：164-165.

善，还是后期对高等教育的探讨，都切实地解决了广西教育界存在的许多问题，使广西的教育事业从深度到广度都得到了进一步发展。①

# 第四节　对雷沛鸿办学实践的评价

雷沛鸿针对当时教育体制存在的弊端，立足广西，创造性地构建起独具特色的民族教育体系，把初等教育、中等教育和高等教育各个层次以及儿童教育、青年教育与成人教育各种类型融为一体，推行大众化的教育改造，造福一方百姓。从他长期而又丰富的办学实践可以看出，雷沛鸿无愧为"中国现代教育史上有特殊贡献的杰出的教育家"②，堪称教育家办学的一个典范。

## 一、雷沛鸿对广西教育发展的贡献

纵观雷沛鸿数十年的办学生涯，他为广西教育事业所做出的开创性贡献，归纳起来主要有以下几个方面。

第一，推行普及国民基础教育运动。这是广西现代史上规模宏大、富有地方特色的教育普及运动。为实现大众共办、共有、共享教育的目标，雷沛鸿吸收了孔子"有教无类"和西方"庶民教育"的思想，把初等教育与成人教育合并办理，将基层的政治、经济、文化、社会生活与国民基础教育紧密联系起来，得到了广西军政当局的支持和全省民众的响应，也得到了外省同行的赞誉，并被推广到全国。这不仅创造了广西教育史上20世纪30年代的辉煌，也为广西社会经济文化发展做出了积极的贡献。

---

① 钱宗范.雷沛鸿的生平和事业 [M].南宁：广西教育出版社，1998：218.
② 马秋帆.对雷沛鸿教育理论和实践的再认识 [M]//广西雷沛鸿教育思想研究会.雷沛鸿教育思想研究文集：1.南宁：广西教育出版社，1992：34.

第二，构建一个完整的国民教育体系。雷沛鸿对中国旧教育存在的问题做了深刻的思考，把劳动人民放在教育的主体地位。他在教育落后的广西，把义务教育与民众教育、儿童教育与成人教育、学校教育与社会教育作为一个整体来考虑，从理论上和实践上科学地构筑起从学前教育、国民基础教育、国民中学到国民大学的完整的教育体系。

第三，开创广西成人教育和少数民族教育新局面。雷沛鸿是我国最早系统探讨成人教育问题的教育家之一。他合理吸收国外成人教育理论和实践经验，积极推动成人教育运动，不仅极大地促进了广西全省成人教育的发展，也为当时抗日救国做出了重要贡献。雷沛鸿高度重视少数民族教育，他结合广西少数民族聚居的省情，采取特殊措施发展少数民族教育，促进了少数民族聚居区的经济文化发展，在普及国民基础教育运动中真正做到"有教无类"。

第四，推动广西高等教育事业发展。在雷沛鸿的办学生涯中，他先后在广西创办、主持过的高等学校就有4所。他主持和创建的高校，都是紧贴广西实际，把教育渗透于生活，培养服务广西的人才。同时，雷沛鸿也非常重视高等教育的理论研究，他在高等教育理论探索方面曾发表过系列文章60多篇，特别是在1946年发表的《什么是构成大学大的特性》一文对高等教育性质、特点做了比较全面的分析。因此，我们完全有理由说，雷沛鸿在高等教育理论与实践方面都有开拓性的建树。

第五，奠定广西教育学术事业的基础。以教育学术辅助教育行政，是雷沛鸿办学实践的重要特点和取得巨大成就的要诀之一。他先后在广西创办了集教育研究与办学于一体的广西普及国民基础教育研究院和广西教育研究所，进行教育学术研究与教育改革实验，开创了广西现代教育学术事业的先河。

历史证明，雷沛鸿办学实践成效显著。据《桂海春秋》记载，1934年广西有国民基础学校18313所，入学儿童855528人，入学成人134390人，合计989918人。到1941年年底，广西有国民基础学校19506所，分校5402所；中心国民基础学校2236所，分部449所；在学儿童1578265人，在学成人329498人，合计1907763人。国民中学也由1935年的3所，增加到1942年的80所左右。从当时广西历史条件和社会环境来看，雷沛鸿在普及国民基础教育和创立国民中学方面能够取得这么大的成绩，是难能可贵的，值得人们敬佩。从1933年10月至1940年5月，全省上下完成了一场声势浩大的教育改造运动。虽然同时期或稍早时候国内其他省份也进行过类似的教育改革，但论规模之广大、思想体系之完备、部署实施之严密有序、持续时间之长、成效之显著，当首推广西。

## 二、时人对雷沛鸿办学实践的评价

雷沛鸿所设计和推行的教育改造运动，从学前教育、国民基础教育、国民中学到国民大学，形成了具有广西本土特色的国民教育体系，他的不少做法处于当时全国教育发展的领先地位。从1921—1929年，雷沛鸿在管理广西教育期间提出《整顿广西全省县、市、乡立小学方案》《改良及推广师范教育草案》《整理广西全省中等学校相互关系草案》等一系列整顿全省教育的方案，不仅体现了壬戌学制（中国近代史上实施时间最长的一个学制）的精神，而且注重把教育与中国社会实际相结合，并把国外学制中国化。陈友松对此有这样的评价：广西"去年得雷沛鸿为教育厅厅长，精神为之蓬勃以振，实施亦为之一新。雷先生为邕宁世家，留学欧美，中西淹贯，又屡游南洋，在沪上办华侨教育，卓有成绩，故发表各种计划，皆中时弊，厉行尤力，其党化教育方针与广西大学计划皆为国人已知"；广西教育经过努力，将来"必能与任何他省抗衡"，以当时情况而论，比湖北、陕西教育"更好得多"。[①]

雷沛鸿推行的广西普及国民基础教育不仅在教育本质上有彻底的认识，经费上有通盘的筹算，设施上有整齐的步骤，而且在实施中有全省上下、社会各界的努力合作。这不只是为广西教育探寻一条出路，也是在为中国整个教育发展寻求出路。[②]胡适在其《南游杂忆·广西印象》中也谈道："办教育的人和视学的人，眼光一错，动机一错，注意之点若在堂皇校舍，冬夏之

---

① 陈友松.广西教育概况 [N].申报，1928-03-12（1）.
② 徐旭.广西普及国民基础教育的前程 [J].中华教育界，1934，22（1）：125-131.

操衣等等，那样的教育在内地就都可以害人扰民了……乡间小学生的褴褛赤脚，正可以表示广西办学的人的俭朴风气……广西教育厅厅长雷沛鸿先生正在进行全省普及国民基础教育的内容。"①他还引用了美国传教士艾迪博士的话说："中国各省之中，只有广西一省可以称为近于模范省。凡爱国而具有国家眼光的中国人，必须感觉广西是他们的光荣。"②

1946年，雷沛鸿为总结一生的办学经验，将自己的文章和报告结集成《国民基础教育论丛》和《国民中学创制集》，并由广西教育研究所出版。至此，通过推行国民基础教育运动、创制国民中学、试办西江学院，雷沛鸿初步完成了国民教育体系的建构，在全国产生了很大的影响，也引发了教育界同行的关注和评价。时任教育部督学刘寿祺认为，雷沛鸿是"中国学术界有数的人物"，他在广西所做的教育改造，与抗战前乡村建设派、民众教育派各家之不同在于：雷沛鸿从倡导普及国民基础教育运动开始，紧跟着有国民中学制度的创制，最后又进一步创办西江学院。这是一个按照一贯的理想主张，自下而上逐步进行教育改造的工程。"这种高瞻远瞩，鸟瞰全局，实地施工的做作，实在不可多觏。"③

# 三、雷沛鸿曾经未受到重视的原因分析

在20世纪上半叶，雷沛鸿与同时代的陶行知、黄炎培、晏阳初、梁漱溟等都是教育大众化、教育中国化运动的代表人物。他们在中国现代教育变革的理论和实践方面都创造了世人瞩目的业绩。但是，陶行知、黄炎培、晏阳初、梁漱溟四位教育家都得到了社会的广泛认可，在国内外享有盛誉。唯独雷沛鸿在20世纪50年代至70年代的相当长时间里一直未能受到社会应有的重视，其业绩和声誉被学术界忽略。究其原因，主要有以下几个方面。

第一，雷沛鸿在广西开创的教育事业起步较晚。雷沛鸿影响较大、稳

① 欧阳哲生．胡适文集：5[M]．北京：北京大学出版社，1998：640.

② 同①637.

③ 刘寿祺．我对于西江学院的希望[J]．教育导报，1946（8）：12-14.

定成形的办学实践始于20世纪30年代中后期，相比陶行知、黄炎培、晏阳初、梁漱溟等教育家而言，他的起步较晚。雷沛鸿1921年回国时，其他几位教育家在国内已经引人注目，外国时兴的教育学说在国内都已开始流传、借鉴，本土意义上的教育新主张、新流派早已借"五四"新文化运动得以广泛传播。到1933年雷沛鸿第三次出任广西省教育厅厅长、发起普及国民基础教育运动时，职业教育、平民教育、乡村建设和生活教育等几大教育思潮和运动早已在教育相对发达的地区兴起，而且影响很广泛。这对雷沛鸿办学的业绩客观上产生了一定的"掩蔽"作用。因此，由于先入为主的思维定式的影响，雷沛鸿的办学业绩也就不易为人们所认可，没有和其他教育家齐名。

第二，人们对雷沛鸿代表桂系军阀存疑议。雷沛鸿的教育大众化主张和构想之所以能够在广西得以推行并获得成功，很重要的一个原因就是服务于新桂系。新桂系军阀在20世纪三四十年代，"怵于国亡无日……先人一着，锐意改革，力求建设"①，在广西实行比较开明的政策，重视教育等基础工作。这种特定的政治条件为雷沛鸿施展才华提供了舞台和保障。事实上，雷沛鸿是本着报效国家和民族的赤诚之心，利用新桂系在广西新政的有利契机，来实现自己的教育抱负，服务广大劳苦民众的。但是，新中国成立以后，在"极左"思想盛行的时期，人们不加分析地把雷沛鸿视为地主资产阶级利益代表，服务新桂系地方军阀，而对他在教育方面的辉煌成绩加以否定。这是不符合马克思主义辩证唯物主义历史观的，因为评价一位教育家的历史地位，不但要看他的教育理论和实践贡献，而且还要经受历史和人民的检验，只有这样才能做出客观公正的评价。

第三，雷沛鸿的教育业绩集于广西一省。雷沛鸿虽曾服务于外省教育，但他的办学业绩主要集中在广西一省，这也是他办学贡献的特殊性所在。陶行知、黄炎培、晏阳初、梁漱溟等教育家的工作大多散布于多省，或通过同门弟子和全国性教育学术团体等途径在国内各个地区进行实验推广，影响范围相对广泛，名声较大。雷沛鸿在广西教育领域辛勤耕耘二三十年，并且在广西的多个教育领域具有开创性业绩，将广西当时的教育水平提升到了一个全新的层次，像他那样对一省的教育事业和社会发展产生了如此深远影响

---

① 雷沛鸿.广西国民基础教育运动的时代使命 [M]// 韦善美，马清和.雷沛鸿文集：下册.南宁：广西教育出版社，1990：6.

的，在当时屈指可数。

第四，人们对广西存有落后的印象。广西地处边陲，地理位置和经济发展水平均不及东、中部富庶省份。而且广西的文化教育长期落后于国内先进地区，人们习惯性地把出生于这片土地的教育家的成就和这个地区的文化教育水平画上等号，以为广西不足以领导时代教育新潮。所以，雷沛鸿的开创性业绩也就因广西"落后"印象的阻碍而不易引起外界的重视和普遍青睐。事实上，虽然广西在全国不是居于突出位置，但雷沛鸿五度主政广西教育，在广西发展国民基础教育、推行民族教育体系时间之长，受教育人数之多，影响地区之广，在当时"国统区"各省是无可比拟的。他既有全面系统的教育理论，又有几十年办学实践的经验，在中国近现代史上，像他这样的教育家也是不多的。[①]

第五，救亡图存的时代主流遮盖了教育影响力。雷沛鸿在广西全面展开教育改革的时候，正值日寇侵犯、国家危难之际。在那个年代，抗战救国是迫在眉睫的现实任务。教育事业健康发展所必需的和平社会环境也不复存在，人们对教育事业的关注程度随之下降，教育改革运动不再是社会热点问题。雷沛鸿恰好在这样的社会气候下全面实施自己的教育理想，用力虽多，业绩虽大，仍不易引起全社会的关注。虽然雷沛鸿极力主张教育为抗战建国服务，但在战争非常时期施行的教育很容易给人留下权宜之计的印象，时过境迁，为人们所淡忘。

第六，中华人民共和国成立后雷沛鸿工作重心发生转移。年过花甲的雷沛鸿虽然在西江学院继续工作了一两年，但他最后还是离开了教坛，从事人民政协和侨联工作。20世纪五六十年代，他先后担任广西省监察委员会副主任，第一、二、三届广西政协副主席，第二、三、四届全国政协委员，致公党中央常委、广西壮族自治区委员会主任委员，全国侨联委员、广西侨联主席，直到1967年7月病逝。

当然，由于历史和个人条件的局限，雷沛鸿的教育理论与实践也有不足和缺陷之处，使他毕生为之奋斗的教育事业的成效有一定局限。但雷沛鸿的教育思想和教育事业，为我们今天振兴社会主义教育，特别是振兴民族地区

---

① 钱宗范.雷沛鸿的生平和事业 [M].南宁：广西教育出版社，1998：310–311.

的教育，提供了一份丰富多彩、值得借鉴和学习的遗产，雷沛鸿的名字和事业在中国近现代教育史上占有光辉的一页。[①]

## 四、教育家地位的复归

雷沛鸿不愧为时代的骄子。在雷沛鸿逝世12年之后，1979年5月7日，广西壮族自治区人民政府为著名爱国民主人士雷沛鸿和李任仁举行隆重的追悼会，并在致雷沛鸿的悼词中肯定了他生前热爱毛主席，拥护中国共产党，拥护社会主义制度；肯定了他关心我国教育事业，拥护党的知识分子政策，在团结教育界人士等方面做了许多有益的工作，起了良好的作用。自此，人们开始本着尊重历史、实事求是的态度，对雷沛鸿的教育贡献及其在历史上的地位进行客观评判。

1986年，86岁高龄的刘寿祺先生在为陈友松主编的《雷沛鸿教育论著选》作序时，回忆了20世纪40年代他与雷沛鸿交往的往事。他高度评价了雷沛鸿在教育上的创造精神和卓越贡献，认为当时广西的国民基础教育制度是伟大的创举，是雷沛鸿从国情实际出发创造的一整套适合中华民族的教育体系。而且，雷沛鸿的一系列教育改革，都是历尽艰险，克服重重困难才有所成。他忠诚于教育事业的精神值得我们发扬光大，他的教育理念和教育思想对我们以后的教育研究和教育体制改革是有很大帮助的。1988年8月，北京师范大学陈友松教授在纪念雷沛鸿先生百年诞辰时，题赞雷沛鸿"功盖梁晏，百年大计甲天下；名齐黄陶，千秋壮志垂人间"[②]。通过经历新旧两个时代、与雷沛鸿亲身交往过的教育界知名人士的评价，人们开始重新确认雷沛鸿这位教育家的地位和影响。

改革开放以后关于雷沛鸿教育的研究，一致认可了雷沛鸿的教育家地位和贡献。北京师范大学郭齐家教授认为，雷沛鸿是中国近现代教育史上系统

---

① 钱宗范.雷沛鸿的生平和事业 [M].南宁：广西教育出版社，1998：308.
② 佚名.纪念雷沛鸿先生诗词选 [M]// 广西雷沛鸿教育思想研究会.雷沛鸿教育思想研究文集：2.南宁：广西教育出版社，1995：455.

地对中国教育体制改造进行理论和实践探索的先行者，是对中国教育的民主化、本土化、现代化做出巨大贡献的教育家。①西北师范大学胡德海教授指出，审视整个中国教育的历史，我们可以看到，不是别人，而正是雷沛鸿本人，是中国教育改造运动人士中最积极最热心的一位，是教育本土化、中国化的最大呼号者、设计者、实行者和成功者。②著名教育家、中国教育学会原副会长吴畏教授认为，雷沛鸿是中国近现代史上深有影响的教育革新家，而且他的教育思想精华极多，很早就提出一些符合客观规律的真知灼见，他在教育的若干根本问题上是先驱者、先行者。③中国陶行知研究会原副会长胡晓风教授认为，雷沛鸿是20世纪中国近现代教育史上仅有的几位构建中国教育系统工程的大师之一，其他的几位是黄炎培、陶行知、梁漱溟、晏阳初。④

1998年3月，全国人大常委会原副委员长雷洁琼在由中国教育学会与广西政协共同主办的雷沛鸿诞辰110周年纪念会、雷沛鸿教育思想第七次学术讨论会上指出，雷沛鸿以广西一省为基地，发动了规模宏大的教育改造运动，形成了符合我国国情、符合广西省情的民族基础教育理论。雷沛鸿是我国民众教育的倡导者之一，是最早提出教育社会化、社会教育化，主张终身教育的教育思想家。原国家教育委员会副主任柳斌认为，雷沛鸿在广西实施普及国民基础教育的一套做法，确实为我们提供了穷省办教育的成功经验，是十分珍贵而值得学习借鉴的。我们要学习、研究、宣传、弘扬他的教育思想和实践精神，并把它融汇到我们的工作中去。⑤

雷沛鸿是在中国近现代教育变革中做出突出贡献的教育大师之一。20世纪三四十年代广西特定的社会条件和他特殊的身份，促成了他在中国近现代教育史上做出特殊贡献，得到了后人的肯定。他毕生献身于教育事业的可贵

---

① 郭齐家.雷沛鸿：从整体上探索中国教育出路的先行者[M]//广西雷沛鸿教育思想研究会.雷沛鸿教育思想研究文集：2.南宁：广西教育出版社，1995：42.

② 胡德海.我对教育家雷沛鸿先生及其教育思想的初步认识[M]//广西雷沛鸿教育思想研究会.雷沛鸿教育思想研究文集：1.南宁：广西教育出版社，1992：70.

③ 吴畏.让雷沛鸿教育思想在新时期闪耀新的光辉[M]//广西雷沛鸿教育思想研究会.雷沛鸿教育思想研究文集：1.南宁：广西教育出版社，1992：8.

④ 胡晓风.雷沛鸿：构建中国教育系统工程的大师之一[M]//广西雷沛鸿教育思想研究会.雷沛鸿教育思想研究文集：2.南宁：广西教育出版社，1995：27.

⑤ 梁全进.缅怀先贤人生 弘扬沛鸿思想[M]//广西雷沛鸿教育思想研究会.雷沛鸿教育思想研究文集：3.南宁：广西教育出版社，2001：5.

精神，不仅受到了后人的颂扬，也为后世从事教育事业的人士留下可贵的精神财富。从雷沛鸿的办学实践及成就来看，他是在长期的办学实践当中通过不断丰富和发展自己而逐步成长为教育家的，并成为教育家办学的典范。

# 第三章

# 雷沛鸿作为教育家的典范性特征

　　雷沛鸿作为教育家办学的典范，其办学实践有以下特征：他对当时广西教育改造所处的时代背景和社会基础有了深刻的认知，并在此基础上树立起崇高的教育理想；他对所处时代的教育时弊有理性的判断，并能正确把握教育的本质和规律，提出自己正确的教育主张；他能在正确的教育思想观念指导下形成自己独到的、清晰的办学思路，从而形成自己鲜明的实践特色；他坚定的教育信念、执着的事业追求和深厚的爱国爱民爱教情怀始终贯穿于他的办学生涯；他高尚的人格品质和开创性的教育建树使他达到了教育家办学的境界。

# 第一节　深刻的社会认知和崇高的教育理想

## 一、雷沛鸿所处时代的社会背景

1. 中国已沦为半殖民地半封建社会

19世纪末至20世纪前期是中国历史上剧烈动荡的时期，中国社会一直处于内忧外患之中。一方面，列强侵华致使中国陷入战争，沦为半殖民地半封建社会。外国列强的侵略势必引起中国人民的抗争，中华民族救亡运动兴起。另一方面，随着民族资本主义的产生和发展，民主革命推翻了清朝封建统治，政治、经济、文化、教育各方面的改革为社会发展注入了新的活力，推动了中国民主革命和近代化的进程。政治上，随着西方资本主义国家扩大对华侵略，从清末腐朽政府到各军阀集团、国民党政府都不断妥协，甚至沦为列强统治中国的工具。经济上，随着自然经济的进一步解体，中国沦为资本主义世界市场的原料产地。虽然中国民族资本主义催生了一些新的经济因素，但这仍旧改变不了以自给自足的自然经济为主体的经济性质。

2. 政局迭变、军阀割据的局面

清政府被推翻后，各地军阀一方面利用中国封建农业经济的特点，各自割据一方，不断充实和巩固自己的势力，另一方面又依附于各自的帝国主义"主子"，发动战争，企图消灭异己，巩固和扩充地盘，争夺领导权。广西尽管地处祖国边陲，也同样深受局势的影响。从1925年2月起，以李宗仁、黄绍竑、白崇禧为首的新桂系统治广西。此后20多年，新桂系采取各种措施发展、壮大自己的力量。比如，注意吸引人才到广西；积极开展"四大建设"；重视发展教育，提高民众素质；等等。这些措施有效地巩固了其统治，确立了新桂系在国民党中的地位，增强了其与蒋介石抗衡的实力。特别是1931年"九一八"事变后，日本加快了侵华步伐，亡国危机日益加深，新桂系毅然主张抗战，注重对学龄儿童和成人进行爱国教育，号召国民同仇敌忾，保家卫国。雷沛鸿设计并推行的普及国民基础教育运动便在这种背景下应运而生。

3. 国民的思想文化觉醒与愚昧并存

在内忧外患的背景下，中华民族固有文化遇到了前所未有的冲击，社会环境发生了根本性的变化。一系列以政治斗争为轴心的社会运动摧毁了腐朽的封建政治制度，传统的思想观念和纲常礼教也随之受到冲击。各种新思想在民族民主革命的洪流中不断涌现，一场划时代的社会变革和思想解放运动兴起。君主立宪、民主共和、马列主义思想在中国产生了深刻影响。在教育制度上，虽然废除了科举制，但封建教育思想依然根深蒂固，影响着人们的思维模式和思想意识。面对帝国主义列强的入侵，中华儿女奋起反击，但当时也有相当一部分的国民"顾以缺乏教育之故，不能寻见出路……中华民国的寻常老百姓日愈漠视政治，复十分厌闻国事"①，对国家民族的命运漠不关心，奉行"多一事不如少一事，少一事不如无事"的行为准则。在半殖民地半封建社会的中国，上有政府的腐败无能，下有国民的麻木和愚昧。

## 二、雷沛鸿对教育的社会基础的认识

雷沛鸿生于19世纪末，长于20世纪初，清末民初的社会形势对幼年和青少年时期的雷沛鸿产生了很大影响。少年时代的广州之行使雷沛鸿感受到了资产阶级革命的热烈氛围。他在封建文化与资产阶级文化的对比中认识到自己的国家和民族的衰落，激起了革命救国的志向和热情，并逐步接受西方资产阶级民主革命理论和天赋人权、自由平等进步学说，他对孙中山倡导的三民主义革命主张亦坚信不疑，决意要"敢于冒万险，排万难，为人群争自由平等，为人民争人权，为民众开辟生活大道"②。雷沛鸿1906年加入同盟会，

① 雷沛鸿.辛亥革命与民众教育 [M] // 韦善美，马清和.雷沛鸿文集：上册.南宁：广西教育出版社，1989：34.
② 雷沛鸿.西江学院的世界文化基础 [M]// 韦善美，马清和.雷沛鸿文集：下册.南宁：广西教育出版社，1990：476.

后投身广州新军起义和黄花岗起义，在广西从事同盟会的组织建设工作，积极宣传革命。他在总结革命失败教训的基础上逐渐认识到，辛亥革命虽然在形式上推翻了封建专制政体，建立了民主共和国，但社会政治的实际状况并没有因此发生根本性的变化，特别是国民的心理素质与思想水平仍停留在原有的基点上。在这种情况下，国家纵然是在形式上一时舍旧图新，但国民素质如果未尝变更，没有真正的提高，必将重回旧观。因此，他主张从深层结构上改造国民精神素质，重塑民族灵魂。由此，他的关注点由政治斗争转向文化教育事业。1913年，雷沛鸿出国留学，试图探寻解决中国社会问题的出路。在近十年的海外留学期间，他系统学习了西方哲学、政治、法律、经济和教育等学科知识，研究了西方主要资本主义国家的历史和宪法，留心平民政治。根据研习所得和置身于资本主义社会环境的亲身感受，雷沛鸿逐渐领悟到，西方民主政治有根深蒂固的地方自治的传统，民众普遍拥有民主意识，政府能够接受公众意愿的鞭策与指导，依公众意愿进行治理；中国辛亥革命后民主政治徒有虚名而"不见有丝毫效用于国民"，是由于没有唤起民主意识和社会公众意愿。中国社会对政治态度冷淡，好像国家政治的得失与己无关，老百姓缺乏关心、参与政治的兴趣和习惯。他指出，这实质上是由于国家的政治距离人民太远，不与寻常百姓接近，他们无法直接参与国事，而社会基层又没有地方自治的传统。地方自治不发达，人民必不能有关心参与政治的机会，若无这等机会，也必不能培植出民众的政治热情，断然不会产生有组织的公众意愿。这种没有公众意愿为其前驱和后盾的民主政治就如同半空中的楼阁，必然归于失败。①

雷沛鸿看到，国人的保守思维非常顽固，思想方式莫不谨守成规，在人生观、处世哲学方面奉行"中庸"之道，国家观念和理性思维都显得薄弱，责任心、公共道德更为欠缺。之所以这样，除政府、政治腐败以外，民众失去受教育的权利而被迫处于蒙昧无知的状态是主要原因。所以，雷沛鸿1921年回国后曾满腔热忱地推行他的政治理想，积极参与地方政治的改革，首先在家乡津头村发起了村治改革实验，并为之制定宣言及村约，试图从基层政治建设入手，进而改革国家的上层政治。但是，经过北伐运动，在事实的教

---

① 雷沛鸿.地方自治与代议政治[M]// 韦善美，马清和.雷沛鸿文集：续编.南宁：广西教育出版社，1993：2-3.

育下，他又意识到，在老百姓普遍缺乏教育的情况下空谈自治，实于政治无补，反而易为地方豪绅所操纵利用。于是，他决然放弃了地方自治的努力。

通过学习各国革命的历史，尤其是法国革命的历史经验，结合在中国的亲身实践，雷沛鸿认识到，民众的民主意识和参与民主社会政治生活的能力及习惯，均有赖于教育来培植；要建立真正的民主国家，实现孙中山提出的三民主义，"非少数圣贤豪杰之所能为功"①，必须力谋教育的大众化。所以，他立志以有生之日，尽全力于民众教育事业，最终完成了从改良到革命、从热心政治斗争到以教育救国兴邦的思想转变过程，使个人志向完全服从于"把中华民国重新建设起来，让将来民国的文明，和各国并驾齐驱"②这一在当时来说极富感召力的远大社会理想。

## 三、雷沛鸿的教育理想

身处半殖民地半封建社会环境，雷沛鸿在中华民族挽救民族危亡的时代洪流中，目睹了国土沦丧、政府腐败、军队无能、民众愚昧的现实。雷沛鸿在对欧美诸国考察中也逐步认识到，国家建设和民族复兴的前提就是提高民众的政治觉悟，从根本上扫除政治盲、经济盲、文化盲，教育是重要的工具之一。③为了改造社会，拯救中华，我们必须改造教育，建立一种新的适合中国国情的教育制度。雷沛鸿汲取孙中山"天下为公"的思想，认为中国的教育要由"教育为公"做到"学术为公"，由"教育为公""学术为公"做到"天下为公"④。要实现"教育为公、学术为公、天下为公"，就必须做到

① 雷宾南.大众教育的一个呼吁[M]//韦善美，马清和.雷沛鸿文集：上册.南宁：广西教育出版社，1989：14.
② 孙中山.在广州岭南学生欢迎会的演说[M]//孙中山.孙中山全集.北京：中华书局，1986：535.
③ 雷沛鸿.国民教育简论[M]//韦善美，马清和.雷沛鸿文集：上册.南宁：广西教育出版社，1989：164.
④ 雷沛鸿.春节联欢会开会词[M]//韦善美，马清和.雷沛鸿文集：续编.南宁：广西教育出版社，1993：501.

"有教无类""一视同仁"。[①]为此，雷沛鸿努力推动教育的大众化、社会化，使人人都有享受教育的权利，以唤醒民族意识，恢复民族的自信力，提高民族的生存能力、自强能力。雷沛鸿希望"用教育的力量，以达到民族主义所希望的团结四万万七千万民众，使他们造成一种力量，以从事民族解放运动"[②]。

可见，雷沛鸿的教育理想是在对当时中国教育和社会现实的正确认识和科学总结基础上形成的对教育大众化的美好向往和目标追求。他把教育与民族的兴亡紧密结合起来，力求通过构建整个民族教育体系，普及教育，提升民智，唤起民众，改造民众，使民众自觉投身到中华民族的解放斗争和伟大的民族复兴中来。正如他所言："我们广西的教育，要是不继续进展则已，倘若继续进展，我们必要侧重救亡和救穷。"[③]所以，他所追求的"有教无类""一视同仁"的教育理想，就是要让处于黑暗闭塞的环境下、愚昧落后的劳苦大众重见天日，并由此获得真正的解放，重新创造中华文明。[④]

# 第二节　科学的教育认知和坚定的教育信念

## 一、雷沛鸿对旧教育的批判

雷沛鸿所处的时代既是我国教育积弊深重的时代，又是人们积极探索教育革新的时代。他认为，中国自清末颁布《钦定学堂章程》（1902年），到民国21年（1932年）教育部颁行短期义务教育办法，都在试图普及教育，

---

① 雷沛鸿.我的自白[M]//韦善美，马清和.雷沛鸿文集：上册.南宁：广西教育出版社，1989：7.
② 雷沛鸿.怎样运用国民基础教育的力量扩大民族主义的宣传[M]//韦善美，马清和.雷沛鸿文集：续编.南宁：广西教育出版社，1993：364-365.
③ 雷沛鸿.今后本省教育的实施方针[M]//韦善美，马清和.雷沛鸿文集：下册.南宁：广西教育出版社，1990：2.
④ 雷沛鸿.广西国民基础教育运动的时代使命[M]//韦善美，马清和.雷沛鸿文集：下册.南宁：广西教育出版社，1990：21.

但都失败了。究其原因，表面上看来是经费和人才匮乏，但从根本上讲还是对教育的社会基础缺乏清醒的认识。他认为，过去的普及教育存在"五大弊端"。

1. 教育缺少原动力

由于没有原动力，执政者在推行教育改革时多是颁发一纸空文，而不是想方设法去推行它。而在有些国家，义务教育被视为立国的基础，国家使用政治力量推行。雷沛鸿认为，在当时的中国，教育的原动力就是民族复兴。以前推行义务教育失败的原因虽有多种，但缺乏原动力却是一个不争的事实。他指出："我们既然晓得复兴民族的路径，非先普及教育不为功，那么便应该认定这个目标，以之为不二的原动力，来推行义务教育。"①这样才能脚踏实地去做，发一令行一事，将普及教育作为民族复兴、民族自救的基本工作，而不再是一种装饰门面的东西。

2. 教育与政治分家

雷沛鸿批判中国旧的教育者只是将外国的教育名词拿来，妄想教育能凌驾于政治之上。他认为教育改革既需要把教育作为推进政治的一种主张和力量，又需要以政治的力量来实现教育的功能，教育与政治是不可分离的。雷沛鸿认为，教育要以政治方针为背景，在其帮助引导下前进。义务教育制度是民族运动下的产物，它符合我国国民的需要。如果能够妥善地推行下去，我们的国家就不难摆脱列强的宰割，也不会沉沦到半殖民地的境地。但是，我国的教育者并不明白这深刻的意义，竟以为单靠颁行义务教育规程或办法便可成功，以致30多年来空有普及教育的声音，而没有教育普及的成就。②

3. 教育与经济分家

雷沛鸿批判中国过去的执政者在计议和兴办教育的时候，违背国内的经济条件，总喜欢模仿、抄袭外国的教育制度。比如，一些管理者不顾经济既支配着社会又支配着个人这个道理，不考虑国民的经济条件适合施行多长时间的义务教育，而任意规定义务教育的年限。虽然政府已立法强迫实施，但国民生计难以维系，故无以奉法维护。雷沛鸿认为，一个国家的义务教育实

---

① 雷沛鸿.中国过去的普及教育运动 [M]// 韦善美，潘启富.雷沛鸿文选.桂林：广西师范大学出版社，1998：244.

② 同①245.

施年限是与该国国民经济成正比的，民富则增，民穷则减。试想，一个还停留在地方生计的农业国家的教育怎么能跟资产雄厚的工业国家的教育并驾齐驱呢？国民又何以堪？这种违背经济条件而推行的义务教育，就好比梦想在沙滩上建立高楼大厦，没有不失败的道理。①

4. 教育缺乏社会基础

雷沛鸿认为，中国过去的教育者往往规避现实，好为不根之论，人云亦云，没有看清楚教育的社会基础。所谓社会基础，一为人群的基础，二为社会学的基础。教育的人群基础是一个民族、一个国家独有的文化及其表现方式。教育者要用慧眼去辨别固有文化的良莠，取其精华，去其糟粕，以开放、大度、融合的心态去发扬我国传统文化的精华，吸收外来文化的精髓。但一些教育者常常忽视我国传统文化的抉择，对外来的东西又常常生吞活剥，结果是有害无益。雷沛鸿认为，教育的社会学基础是指以社会学的眼光来审察现实社会，考究当时当地的实际需要，并以此来审视教育政策、教育设施是否妥当。每个国家的教育都有它自己的社会基础，教育政治家应尽可能地站在社会学的立场上去加以批判、比较、分析，以求教育建立在牢固的社会基础之上。过去的教育者将教育与政治、经济分家，正是由于忽视了社会基础。比如，清末赴日考察学来的"五四学制"在日本适用，在中国却不适用；民国初期模仿美国而创立的"六三三学制"在美国适用，在中国却不适用。这就明显是由于忽略了别国的社会经济有能力负担十年八年的义务教育。②

5. 教育事业缺乏整体统筹

雷沛鸿批评以前的教育事业是支离破碎、不完整的。比如实施义务教育，强迫儿童入学，只要儿童到法令规定学龄而不入学，则罚其父母。因为父母本身没有受过教育，对教育根本就没有相当的认识，所以强迫也无多大成效。相反，我们应先从成人教育入手，使做父母的有受教育的机会，从而产生教育是人生必需的东西的观念。这样，父母自然很乐意送子女入学，而且会主动地集资兴学。雷沛鸿指出，教育是整体的，我们要把教育与政治、

---

① 雷沛鸿. 广西普及国民基础教育法案导论 [M]// 韦善美，马清和. 雷沛鸿文集：下册. 南宁：广西教育出版社，1990：28.
② 同①29-31.

经济做整体考虑，绝对不可支离破碎地去分裂它。支离破碎地分裂它是错误的，我们如果不加以改正，现在或将来的教育同样会陷于破产，我们的教育就不能承载起振兴民族的希望。①

雷沛鸿在分析中国过去普及教育失败的原因和借鉴外国经验的基础上，得出这样的结论：在引进外国教育制度之前，中国教育制度脱离民众生活；而引进外国教育制度之后，又脱离国情盲目模仿，要么以失败告终，要么成了一种"偏枯、空虚、点缀门面"的东西。学校以外无教育，而学校的教育又是为少数人所独享。进而，他根据广西的实际需要，对普及教育提出了六项对策建议：教育要有原动力；教育要与政治合作；教育要与经济背景相适应；教育要有社会基础；教育设施要有整体性和一贯性；教育应有远大的计划，推行教育的大众化、中国化、科学化，为中华民族复兴寻求出路。

## 二、雷沛鸿对教育的基本认识

### 1. 雷沛鸿对教育本质属性的认识

雷沛鸿依据历史的观点，从空间和时间两个维度探讨了教育的起源，认为教育既是"生活历程"又是"社会历程"②。教育作为社会历程，是一个与民族发展历程相一致的无穷的过程。所以，从本质上讲，教育是一个国家公民的权利，具有生长性、普遍性、现代性。③教育是人的一种自然权利，是与生俱来的权利。教育权利应与人的生命权利、自由权利、做工权利同等看待。不论男女老幼，不论贫富贵贱，都应一视同仁，均享受教育权利。这也是雷沛鸿办学所坚持的人民性及其"有教无类"的教育主张的认识根源。

雷沛鸿还从生物学的观点来考察教育。他认为，教育与人发生着密不可

①　雷沛鸿.中国过去的普及教育运动[M]//韦善美，潘启富.雷沛鸿文选.桂林：广西师范大学出版社，1998：248-249.
②　雷沛鸿.什么是国民基础教育[M]//韦善美，马清和.雷沛鸿文集：下册.南宁：广西教育出版社，1990：110-111.
③　雷沛鸿.广西国民基础教育运动的时代使命[M]//韦善美，马清和.雷沛鸿文集：下册.南宁：广西教育出版社，1990：3-4.

分的关系，它既是一种发展历程，又是一种生长历程。①要使教育生长、发展，我们就应该教人学习做人，就要有创造——创造国民。国民教育就是要为中华民国创造国民。所以，教育要根据时代的发展不断前进，要以全副精力使教育成为大众共办、大众共有、大众共享的教育，以教育改造促进社会改造。②

2. 雷沛鸿对教育功能的认识

在教育的功能定位问题上，雷沛鸿的认识是极为深刻的。他既看到了教育与社会的政治、经济、文化等诸多方面的广泛联系，又看到了教育在人类知识的积累、传承与创新，以及促进新一代身心发展和社会发展中的重要作用。所以，雷沛鸿关于教育功能的主张是以人为本位和以社会为本位的结合。

一方面，雷沛鸿反对教育只是教人读书识字、"当官做老爷"的传统观念，主张以人为本位的教育功能论。他认为，教育首先是培养人，使人从愚昧无知走向聪明有才，在生活历程和社会历程中具有适应环境、改造社会和发展社会的能力。中国文化是以"人"为中心的文化，我们的教育应该以"人"为中心去施教。所以，教人学习做人的教育，其本质是对人施行教育，把中华民族优秀文化传统发扬光大，把"教"与"育"有机结合起来，使人融入其生活的文化环境之中。例如，他施行的国民中学制度就是本着"教育为公"的灵魂，实施"公民训练""人才教育"③，在青年及成人学生当中实施公民教育，培养三民主义国家的健全国民，培养地方建设人才。

另一方面，雷沛鸿把教育放在整个社会的全局中来考虑，主张以社会为本位的教育功能论。他认为，教育起源于人类生产劳动，教育作为一种特殊的社会实践活动，其产生和发展受到诸多社会因素的影响和制约，同时又对特定社会发展发挥重要作用。首先，从维系教育发展的经济基础看，教育的基础在社会，教育策划必须从社会经济的实际出发。其次，教育是国家建

---

① 雷沛鸿.什么是国民基础教育 [M]// 韦善美，马清和.雷沛鸿文集：下册.南宁：广西教育出版社，1990：116-117.

② 雷沛鸿.三年来广西国民基础教育运动的回顾与前瞻[M]// 韦善美，马清和.雷沛鸿文集：续编.南宁：广西教育出版社，1993：392.

③ 雷沛鸿.国民中学与学制改革[M]// 韦善美，马清和.雷沛鸿文集：下册.南宁：广西教育出版社，1990：421.

设、民族复兴的重要工具之一①，教育改造与社会改造不能分离。我们要把教育革新与社会改造、国家建设统一起来，站在国家民族立场上，以教育的力量来促进本省的政治组织和新的经济建设，助成新中国的新社会。②雷沛鸿的教育社会功能观，是在肯定教育对社会的促进作用的前提下，更加强调社会的政治、经济、文化乃至地理环境等因素对教育的制约和影响。他所主张的"定式教育"与"非定式教育"相结合的多样化教育形式，教育改造与社会改造并进的教育发展路径，正体现了他的教育社会本位论思想。

3. 雷沛鸿对教育基本规律的认识

人们对教育基本规律的认识，即对教育与政治、经济、文化等教育外在因素相互关系的认识，以及教育与人的发展等教育内在因素相互关系的认识。雷沛鸿在办学实践中十分重视并能正确处理教育与社会发展、人的发展的内在联系。

在教育与政治的关系问题上，雷沛鸿认为，教育要为政治服务，政教不可分，无教育的政治不能称为政治，更无法有政绩。③教育如果与政治分家、超脱政治，就不是与国家相依为命，就是不了解教育在现实社会生活中的地位，更无从探讨教育的社会功能。所以，他主张教育与政治"打成一片"，这样教育事业才能顺利地发展，才能以教育来推进政治的主张和力量，并以政治来完成教育的功能。在办学实践中，雷沛鸿所设计的教育改造运动的目标之一就是"扫除政治盲"，培养和造就关心国家前途和民族命运的新国民，使每个国民都能够投身到救穷、救亡、救愚的政治运动中去。

在教育与经济的关系问题上，雷沛鸿主张教育要以经济为基础，办教育必须考虑经济要素。他所理解的"经济"，不单是指财富、金钱、经费，还包括国计民生。他认为，经济既支配着社会，又支配着个人，教育不可能与经济分离。办教育应考虑三个要素，即经济、组织和人才，而三者之中尤以

---

① 雷沛鸿.国民教育简论 [M]//韦善美，马清和.雷沛鸿文集：上册.南宁：广西教育出版社，1989：164.

② 雷沛鸿.广西普及国民基础教育法案导论 [M]//韦善美，马清和.雷沛鸿文集：下册.南宁：广西教育出版社，1990：27–29.

③ 雷沛鸿.今后本省国民教育实施问题[M]//韦善美，马清和.雷沛鸿文集：下册.南宁：广西教育出版社，1990：241.

经济为首要。①经济对教育的影响是多方面的，中国的教育必须与中国的社会经济相适应。所以，雷沛鸿考虑到广西"穷省"的地方经济背景和经济条件，主张广西的教育不能照抄照搬，只能走适合广西经济条件的道路，按照"简单、直接、有效"的原则，避免经济上过重的负担，相应调整儿童教育的时间、年限和教育内容。总之，一切要从广西社会经济的实际情况出发，构建具有中国特色的民族教育体系。

在教育与文化的关系问题上，雷沛鸿认为，教育与文化是相互影响、相互制约、相辅相成的关系。文化是教育的媒介和源泉，教育则是推动文化发展的工具。文化既包含知识、道德、信仰、文艺、技术、风俗、器具，又包含社会组织、社会制度和民众生活方式等内容。文化因素对教育的直接影响表现为它可以转化为教育的内容。一个民族总是把自己文化中的特定素材融入教育的整个活动系统之中，传递给新的一代，民族文化之树也由此而不断地繁荣滋长、常青不衰。但是，文化的发展是极不平衡的，即使在同一个民族的内部，文化水准也不可能达到完全整齐的程度。这就要求教育必须考虑到文化的地域和水平差异，以便根据地方文化的具体状况来考虑教育的设施问题。所以，广西的教育必须根据广西的地方文化特点"因地适应、因时制宜"地通盘考虑和安排，不能"全省雷同、千声一律"。同时，教育肩负着为文化事业服务的责任，教育亦为推进文化、改进文化、创造文化的工具。②教育不仅要把文化的精华加以继承，而且要使之发扬光大。它不是"和盘地保存"的过程，而是一种有鉴别的选择过程。为此，教育者对既存的文化要用慧眼去抉择，存良去恶，淘金去沙。③

总之，雷沛鸿对教育本质属性的多维认识，既从教育与外部的关系进行考察，又从教育与生活、人的生长等内部关系进行考察，以此构建起一个独特的民族教育体系，并付诸实践，在今天看来也是非常符合教育基本规律的。

---

① 雷沛鸿.办理国民基础教育的三个要素 [M]// 韦善美，马清和.雷沛鸿文集：下册.南宁：广西教育出版社，1990：172.

② 雷沛鸿.抗战建国历程中的中国教育 [M] // 韦善美，马清和.雷沛鸿文集：上册.南宁：广西教育出版社，1989：126.

③ 雷沛鸿.广西普及国民基础教育法案导论 [M]// 韦善美，马清和.雷沛鸿文集：下册.南宁：广西教育出版社，1990：29.

## 三、雷沛鸿的教育信念

雷沛鸿不是一个空谈教育理想的人，他站在国家和民族的前途命运的高度，对当时的社会环境和时代背景以及教育本身都有自己的深刻认识。为实现"有教无类"、大众化的教育理想，他结合自己求学游学和社会实践积累的经验，以民族主义为旗帜，构建民族教育体系。他力主通过教育来唤醒民众，试图"用教育的力量，以达到民族主义所希望的团结四万万七千万民众，使他们造成一种力量，以从事民族解放运动"[1]。他把社会改造同教育改造有机结合起来，以教育改造运动去促进社会改造运动，建立民主新国家。正如他自己坦言："今后革命建国，必须多方用力，而教育为建国大业之根本要图，个人甚欲在教育方面，为此一代、后一代，后数代国民身心之发展而尽其绵（原文为'棉'）力。"[2]他坚定地担负起教育神圣的使命，把民主与自由的精神传播于广大民众，使它在百姓生活中生根，培养成现代文明的花朵。[3]

从雷沛鸿的办学实践可以看到，他是在其大教育观指导下，怀抱振兴中华民族的理想，坚守"教育为公"的信念，身体力行，百折不挠，终身奉献于教育事业。他几十年如一日，在广西全省大张旗鼓地构建民族教育体系，把国民教育运动推向高潮，试图以教育的力量来推动本省的政治、经济、文化建设，从而助成新中国的新社会。[4]他的这种理想、计划和设计，若是能够成形，而且顺利地推行于全国，必然不难成为一个适合国情和民众需要的民族教育体系。

---

① 雷沛鸿.怎样运用国民基础教育的力量扩大民族主义的宣传 [M]// 韦善美，马清和.雷沛鸿文集：续编.南宁：广西教育出版社，1993：364-365.

② 雷沛鸿.我的自白 [M] // 韦善美，马清和.雷沛鸿文集：上册.南宁：广西教育出版社，1989：6.

③ 雷沛鸿.自由与民主 [M]// 韦善美，马清和.雷沛鸿文集：续编.南宁：广西教育出版社，1993：75.

④ 雷沛鸿.国民基础教育的基本概念 [M]// 韦善美，马清和.雷沛鸿文集：下册.南宁：广西教育出版社，1990：89.

# 第三节　清晰的办学思路和鲜明的实践特色

## 一、雷沛鸿的办学实践体系

雷沛鸿合理吸收中西文化和教育思想的精髓，从世界教育运动发展、现代学校制度演变的视角，审视中国社会现实，探寻中国现代教育改革、发展的方向，形成了自己的教育主张和办学思想。他认定，振兴国家和民族的根本出路在于面向社会发展教育，救穷要与救愚相结合，救穷要先救愚，而且教育改造运动必须与社会改造运动相结合才能成功。正是基于这样的认识，雷沛鸿以大教育观为指导，立足中国特别是广西的教育和社会发展实际，从传统学校教育的狭小范围转向教育社会化、大众化的发展方向，在广西构建起一个适合国情和民众需要，融学校教育（"定式教育"）与社会教育（"非定式教育"）、儿童教育与成人教育于一体，兼具大众性、成长性的，宏大的"民族教育体系"[①]。他的这个民族教育体系包括三个部分：一是将义务教育与民众教育、儿童教育与成人教育、学校教育与社会教育融为一体，以最大限度地普及国民基础教育，积淀社会文化；二是适应广西地方建设需要，培养地方建设人才，改革国民中学教育，提高国民文化水平；三是在普及国民基础教育与创新国民中学教育的基础上建立国民大学，以培养学术研究和地方建设人才，创造新社会所需的新文化，强化民族意识。[②]这三个教育层次和步骤都建立在地方经济社会需要的基础上，以参与地方建设为目标，旨在通过改造教育来改造社会，改进民族生活，重建中华文明。

雷沛鸿认为，广西是个穷省，又加上外敌入侵，必须从实际出发来设计教育改造和社会改造的蓝图。为此，他打破旧教育的传统格局，拆除学校和

---

① 雷沛鸿.广西国民基础教育运动的时代使命 [M]// 韦善美，马清和.雷沛鸿文集：下册.南宁：广西教育出版社，1990：19–22.

② 胡德海.雷沛鸿与中国现代教育 [M].兰州：甘肃教育出版社，2001：135–141.

社会之间的藩篱，使学校教育与社会教育融合，以建立一个适于社会要求、合乎民众需要的民族教育体系为目的，不局限于教育的某一个领域，而是把各层次、各类型的教育相互衔接起来，施行整体的教育改造运动。

## 二、雷沛鸿办学实践的特色

雷沛鸿的办学实践不仅思路清晰，而且特色鲜明，主要表现在以下几个方面。

1. 重视教育发展的顶层设计

教育是一项系统性很强的事业，教育发展的顶层设计是教育管理的重要环节，也是实施有效管理的基本前提。雷沛鸿非常重视教育发展的顶层设计工作。他认为，现代社会是计划的社会，整个社会事业是经过通盘计划的，教育计划必须与社会计划互相联系。[①]因此，教育改革最科学的办法首先是做好"教育策划"，对教育进行整体的统筹规划和设计。过去的教育之所以失败，在很大程度上就是因为缺乏计划性。教育既缺乏远大的理想，又没有严密的步骤，自然就很难获得成功。[②]

如何做出科学的教育顶层设计？雷沛鸿在主管广西教育期间，注意统筹全局，把教育纳入社会整体考虑，与广西正在开展的政治、军事、经济、文化建设"打成一片"，使国民基础教育、国民中学、国民大学成为教育改造的主轴，且上下贯通、左右结合。他从当时的国情、省情出发，对本省的教育整体改造加以统筹，全面系统地设计广西教育事业发展的蓝图，分门别类，制订实施方案，以此作为教育改造的标准和依据。他先后制订了数十个教育发展规划、计划、方案。比如，他制定的《广西普及国民基础教育五年计划大纲》（次年改为六年）就是他推行广西普及国民基础教育运动的顶层

---

① 雷沛鸿.今后本省国民教育实施问题[M]// 韦善美，马清和.雷沛鸿文集：下册.南宁：广西教育出版社，1990：243.

② 雷沛鸿.广西普及国民基础教育法案导论[M]// 韦善美，马清和.雷沛鸿文集：下册.南宁：广西教育出版社，1990：65.

设计。为改造国民中学，创建新的国民中学制度，他制定了《广西全省中等教育改造方案并说明书》《广西国民中学办法大纲》《广西国民中学组织规程》等。为了发展广西地方高等教育，他主张建立与国民中学相衔接的国民大学。虽然高等教育方面的规划在其厅长任期内未能得以系统实施，但却在他创办西江学院的过程中得到了很好的体现。

2. 以立法工作为先导，依法实施教育规划

雷沛鸿是中国较早推介西方国家法治思想的著名人物之一。他留学英美学习政治、法律，先后到许多国家进行教育考察，深谙教育立法的重要性。他深刻认识到中国几千年的"人治"习俗根深蒂固的社会影响，同时也深刻体会到欧美国家立法的规范性及其带来的巨大社会效益，决心改变中国当时重"人治"轻"法治"的教育管理状况。所以，在办学实践中，他把教育立法作为教育管理和教育改革的重要手段和保障。他认为，教育立法与教育改造互为表里，相辅相成。只有这样，才能更好地运用政治力量来贯彻教育改革的主张，用民众力量来推动教育实践，使得政府与民众齐心协力，共同致力于新社会的建设。①雷沛鸿正是通过恰当运用法律手段管理教育，使教育管理活动做到规范化和法制化，"根据法案以全力加以推行"②，才使当时广西的教育改造运动有法可依。

20世纪30年代的广西，行政权力高度集中，由省政府委员会行使立法权。为使教育管理摆脱重人治、轻法治的积弊，雷沛鸿在广西教育行政任职和从事办学实践活动期间，十分重视教育立法工作，事事以立法工作为先导，尽力使每一项教育改革都能根据当时当地的实际变成政府的法案，并适时进行修订完善。为此，他倾注了大量心血，极力施行以法治教，而且独具匠心，显示出非凡的创造精神。他先后亲自拟定或主持制定并经有关部门以法令形式颁布的各种教育法规、法案有80多件，涵盖了各个阶段教育发展的各个方面。比如，关于施行广西普及国民基础教育运动的重要法规法案有《广西普及国民基础教育试办区规程》等近20件，关于国民中学改造的有

① 雷沛鸿.国民中学新立法诠释[M]// 韦善美，马清和.雷沛鸿文集：续编.南宁：广西教育出版社，1993：435.

② 雷沛鸿.广西普及国民基础教育法案导论[M]// 韦善美，马清和.雷沛鸿文集：下册.南宁：广西教育出版社，1990：22.

《广西国民中学办法大纲》及其修正案等近10件，关于"特种部族教育"的有《广西省特种教育实施方案》等5件，关于成人教育的有《广西省成人教育年实施方案》等4件。这些法规法案体现了雷沛鸿作为教育家办学的非凡智慧和创新精神。

3. 协调政教关系，借政治力量推动教育实施

教育与政治有着密不可分的联系。如何处理教育与政治的关系？一方面，雷沛鸿站在政治的高度来认识和把握教育。他以"天赋人权""有教无类"等观点作为办学实践的理论基础，以"教育改造促成社会改造"为教育改造运动的宗旨，借鉴外国历史经验和教育经验，从广西省情出发，探索教育大众化的理论和实践体系，构设教育改造和社会改造的蓝图，从而实现"教育、学术、天下皆为公"的社会理想。另一方面，鉴于过去教育与政治分家而造成的教育失败，雷沛鸿善于运用政治的力量来推动教育实施。他认为，办教育并不是单一教育部门的事，仅仅靠教育系统自身的力量是办不好教育的。所以，他所构建的民族教育体系以政治的力量为主、经济的力量及社会的力量为辅，推行于全省，以民族教育体系作为教育改造的原动力，发挥教育的最大力量。

雷沛鸿在办学实践中始终重视运用政治力量来推动教育改造，通过教育改造来实现社会改造。他巧妙地利用了新桂系的行政力量，创造性地提出了"政教合一"的教育发展方针，动员全省各方力量来办教育。他把上至省政府、下至村街的力量都调动起来，发挥各自的作用，形成社会办大教育的整体力量，使得他的教育改革计划和措施能够在全省范围内迅速推行。他在《广西普及国民基础教育六年计划大纲》中就明确，要"以政治力量为主，经济和社会的力量为辅，限于六年之内普及全省国民基础教育"。在《广西省成人教育年实施方案》中也同样规定："运用政治力量，策动本省的政治作风。凡是各种建设皆以命令贯彻之，教育法令也由政府命令而直达于乡镇村街。"[①]在教育管理体制上，雷沛鸿根据当时广西的实际，把政、军、教"三位一体""一人三长""一所三用"的基层组织管理体制运用到普及国民基础教育运动中。由地方基层政治组织负起直接领导国民基础教育的责

---

① 雷沛鸿.广西省成人教育年实施概况 [M]// 韦善美，马清和.雷沛鸿文集：下册.南宁：广西教育出版社.1990：271.

任，使教育规划与有关的教育方案得以顺利施行，且卓有成效。这确实可以称为"在教育行政上的一大发明"①，也是雷沛鸿办学实践中"政教合一"的最佳版本。可见，雷沛鸿把教育和政治密切联系起来，并以追求二者的光明前途为己任，积极构设教育改革方案，推进教育改造和社会改造。应该说，他是一位脚踏实地、埋头苦干的教育政治家，又是一位具有远见卓识和宏观头脑的政治教育家。②

4. 重视教育研究与教育实验，用教育学术引领办学实践

雷沛鸿清醒地认识到，"不学无术，必不足以言革新教育，更不足以言社会改造"③。所以，他在各种教育改革方案的实施过程中，除了利用行政力量来推动外，非常重视教育的"学术劳作"，始终把开展教育学术研究和教育实验作为办学实践的重要环节来抓，通过学术力量来引领教育改造。早在1931年，雷沛鸿就在江苏参与创办惠北实验区，与高阳、俞庆棠、梁漱溟、孟宪承等发起创办中国社会教育社。1932年，参与创建江苏省立教育学院北夏普及民众教育实验区。1933年12月，创建广西普及国民基础教育研究院，主持研究院工作，从省内外聘请教育专家和教师来院开展教育研究、教育实验、师资培训、教材编写和教育指导等工作。1943年1月，他又出任广西教育研究所所长。

纵观雷沛鸿在广西推行教育改革的历程，我们可以看到开展教育研究与实验是他办学实践活动的重要内容之一。他认为，任何一项事业都需有计划和策划，假若"头痛医头，脚痛医脚"或是"东一榔锤，西一板斧"，则难以成功。所以，他在教育研究和实验当中特别强调，无论"社会策划"还是"教育策划"，"其特点为有主旨，有办法，有步骤"④。他的整个教育研究都有严密的步骤和策划，是一个以整体教育改革为中心的民族教育体系的研究和实践。正是由于他深入教育研究，才使得各个层面的教育改革规划、

① 雷沛鸿.国民基础教育的产生[M]//韦善美，马清和.雷沛鸿文集：下册.南宁：广西教育出版社，1990：234.
② 胡德海.雷沛鸿与中国现代教育[M].兰州：甘肃教育出版社，2001：16.
③ 雷沛鸿.《国民中学教育丛书》序[M]//韦善美，马清和.雷沛鸿文集：下册.南宁：广西教育出版社，1990：434.
④ 雷沛鸿.广西普及国民基础教育法案导论[M]//韦善美，马清和.雷沛鸿文集：下册.南宁：广西教育出版社，1990：66.

设计及程序等都能有目的、有计划地推进。他曾告诫身边的工作人员："办教育非仅靠公文可以成功，每个人还须研究学术，始能充实教育行政的力量。"①教育行政工作要以学术研究所取得的成果来辅助、指导，才能使各项教育事业科学有序地开展，这样才不会流于肤浅和穷于应付。

雷沛鸿认定，只有开展科学实验与研究，才能把握科学的方法，才能达到教育改革的目的。他在广西所开展的系列教育改革都是在实施前通过学术研究寻求假设与理论支撑，在实施期间通过学术研究制订行动计划。由雷沛鸿充当主要角色，经省政府批准成立的广西普及国民基础教育研究院和广西教育研究所是两个研究实体，开创了广西教育科学研究与实验的先河。广西普及国民基础教育研究院不是一个普通的行政机关，而是一种具有特殊使命的学术制度和教育制度。它作为广西普及国民基础教育运动的学术策源地，就是要用学术研究的成果辅助教育行政，从而推行教育普及运动。②后来的广西教育研究所也很好地把教育学术与教育行政、教育理论与教育实践紧密结合起来，解决教育实际问题，以适应培养中等教育师资、辅导及教育行政干部培训的需要。这两个教育研究机构在广西教育事业的改革创新过程中，担负了学术研究和教育改革实践的指导工作，为保证教育事业健康发展做出了卓有成效的贡献。雷沛鸿这种以教育学术引领办学实践的策略，实现了真正的教育家办教育。

总之，在20世纪三四十年代，雷沛鸿构建的民族教育体系的理论和实践在中国教育史上是独具特色的，他在教育理论和办学实践方面都做出了突出贡献。

---

① 雷沛鸿.广西普及国民基础教育法案导论 [M]// 韦善美，马清和.雷沛鸿文集：下册.南宁：广西教育出版社，1990：73.

② 雷沛鸿.广西普及国民基础教育研究院之使命 [M]// 韦善美，马清和.雷沛鸿文集：下册.南宁：广西教育出版社，1990：136.

# 第四节　深厚的教育情怀和执着的事业追求

　　雷沛鸿与我国近现代许多矢志寻找救国救民真理的爱国志士一样，提出了种种在当时有利于国家和人民的措施。尽管限于所处的时代和个人的具体历史条件，他在当时没有成为马列主义者，他的理论和学说也有一定的不足和缺陷，但他爱国爱民、追求真理、献身教育的社会实践所起的进步作用是不可否认的。雷沛鸿能够从一个教育家的高度审视中国教育问题和社会问题，探索改造中国教育的道路。爱国、爱教情怀和高尚的民族精神是他构建民族教育体系、推进国民教育运动的灵魂，也是他对孙中山先生新三民主义的发挥。这无疑也是符合中华民族利益，切合广西实际和广大民众需要的。

## 一、雷沛鸿的爱国之情

　　雷沛鸿生活的年代，正是国家和民族多灾多难、积贫积弱的年代。中国屡遭列强侵略，国家主权和尊严受到凌辱，民族生存面临极大威胁。客观上，民族危机为雷沛鸿教育理想的形成提供了外部条件。他深信，唯有教育，可以培养民众的政治兴趣和政治习惯。教育变革必须随社会变革而演进，社会变革又必须随社会智力的发展而促进。[①]他作为这一代爱国知识分子中的一员，希望中华民族摆脱半封建半殖民地的厄运，走向独立富强，自立于世界民族之林。主观上，忧国忧民、振兴中华的爱国情怀是他的教育志向最终形成的内在动因。他放弃在美国生活和工作的机会，立志为祖国教育事业奋斗。激励他走上这条道路的，正是他对祖国的强烈忧患意识和对民族、

---

① 雷沛鸿.十五年前许下的一个心愿[M]//韦善美，马清和.雷沛鸿文集：下册.南宁：广西教育出版社，1990：133，135.

对人民无限热爱的赤子之情。

教育关系到一个国家、民族的生存与发展。作为一个爱国教育家，雷沛鸿以实现"教育为公、学术为公、天下为公"的理想为己任，心中始终怀着振兴民族的强国梦，无论是当教师还是做官员，处处以爱国报国、教诲学生、引导人民为己任。雷沛鸿后来应邀回到家乡广西任省教育厅厅长，以"救穷救亡"为号召。他说："我们在教育行政上发布了广西教育施政的方针；认定东北四省的沦亡，是民族战争的开始，我们不能不针对实事，来确定教育政策。随之，我们在广西，发动大规模的国民基础教育普及运动，谋有以明耻教战，相与效忠于民族解放运动。"[①]所以，他在普及国民基础教育运动中明确地提出了"救亡"与"救穷"这两大任务，通过施行爱国教育和生产教育，培养人人都有一颗爱国之心和一副生产劳动的身手。[②]雷沛鸿在长期的办学实践中，毫不动摇地把爱国教育与生产教育渗透到学校教育中，为本地培养人才，这是雷沛鸿办学实践的核心思想。他构建民族教育体系、发动普及国民基础教育运动，就是要通过教育唤起国人的民族意识，以创造和培养新国民，恢复民族自信，唤起国人保卫民族生存的自觉心，培养国人的卫国本领，积极参与抗战救国。[③]

雷沛鸿所构建的民族教育体系，一方面代表一种教育改造运动，另一方面又代表社会改造运动。所谓社会改造运动，就是民族解放运动。在民族解放的进程中，他的办学就是以反抗日本帝国主义者的行动为教育内容，以动员全体人民来参加民族解放为努力的目标。[④]为此，雷沛鸿倡行爱国教育的方针，提出了一系列有关爱国主义教育的规定、实施方法、步骤和措施等，有一整套实施方案，把全省的人民群众都动员起来，统一接受目标明确、措施得力、内容实在的爱国主义教育。在这种爱国主义的教育下，广西民众增强了民族抗战意识，各族人民众志成城，英勇杀敌。雷沛鸿面向群众广泛开展

---

① 雷沛鸿.第二次世界大战与中国教育（导论）[M]//韦善美，马清和.雷沛鸿文集：上册.南宁：广西教育出版社，1989：129.

② 雷沛鸿.今后本省教育的实施方针[M]//韦善美，马清和.雷沛鸿文集：下册.南宁：广西教育出版社，1990：2.

③ 雷沛鸿.办理国民基础教育的三个要素[M]//韦善美，马清和.雷沛鸿文集：下册.南宁：广西教育出版社，1990：176.

④ 雷沛鸿.今后本院同工同学的任务[M]//韦善美，马清和.雷沛鸿文集：续编.南宁：广西教育出版社，1993：389.

爱国主义教育，真正做到"把爱国教育作为灵魂"，并使之转化为民众的爱国意识和行动。

发展民族教育并构建一个新的符合中国国情的教育体系始终是雷沛鸿办学理论和实践的一面旗帜。他认为，教育担负着振兴民族的使命，儿童、青年和成人在整个成长过程中，只有获得恰当的教育，中华民族才有继续生存之希望。①所以，广西的教育改造要侧重救亡与救穷，而尤应侧重救亡。②雷沛鸿和所有爱国知识分子一样，献身于寻求救国救民、独立富强的道路。他早年为救国救民奋战在辛亥革命的战场，提出了"既要救穷，尤要救亡"的教育主张，呼吁首先要加强民族凝聚力，以保育民族生存；他在大学讲坛上控诉日寇侵占中国各地的行为，不辞辛苦地进行抗日青年的培训；新中国建立后，他勤政为民，廉洁奉公，热爱社会主义祖国，拥护社会主义制度。这些都充分体现了雷沛鸿强烈的爱国主义情感，最终他也成为中国近现代教育史上一位杰出的民族主义教育家。他爱国、救国和建国的办学思想和实践成就，是值得我们今天学习和发扬的。

## 二、雷沛鸿的爱民之情

针对普通老百姓未能接受教育的现实，雷沛鸿在办学思想上坚持教育大众化的方向。他认为，人的教育权利与其生命权利、自由权利、做工权利是处于同等地位的③，不论贫富、贵贱、男女、老少，都应同样获得接受教育的机会。所以，教育是人民的权利，而非人民的义务；强迫实施免费的教育是政府的义务，而非政府的权利。④民众教育就是要以民众的生活为出发点，

---

① 雷沛鸿.广西全省中等教育改造方案并说明书 [M]// 韦善美，马清和.雷沛鸿文集：下册.南宁：广西教育出版社，1990：329.

② 雷沛鸿.今后本省教育的实施方针 [M]// 韦善美，马清和.雷沛鸿文集：下册.南宁：广西教育出版社，1990：2.

③ 雷沛鸿.大众教育的一个呼吁 [M] // 韦善美，马清和.雷沛鸿文集：上册.南宁：广西教育出版社，1989：13.

④ 雷沛鸿.广西国民基础教育运动的时代使命 [M]// 韦善美，马清和.雷沛鸿文集：下册.南宁：广西教育出版社，1990：3.

生根于民众生活，以改善民众的未来生活为归宿①，通过教育的彻底普及，提高国民素质，促进基层建设。在办学实践中，他坚持"不忘老百姓"的教育主张，密切联系政治、经济、文化等方面的力量，把教育渗透于民众生活，协助改善民众生活，发展国民文化，从而在精神上加强民族意识，激发民众的爱国热情，在生活上增进革命和生产必备的知识，提高生产效率，并改善民众生活。这足以看出，雷沛鸿为民众争取生存权是因为在民族存亡的危急关头，只有在思想上确立保家卫国的观念，才可能有民族的生存；同时只有通过教育让民众学会谋生的技能和本领，改善生活质量，最终才能够救穷救亡，振兴民族。

雷沛鸿在办学实践中始终坚持教育服务于民众、生根于民众，促进民众的利益和对幸福的追求。他对人民无限热爱，始终把自己当作人民的公仆，爱民如子，以身为教，造福大众，为民众革除痛苦，使教育"生根于民众生活""作用于民众生活"。他始终坚持"毋忘民众""有教无类""一视同仁"的办学理念，为发展民众教育事业尽心尽力，无私奉献，并试图实现他"教育为公，学术为公，天下为公"的社会理想。

雷沛鸿利用主管广西一省教育的有利时机和条件，始终把服务民众、解决民生问题作为办学的出发点和归宿，使教育成为"大众共有的教育、大众共享的教育"②。他在长期办学实践中，坚持把教育大众化作为改革的中心，以大气魄和大智慧竭诚为民众争取教育权，通过立法等措施，谋求整个国家和民族的生存与发展，以期达到"无地不学、无时不学、无人不学"的境界。早在1927年，他就在《整顿广西全省县、市、乡立小学方案》中指出，小学教育为普遍的、民众的，而一般民众难得有受初等教育的机会。他提出，县、市、乡立小学在数量上要扩大，在质量上要改良。而且，他特别重视农村教育、女子教育、少数民族和边远地区民众的教育，"为着图谋国中之最大多数人的最大幸福"③。雷沛鸿在其整个办学生涯中所想、所做的都是

---

① 雷沛鸿.本院研究实验工作计划总纲并说明书 [M] // 韦善美，马清和.雷沛鸿文集：上册.南宁：广西教育出版社，1989：67.
② 雷沛鸿.三年来广西国民基础教育运动的回顾与前瞻 [M]// 韦善美，马清和.雷沛鸿文集：续编.南宁：广西教育出版社，1993：392.
③ 雷沛鸿.中国教育之新要求 [M] // 韦善美，马清和.雷沛鸿文集：上册.南宁：广西教育出版社，1989：12.

在为穷而失教的劳苦大众教育事业而奋斗。 1946年，他在谈到西江学院的建设和发展时指出，西江学院的基础是广大民众的生活，它的存在与滋长都依靠于广大民众的力量，它即将发挥的作用也在于民众生活，即促进民众的利益与幸福。只有朝着"毋忘老百姓"的目标去努力，教育尤其是大学教育才有深广的社会基础，才能真正生根于民众生活，得到民众力量的灌溉而发荣滋长。①这些事迹都集中体现了雷沛鸿的良好心愿和爱国爱民的情怀，这也是他民族教育体系构建中最具特色的方面。

总之，爱民情怀是雷沛鸿办学实践的一个闪光点。鉴于封建旧教育是少数人的专利品，与普通民众相离异，未能生根于民众生活，雷沛鸿对旧的教育体制进行彻底改造，把传统教育办成为大众共有、共享的教育，建立一种大众化的教育体制，就是为民众争取教育权。他在广西这样一个边远贫困省份上下求索，有计划地推行大众化的教育改造，实施国民基础教育，初步构建了一个符合中国国情和民众需要的民族教育体系。虽然这个体系还有待进一步完善，但在当时的历史条件下是难能可贵的，雷沛鸿的办学理念在同时代的教育家中也是少见的。

# 三、雷沛鸿的爱教之情

雷沛鸿是一位为民族教育事业鞠躬尽瘁的教育家。他的办学实践，就是为了国家前途命运，拯救民族危亡，改善民众生活。他终身"以全副精神注重于'教育的大众化'"②，为穷而失教的劳苦大众教育事业而奋斗，使民众由愚昧变得智慧，从而推进中华民族的复兴。

雷沛鸿早年受中华传统文化的哺育，致力于民族民主革命，继而游学欧美，深受西方思想、文化熏陶。他抱着强国富民的愿望，为使祖国摆脱民

---

① 雷沛鸿.什么是构成大学大的特性[M]//韦善美,马清和.雷沛鸿文集:下册.南宁:广西教育出版社,1990：464.
② 雷沛鸿.今后本省教育的实施方针[M]//韦善美,马清和.雷沛鸿文集:下册.南宁:广西教育出版社,1990：1.

族危机，走上文明、繁荣的现代主权民主国家的自由之路，投身教育事业，倾其全部心思气力，以报效祖国和人民，实现自己的崇高社会理想和教育理想。在漫长的办学生涯中，雷沛鸿百折不挠，矢志不移，"无时不以普及教育为怀"①，系统探索一个符合国情、省情的民族教育新体系，以把"中华民族的整个文明来彻底改造"②。他曾感言："倘使我的一生一世，能及见中华民族复兴，我愿意在中国学丹麦的格龙维一样。我立志创立一种新教育制度，即国民基础教育。"③

综观雷沛鸿的一生，他生命中的黄金时期，全部精力都倾注于国民的身心发展，因而他在教育事业上收获最大，贡献最多，可谓"桃李满天下，业绩照后人"。他的业绩也蕴含着对祖国对人民的无限热爱和深厚情意。雷沛鸿的这种爱也是他治学治教的内在动力。在内忧外患的旧中国，雷沛鸿的办学经历并非一帆风顺。他为实践"教育为公"的理想，五度主政广西教育，其中三次出于种种原因工作时间很短，建树较少，甚至遭受许多挫折。然而不管顺境逆境，他都百折不挠，只要有适当机会，就回到广西，以广西为基地，进行开拓性的办学实践探索。

# 第五节　高尚的人格品质和开创性的教育建树

## 一、雷沛鸿高尚的人格品质

中国是礼仪之邦，把道德教化置于首位，教师更重言传身教。《学记》

---

① 雷沛鸿.西江学院的世界文化基础：西江学院创设史的一章 [M]// 韦善美，马清和.雷沛鸿文集：下册.南宁：广西教育出版社，1990：480.
② 雷沛鸿.国民教育简论 [M]// 韦善美，马清和.雷沛鸿文集：上册.南宁：广西教育出版社，1989：158.
③ 雷沛鸿.几句提撕警觉语 [M]// 韦善美，马清和.雷沛鸿文集：续编.南宁：广西教育出版社，1993：232.

中说："记问之学，不足以为人师。"①西汉思想家、教育家扬雄在《法言·学行》中明确指出："师者，人之模范也。"②在做人方面，教育家主要的影响是在教育品格上。雷沛鸿高尚的人格品质主要反映在他为官做人和治学治教两个方面。

1.雷沛鸿为官做人的品格

雷沛鸿一生为公、正直无私、爱国奉献的精神风范是他高尚人格的集中体现，也是他为后辈留下的极为宝贵的精神财富。雷沛鸿在教育研究和办学实践探索中注重发扬民主、亲民的作风，率先垂范，积极探索。比如，他在谈到广西普及国民基础教育研究院的工作时曾指出，教育研究工作除了静态思辨功夫，还要注重现实环境的调查、观察、实验。研究院的工作对象是民众生活，民众生活是一种群体活动，需要大家参加，而且在大家的实际生活中进行。研究院研究工作的性质倾向于群体活动，不是单靠个人的独居深思，不能单纯地做纯粹科学的钻研，要力谋研究事业的平凡化，针对民众生活的实际需要去操作，创造新的教育学术环境，从事新的教育学术创造。③正是这种大众化、平凡化、实际化的工作作风，使得雷沛鸿在办学实践中既能高屋建瓴地做好顶层设计，又能脚踏实地地从广西的实际情况出发开展实践创新。

雷沛鸿所倡行的民众教育虽然有不可回避的政治目的，但他所赋予民众教育的政治使命并非通常意义上的"党派政治"，而是以民族、国家和民众为根本的政治取向。在那个年代，知识分子难免与持不同政见者共事同行，在思想观念上也难免发生激烈的交锋。雷沛鸿与好友高阳的交往就是这样的典型例子。雷沛鸿与高阳在江苏省立教育学院共事多年，二人对某些政治问题以及办学方法等方面有不同的态度和主张，但雷沛鸿对高阳不沾私产、尽瘁教育一直十分敬重，在高阳病逝后的后事料理上也是尽心尽力。

雷沛鸿在办学实践中始终把普通百姓的子弟摆在重要位置，待学生如亲人。他无论是担任广西普及国民基础教育研究院院长、教育厅厅长，还是担

---

① 孟宪承.中国古代教育文选 [M].北京：人民教育出版社，1979：97.

② 同①169.

③ 雷沛鸿.广西普及国民基础教育研究院之工作性质 [M]// 陈友松.雷沛鸿教育论著选.北京：人民教育出版社，1992：125–129.

任广西教育研究所所长、西江学院院长，都时常拿出自己的薪金接济贫困家庭的学生，体现了他博大的胸怀和真情。1935年，他在任广西省教育厅厅长兼广西普及国民基础教育研究院院长时，破例招收8名由广东前来投学的穷学生，被传为佳话。可见，雷沛鸿在其整个教育生涯中的所思所为，都是为穷而失教的普通劳苦大众、为人民办教育。

雷沛鸿一生奋斗不已，唯求将自己的全部精力和智慧奉献于人民，奉献于民族的教育事业。他多年奔走于官场，敢于针砭时弊，对国民党的政治腐败和不良风气深恶痛绝，不失学者应有的刚毅和正直本色，体现了对教育事业的高度负责。雷沛鸿一生为官清廉，淡泊名利，操守有节，尽心事业。他生活上勤俭节约，始终没有为自己打算的心，没有私产观念，也毫无私有和独占的心。他曾满怀深情地表示："我是愿意把一生一世的精力来为奄奄一息的民族生命求其延亘，除此而外，我于人世间实无所求，实无丝毫的留恋！"①这是雷沛鸿感人肺腑、催人振奋的内心独白，他坦荡豁达的高贵品格令人敬佩。

2. 雷沛鸿治学治教的品格

雷沛鸿在治学治教中倡行实事求是的作风。他数十年如一日，日积月累，辛勤耕耘，所以才能成为一位学识渊博、中西贯通的学者，才能在教育领域有真知灼见。他认为，教育的最大功能之一在于求取真学问、真知识。1946年1月，雷沛鸿在西江学院升旗礼上指出，"中国近二十年来，教育上的偷工减料，诱致青年对于学问知识的偷惰取巧心理"。他提倡实事求是的学风，并告诫西江学院全体师生：做学问必须脚踏实地，要尊重知识的真实性，不能侥幸成功，只有脚踏实地，不畏艰辛，实事求是，才能达到融会贯通的造诣。②这既是雷沛鸿对学生的教诲，也是他自己一生身体力行的治学风格。所以，他面对现实，不向现实妥协；认识现实，不为现实蒙蔽；总是脚踏实地，躬行实践，本着实事求是的科学态度开展教育研究、实验和实践工作。③

---

① 雷沛鸿.几句提斯警觉语[M]//韦善美，马清和.雷沛鸿文集：续编.南宁：广西教育出版社，1993：232.

② 雷沛鸿.学问知识的真实性[M]//韦善美，马清和.雷沛鸿文集：下册.南宁：广西教育出版社，1990：495-496.

③ 雷沛鸿."实事求是"的再估价[M]//韦善美，潘启富.雷沛鸿文选.桂林：广西师范大学出版社，1998：491-492.

开放包容、求实创新的治学治教作风，是雷沛鸿爱国爱教爱民的教育情怀和教育为公的教育追求在其办学实践中的具体体现。雷沛鸿博学多才，不仅通晓西方文化教育，而且熟谙中国传统文化。作为一名具有科学精神的教育家，他在治学治教的过程中，从不表面地、孤立地看问题，总是把教育问题与社会问题、社会环境联系起来进行考察。他重视教育历史发展方向的研究，善于比较。雷沛鸿办学虽然深受欧美及南洋教育的启发，但在教育改造上反对脱离现实社会生活盲目地模仿外国，还尖锐地批评那种"食洋不化"的做法。他在合理吸收国内外各学派精华的基础上，从国情省情出发，敢于创新，把教育制度内化，使其充满浓重的中国教育特色，从而提出行之有效的解决当下或突发问题的办法。①

从雷沛鸿数十年的办学实践中我们可以看到，开拓创新也是他的教育品格和办学之道。他认为，一个国家、一个民族，如果不能时刻向新的方向迈进，无疑也会被其他民族或国家所灭亡。②他从教育的生长性、普遍性、现代性出发，根据社会和民众的需要以及"现行教育有彻底改造的要求"③，在前人基础上不断开拓，不断创新。这既是雷沛鸿办学的一贯主张，也是他作为教育家最可贵的品质之一。

## 二、雷沛鸿开创性的教育建树

雷沛鸿一生从教，不仅在办学实践方面取得令人瞩目的成就，而且在教育理论探索方面颇有建树，为后人留下了极为丰厚的教育财富。新中国成立前，雷沛鸿公开发表的教育理论成果有《成人教育论丛（第一集）》《国民基础教育论丛》《国民中学创制集》《广西地方文化的研究 一得》等著作和200多篇教育研究文章、报告。改革开放以后，多家出版机构整理出版了

---

① 雷沛鸿. 整个教育体系的演进 [M]// 陈友松. 雷沛鸿教育论著选. 北京：人民教育出版社，1992：131.

② 雷沛鸿. 就辛亥革命的意义审察中国之教育问题 [J]. 东方杂志，1931，28（19）：70-72.

③ 雷沛鸿. 广西普及国民基础教育运动的时代使命 [M]// 韦善美，马清和. 雷沛鸿文集：下册. 南宁：广西教育出版社，1990：5.

雷沛鸿生前的教育著述。其中，内容比较齐全的是广西教育出版社先后于1989年、1990年和1993年出版的《雷沛鸿文集（上册）》（"教育泛论"31篇、"国外教育"20篇，加《我的自白》小传）、《需沛鸿文集（下册）》（"国民基础教育"28篇、"国民中学教育"8篇、"国民大学教育"27篇、"教育外篇"2篇）和《雷沛鸿文集（续编）》（"政治经济文化"18篇、"宏观教育"11篇、"初等教育"55篇、"中等教育"11篇、"高等教育"18篇，附有雷沛鸿亲自起草或主持制定的主要教育法规、方案13篇）。

雷沛鸿在躬行实践的基础上，创建了富有民族特色、独树一帜的教育理论体系。从他的教育研究领域来看，涵盖了学前教育、基础教育、中等教育、高等教育各个层次以及成人教育、职业教育、师范教育、少数民族教育等各种类型。他的学术成果涉及教育基本原理、教育经济学、教育管理学、教育法学、成人教育学、比较教育学、高等教育学、教育科研方法等现代教育理论的众多领域，并在这些领域有开创性的建树。除了前面介绍的高等教育方面外，雷沛鸿还在以下几个方面做出了突出贡献。

1. 雷沛鸿是大教育观的构建者与实践者

从教育改造的总体思想来看，雷沛鸿打破了在学校和教育之间画等号的传统认识，秉持社会本位的教育功能论，主张教育以大众化为核心。他以大教育观构建了"定式教育"与"非定式教育"并进、学校教育与社会教育融合的国民教育体系，把教育从学校引向社会、引向民众，实施多样化的教育。基于这样的教育理念，他几十年如一日、坚持不懈地在教育大众化的道路上求索，并在实践中不断总结经验教训，提出了构建民族教育体系的一系列构想。雷沛鸿基于社会本位的教育功能论，坚持教育改造与社会改造相结合，教育与政治、经济相协调，教育过程与人生历程相辅相成，教育与生产劳动相结合，真正把教育事业在政治和军事上"救亡"、经济和生产上"救穷"、文化和教育上"救愚"的社会功能有机结合起来。雷沛鸿的大教育观的正确性和有效性已经被历史证明，在当时的历史条件下当属创新之举。

2. 雷沛鸿是现代成人教育研究与实践的先行者

雷沛鸿是我国现代成人教育理论的奠基者、成人教育运动的先行者。1928年，他在中央大学区民众教育学院、中央大学区劳农学院任教时，深入研究英、美以及北欧诸国成人教育，开设了世界成人教育、英国成人教育等课程，发表了《成人教育概观》《成人教育的哲理研究——和勒殿的成人教育思想》《英国成人教育运动之起源与发展》等有关成人教育理论的学术成果，深刻阐述了成人教育的最新理论。这在当时是领先全国的。他还参与了陶行知、梁漱溟、俞庆棠等人所主持的民众教育运动，成为大众化教育的一名急先锋。他在广西主管教育期间，把成人教育、民众教育、社会教育有机结合，"把儿童与成人教育打成一片"①，主持和领导了广西的成人教育运动。雷沛鸿在中国西南这一块偏僻贫瘠的土地上开展成人教育，是中国近现代教育史上成人教育的积极倡导者和先行者。

3. 雷沛鸿是现代比较教育研究的开山人物之一

雷沛鸿是一位学贯中西的比较教育学家，是我国现代比较教育学的开山人物之一。在英国留学期间，雷沛鸿接触了世界比较教育学的先驱萨德勒的著述，颇受教益。1897—1914年，萨德勒主持编辑《教育问题专题报告》，描述了外国的教育经验，对教育发展的文化背景、经济基础、历史趋势等都有过很精辟的分析。萨德勒的著述是比较教育学的奠基之作，对世界比较教育的理论和实践具有重要指导意义。雷沛鸿在回国后的教育理论和实践探索中，运用了萨德勒的比较教育方法论。他曾在中央大学区民众教育学院、劳农学院等开设有关比较教育的课程，对西方国家的先进教育经验做了全方位、多角度的推介。1935年1月26日，雷沛鸿曾做过一次题为《墨西哥六年计划与广西六年计划》的演讲，其演讲稿是一篇典型的比较教育文献。他把在国外的所见所闻有意识地同中国教育现状做比较，从中国的实际出发，对其中有益的经验加以选择利用，对中国传统教育中合理的部分也加以提炼升华，把二者有机结合起来。可见，他构建的民族教育体系与他对古今中外教育的比较参照有极大关系。

受中西方不同文化的影响，雷沛鸿理智地选择了比较教育学的文化逻辑取向，试图从文化的宽广领域，从文化发展逻辑去研究不同国家、不同民族的教育，分析比较它们不同的形式、内容、方法以及体系，并从中国的实际出发，将西方富有生命力的东西加以改造，努力实现教育的本土化、中国化，从而建立起一套属于自己的、具有民族特色的教育体系。他认为，教育

---

① 雷沛鸿.最近的广西教育 [M] // 韦善美，马清和.雷沛鸿文集：上册.南宁：广西教育出版社，1989：149.

与文化形态的相互适应是建立教育体制与模式的基本出发点。过去一味地模仿外国教育制度，正是中国教育的症结所在。①所以，我们所追求的，不是盲目模仿外国的洋化教育，而是生根于中国的本土化教育。我们要把教育扎根于现实"社会生活的广大深厚基础上，改革学校制度，复建立新全国学制"②。

4.雷沛鸿是现代教育研究与办学实践紧密结合的践行者

在办学实践中，雷沛鸿除了利用政治、经济和社会的力量来推动外，还注重利用教育科学的力量去推动，积极开展教育科学研究和实验，用正确的教育理论为办学实践提供支持。在教育研究与办学实践的关系上，雷沛鸿认为："理论是行动的向（原文为'响'）导，没有正确理论，何来实际行动？"③持行政观点的人最容易忽略实际与理论的相互关系，因为实际的困难易见，理论的困难不易见。但教育施政者如果只站在行政的背后，没有正确的教育概念和系统的教育理想，则一切措施将不免临事周章，或无谓耗费。④所以，不学无术，不足以言革新教育，更不足以改造社会。因此，雷沛鸿的办学实践不是个人的好恶或应景，而是凭借科学理论的预见功能，基于深刻的理性认识，坚持用理论指导自己的实践，并做到理论与实践统一。

雷沛鸿的整个教育研究有严密的步骤和策划，具有计划性和系统性。在他的办学实践中，从教育策划、实验以至实施，都反映了这一特点。他终身从事的是一个以整体教育改革为中心的民族教育体系的研究和实践，构成一个有目的、有计划的完整系统。从教育研究的方法来看，雷沛鸿在教育研究中对教育科学方法的应用也自成体系。每项教育计划和实验，均以考察、观察为前提，调查统计为基础，比较研究为借鉴，各种教育方法相互配合，组成一个教育科研的方法论体系。雷沛鸿认为，科学方法的运用是实事求是的体现。要做到实事求是，就要运用科学的实验方法、观察方法、统计方法

---

① 雷沛鸿.国民中学制度之当前重要问题 [M]// 韦善美，马清和.雷沛鸿文集：下册.南宁：广西教育出版社，1990：352.
② 雷沛鸿.国民中学与县政建设 [M]// 韦善美，马清和.雷沛鸿文集：下册.南宁：广西教育出版社，1990：408.
③ 雷沛鸿.私立南宁农业专科学校之教育旨趣 [M]// 韦善美，马清和.雷沛鸿文集：续编.南宁：广西教育出版社，1993：482.
④ 雷沛鸿.国民中学教育之目的理想及措施 [M]// 韦善美，马清和.雷沛鸿文集：下册.南宁：广西教育出版社，1990：362.

等，去做实事求是的实践，求取科学真理。①他在教育研究中尤其注重调查统计，他认为由调查而设计，这是教育科研的第一步。经过调查用大量的资料进行加工整理，找出带有规律性的信息，借用统计图表进行数据的直接描述，为定性研究找到事实和依据。他还特别强调教育实验的科学方法。他认为，教育科学的生命在于教育实验，一切要经过实验，由实验而推广，这是每一种新事业必经的道路，科学实验是任何一种制度、教育改革措施、经验推广的前提。这是对教育改革是否符合人民、社会需要的科学检验。雷沛鸿重视教育理论研究和教育实验研究的结合，是值得我们学习的。

总之，雷沛鸿集中西之大成，结合20世纪上半叶中国国情，构建民族教育的理论与实践体系，使教育生根于民众的生活，"定式教育"与"非定式教育"同时并进，教育改造与社会改造相结合，注重爱国教育与生产教育，使教育真正成为人生的历程及社会的历程。②在中国近现代教育史上，真正建立起系统的教育理论，又依此开展系统的办学实践的教育家还不多见。雷沛鸿的教育业绩和实践特征足以证明，他是在中国近现代特定政治、经济和文化环境中成长起来的一位杰出的教育实践家。他作为教育家办学的一个典范，今天依然令人景仰。

---

① 雷沛鸿."实事求是"的再估价 [M]// 韦善美，马清和.雷沛鸿文集：下册.南宁：广西教育出版社，1990：516.
② 马秋帆.对雷沛鸿教育理论与实践的再认识 [M]// 广西雷沛鸿教育思想研究会.雷沛鸿教育思想研究文集：1.南宁：广西教育出版社，1992：320.

# 第四章

# 雷沛鸿成为教育家办学典范的原因

马克思主义人才理论认为，成才的一般规律是人才创造过程中内外诸要素之间内在的、必然的、一般的本质联系，即创造目标与社会发展、创造内容与科学发展、创造时间与才能发展、创造过程与周围集体、创造所需的人才素质与创造者内在要素之间的内在联系。作为立志成才的个体，要顺应社会发展的潮流，善于抓住历史发展的机遇，发挥自身优势，掌握科学发展规律，在实践中不断缩小自身素质与创造活动所需素质的距离。雷沛鸿之所以能够成为我国近现代教育家办学的一个典范，从外在要素来看，主要是他所处的社会环境和时代要求，特别是中国教育革新潮流和广西特定的政治环境促成了他的办学实践。从内在要素来看，主要归结于雷沛鸿本人丰富的人生经历和主动探索，他在办学实践中充分发挥了他中西融合的学识和智慧，在教育理论创新与办学实践创新过程中形成了自己的独到见解，在追逐教育梦想的过程中不断提升自身素养，形成高尚人格魅力，最后达到教育家办学典范的境界。

成才的特殊规律是成才的一般规律在不同的历史时期、不同的社会形态以及不同实践领域和不同类型人才中的具体表现形态。比如，在教育人才方面，古代教育家往往与哲学家、思想家相伴而生。到了近代，这种共生现象就不那么明显了。而现代则出现了许多综合人才，如教育心理学家、教育经济学家、教育统计学家等。今天，我们探寻教育家办学规律，也就是在遵循人才成长的一般规律基础上去探索教育家成长的特殊规律。

# 第一节 雷沛鸿办学的地域情势

## 一、民族危机迫使雷沛鸿走上教育兴邦之路

随着外国资本主义的入侵，中国逐步从封建社会沦为半殖民地半封建社会，中华民族陷入了灾难深重而又动荡不安的悲惨境地。在文化教育方面，三种不同性质的文化教育代表着三种不同的利益集团：一是为帝国主义服务，培养奴才的奴化教育；二是旨在巩固封建统治地位的地主阶级旧文化教育；三是为了发展资本主义的资产阶级新文化教育。[①]严酷的社会现实促使许多有识之士去探寻挽救国家和民族危亡的方略。一些开明人士和先进的知识分子，开始提出通过教育革新去拯救国家和民族的主张，反对封建地主阶级垄断的旧教育，提倡服务广大民众的新教育。20世纪初，随着封建科举制度的废除、封建王朝的覆灭以及资产阶级民主革命的高涨，中国近代教育革新出现了一个高潮。

在那个动荡的时代，广西是一个尤其动荡的地方。太平天国运动的烈火在广西点燃，拉开了近代中国民主主义革命的序幕；中法战争爆发，广西成了最前线；在辛亥革命、北伐战争中，两广并肩作战；邓小平等在这里领导了百色起义、龙州起义，建立了左右江革命根据地，创建了中国工农红军第七军、第八军；桂系军阀敢于抗衡蒋介石政府，保持相对独立。比起其他省来，广西更为动荡，更显得人心思变、人心思进。雷沛鸿生长在这样一个动荡的时代和这个特别动荡的地方，生活中充满矛盾、充满斗争。他本来生活在一个传统的家庭，父母希望他读书成名，光宗耀祖，可在这个动荡思变的环境中，他非变不可。年少时，他经历了废弃八股，改学策论，不用墨守朱子章句，大大开阔了眼界。他从谈时务、讲西学中接受新思想，鄙视科举。

---

① 陈景磐.中国近代教育史[M].北京：人民教育出版社，1983：2.

1902年，14岁的雷沛鸿参加科考时面对"天下有道则庶民不议"的题目，以"天下有道则庶民必议"为题反做文章，获得佳绩。周边的种种矛盾和问题使他"既不能置身事外，又不能安于现状，只有抱定决心到外面去另找出路"①。

如何拯救积贫积弱的旧中国？雷沛鸿经历了一个从政治救国到实业救国，再到教育兴邦的不断探索过程。雷沛鸿早期在广州求学期间接触了民主革命思想，1906年参加同盟会，加入了民主革命队伍，继而参加辛亥革命，经受了革命失败的痛苦，也提高了对民主主义革命的觉悟和认识，增强了革命意志。他试图从政治入手，对国家与民族的解放做出贡献。大革命失败后，社会上流行一种"实业救国论"，即认为中国的产业落后，产业工人队伍力量薄弱，革命不易成功，要救国强国，必须大力发展中国的产业，壮大中国产业工人队伍，创造物质财富。所以，雷沛鸿在出国留学初期毫不犹豫地选择化学作为主业。但是，经过十年留学和对欧美国家的教育考察，他从主修化学转为攻读政治，到最后选择教育，并立下了"为此一代，后一代，后数代国民身心发展而尽力"的教育志向。他从产业救国转到政治救国再到教育救国，逐步转到教育兴邦的道路上来。但必须指出的是，雷沛鸿并不是像"教育救国论"者那样片面抬高教育的功能，而是保持清醒的头脑，把教育与社会联系起来进行考察，既看到了教育受其他社会因素的制约和影响，又突出地强调了教育在各项建设事业中的作用。

雷沛鸿认为，教育事业本来是社会事业的一个部分，一切教育问题的发生都与当时当地所出现的社会问题关系密切。因此，任何时代的教育变革，都有其社会根源。人们因为对社会现实不满而呼吁改造社会的教育新学说出现。②他在政局动荡、矛盾错综复杂的社会环境中认清方向，顺应历史潮流，把教育与社会发展联系起来，不折不挠地开展教育改造与社会改造。他深感中国革命要成功，必须大力发展教育事业，谋求教育的普及。在民族危难之际，必须从根本上改造教育，以满足广大民众的迫切要求。因此，他在广西

---

① 雷沛鸿.辛亥革命的回忆 [M]//韦善美，马清和.雷沛鸿文集：下册.南宁：广西教育出版社，1990：597.

② 雷宾南.祝成人教育世界大会 [M]//韦善美，马清和.雷沛鸿文集：上册.南宁：广西教育出版社，1989：440.

推行大规模的普及国民基础教育运动，旨在通过教育对政治、经济、文化、社会建设进行改造，为改革我国教育现状一鞭先著。

## 二、特定的政治环境促成雷沛鸿的教育梦

在20世纪三四十年代的广西，雷沛鸿之所以能够将主要由他构思的民族教育体系付诸实施，很重要的一条就是得益于当时广西所处的特殊环境。1912—1949年，广西先后经历了陆荣廷旧桂系政府、马君武过渡政府、俞作柏临时政府、"李白黄"（李宗仁、白崇禧、黄旭初）新桂系政府多次政局变更。但值得肯定的是，无论是旧桂系军阀还是新桂系军阀都比较重视通过加强教育来巩固自己的统治。尽管广西几易其主，但与各派关系都很好的雷沛鸿多次主政全省教育，以雷沛鸿为核心人物的教育决策在20多年中基本稳定。

特别是从20世纪20年代中期开始，广西进入了长达20多年的新桂系治时代。尽管此时国内形势相当严峻，风云密布，经济萧条，但广西的局势相对稳定。为了生存和发展，新桂系一是加强内部团结，牢牢掌握军权；二是重视教育，大量引进人才。他们重视教育的作用，在思想上、文化上武装民众。新桂系在社会经济、政治、文化等处于相对独立的状态下，先后提出"建设广西，振兴中国"的口号和"三自三寓""四大建设"等纲领性文件，并采取一系列开明措施推动广西社会发展。雷沛鸿所倡导的民族教育体系的构建就是"四大建设"中"教育建设"的重要内容之一。1924—1930年，新桂系致力于普及初等义务教育，1924年颁布《筹施广西全省义务教育程序案》《广西省施行义务教育大纲》《广西省执行义务教育标准》等文件，计划在8年内完成普及6岁至12岁儿童四年制初级小学的教育任务。1928年发布以普及教育为核心的《广西省今后教育改进方案》，制定从小学到大学的教育发展规划。20世纪三四十年代的广西当局有计划、有步骤地推进教育发展。由于当时以李宗仁为首的广西省政府对教育的需要和基于这种客观需要对雷沛鸿的大力支持，使得雷沛鸿主导的普及国民基础教育运动顺利开

展。这对于广西的经济、文化、教育、科技的振兴产生了非常好的效果，令全国刮目相看。

雷沛鸿在特定的历史条件下设计并推动了教育改造，与当时新桂系的支持密切相关，具有很强的区域性和时代性。新桂系主政的广西形势对雷沛鸿办学实践的影响主要表现在以下几个方面：①稳定的政治环境是雷沛鸿顺利进行民族教育体系构建的重要保障；②抗战大后方和桂林文化城的建立，使广西形成了民主开放、进步活跃的社会风气，给雷沛鸿的民族教育体系构建带来了发展良机；③新桂系的"四大建设"主张，保证了雷沛鸿民族教育体系构建的顺利实施；④国内外的教育改革为雷沛鸿提供了许多值得借鉴的经验；⑤政局动荡、经济衰退也给雷沛鸿的民族教育体系构建造成了重重困难。

雷沛鸿充分利用新桂系提供的舞台施展才华，试图实现其教育理想。然而，雷沛鸿办学实践服务民众的伟大创举与新桂系的军阀割据之间是有本质区别的，他主要是作为一个教育家在广西服务的。他应李宗仁之请，重回广西工作，主要是因国难当头，有志于教育救国救民、振兴中华，为教育事业"鞠躬尽瘁，死而后已"。这也是雷沛鸿对待革命和进步的立场，与蒋介石国民党反动派有天壤之别，和新桂系集团之间也是泾渭分明。特别是他提出以"爱国教育"和"生产教育"作为普及国民基础教育的中心任务，在当时抗日救国的时代背景下，不失为动员、组织和训练群众救亡的一种力量，具有一定的政治基础和社会基础。因此，我们不能把雷沛鸿在广西推行的普及国民基础教育运动和其他教育改造，笼统地说成是"为桂系服务"。

# 第二节  雷沛鸿办学的共生环境

## 一、近现代中国教育革新的背景

19世纪末至20世纪初是中国旧教育向新教育过渡、中西教育相互融合的时期，各种教育思潮和流派如雨后春笋，交相激荡。在第二次科技革命的影响下，世界教育发展也呈现出一派生机，不少国家纷纷对传统教育的弊端进行批判，形成了教育改革的热潮。在中国，知识界也开始认识到：要强国必须先开启民智，而开启民智则必须发展教育。在那个教育大变革的时代，中国涌现出了洋务教育、维新教育、民主革命教育、实用主义教育、三民主义教育、新民主主义教育、职业教育、平民教育、生产教育、生活教育、乡村教育、工读主义教育、教育独立等各种流派和思潮。不同的教育思想流派在理论上丰富了中国教育思想宝库，在实践上出现了教育改革的高潮。从近代维新运动改革封建教育，到清末废科举、兴学堂的教育改革，再到民国初期教育改革，中国教育在积极探索的过程中不断前进。

在20世纪早期，觉醒的人们开始冲破传统的封建教育观念，接受先进的教育思想。在进步的知识分子推动下，中国教育逐步向现代教育转变，并在二三十年代出现一个教育改革高潮。一些有识之士开始关注中国教育最薄弱的广大农村地区和最急需受教育的劳苦大众，纷纷开展教育改革实验，努力使外国先进的教育理论和实践模式"中国化"，探索适合中国国情的教育体系。同时，也催生出了一批卓有成就的教育家。特别是他们当中的陶行知、蔡元培、晏阳初、黄炎培、梁漱溟等教育家，总结中国旧教育的得失，对前期盲目引进外国教育产生的种种弊端进行了深刻反思，探索符合当时中国国情和广大民众需要的平民教育、乡村教育、生活教育等，以教育改造促进社会改造，在促进教育大众化方面做出了积极贡献。在那个崇尚教育创新的时代，国内外众多教育家在教育理论和办学实践上的创新，给了雷沛鸿许多有益的启示，对其办学实践产生了重要的影响。从20世纪20年代中期开始国内一些地方兴起的乡村教育改革的主张和做法，也为雷沛鸿在广西施行的教育改造提供了宝贵的经验。

雷沛鸿主持推进广西教育改革的一些做法符合甚至领先于当时全国教育发展的历史潮流。他对全省各级各类教育改革提出一系列整顿方案，如《整顿广西全省县、市、乡立小学方案》《改良及推广师范教育草案》《整理广西全省中等学校相互关系草案》等，都体现了壬戌学制的精神。1921年10月27日至11月7日，雷沛鸿到广州参加全国教育会联合会第七届年会，参与了壬戌学制的研讨。后来又出席了江苏教育会起草中学课程纲要的会议。广东新学制实施一年之后，他又应邀参加研讨。雷沛鸿在主管广西教育期间，不仅贯彻了新学制的精神，而且注意把教育与中国社会实际相结合，并把国外学制中国化，以符合中国社会需要。

雷沛鸿一生致力于教育事业，从1910年4月到桂平浔郡中学堂任教开始，到1952年离开西江学院时止，一直在为中国教育事业竭智尽力。在国内广大民众的教育权利被剥夺的情况下，他怀着"有教无类""一视同仁"的教育理想，谋求实现"教育为公、学术为公、天下为公"的社会理想，从内忧外患的国情出发，以民族复兴为原动力，依照经济条件、组织办法和人才培养三个要素，使学校教育与社会教育合流，教育为政治、经济、军事、文化建设的需要而实施。从"教育大众化"这一基本思想出发，雷沛鸿选择、吸收、改造中西文化思想理论及教育经验，构成了自己独具一格的民族教育理论与实践体系。

## 二、同时代教育家对雷沛鸿的影响

雷沛鸿在办学实践中吸收了前人及同时代教育家的理论和经验。他以兼容并包的科学精神，与国内诸多教育人士如蔡元培、黄炎培、梁漱溟、林砺儒、董渭川、童润之、孟宪承、陈鹤琴、俞庆棠、黄齐生、杭苇、徐敬五、方与严等互动互感。雷沛鸿早期从事教育工作时，曾任江苏省立教育学院研究实验部主任。1931年，雷沛鸿在江苏参与创办惠北实验区，与俞庆棠、梁漱溟、孟宪承等发起创办中国社会教育社。1932年，参与创办江苏省立教育学院北夏普及民众教育实验区。1933年10月至1940年5月在广西发起普及国民基础教育运动，得到省外多方支持。同时期外省不少教育家正在积极开展平民教育、乡村教育的改革。比如，陶行知在南京、上海开展平民教育，晏阳初在河北省定县开展平民教育实验，俞庆棠在无锡开展民众教育实验，梁漱溟在山东邹平、菏泽开展乡村建设运动，等等。雷沛鸿曾到上述的许多地区参观、考察，怀着诚恳的学习态度广泛学习各方教育改革的经验和做法，丰富了自己的教育理论与办学实践。

1.蔡元培的办学思想对雷沛鸿的影响

蔡元培作为中国近代教育改革的先驱，曾任中华民国教育总长、北京大学校长，是民国时期教育制度的总设计师。他的人格精神和先进的教育思想影响着那个时代的教育界。雷沛鸿在教育理论与实践上深受蔡元培的影响，主要表现在如下两个方面。

一是社团文化教育方针。蔡元培在北京大学担任校长时曾积极倡导"提倡研究，扶持社团"的办学方针，鼓励学生组织包括学术性的、政治性的、文体性的、互助性的和道德修养性的等各种社团组织，开创了北大社团文化的崭新风尚，推动了北大的发展。雷沛鸿称赞蔡元培是"推动时代的新思想领导者"，是"最能发扬中国文化的人，故我们非学习他不可"[①]。他在广西普及国民基础教育运动中，借鉴蔡元培扶持社团文化教育的办学方针，创建了普及国民基础教育研究院。通过社团式的研究探索，促进教育与政治、经济、军事、文化等方面的密切合作。他在《团社式的学习》一文中称，普及国民基础教育研究院要打破围墙，以社会改善并适应全省人民的生活和需要为学习的范围，所以这种学习不是学校式的学习，而是团社式的学习，又可称为社会的教育，实现大家"互教共学"。[②]可见，雷沛鸿办学中的教育社会学理论、"定式教育"与"非定式教育"理论、生活历程即教育历程理论、

---

① 雷沛鸿.学习蔡先生的"学"与"教"[M]//韦善美，马清和.雷沛鸿文集：上册.南宁：广西教育出版社，1989：212.
② 雷沛鸿.团社式的学习[M]//韦善美，马清和.雷沛鸿文集：续编.南宁：广西教育出版社，1993：359.

教学论等，都与蔡元培社团文化教育方针有一定的渊源。

二是"兼收并蓄、博采众长"的办学方针。蔡元培在对北京大学进行革新时提出"思想自由，兼容并包"的办学方针，对雷沛鸿教育思想的形成有重要影响。他在创建广西普及国民基础教育研究院时，学习了蔡元培先生兼收并蓄的做法，广纳各个教育流派的人才来院工作或讲学。比如，生活教育流派的陶行知、平民教育流派的晏阳初、乡村教育流派的梁漱溟，以及费孝通、马君武、蓝梦久、俞庆棠、章之汉等著名学者，都曾被雷沛鸿邀请到研究院做学术交流和专题讲座。1933年，雷沛鸿再任广西省教育厅厅长时，把当时全国有名的进步教育流派引到广西。他们为广西教育的发展付出了心血，做出了贡献。1936年，中国社会教育社组织了一批教育界知名人士南下广西。雷沛鸿让他们尽可能把个人参加实际工作经验所得、研究所得贡献出来，为广西普及国民基础教育运动出谋献力。①除了各种教育流派的学者以外，研究院还吸纳了一大批中共党员。雷沛鸿在国立广西大学担任校长期间，对蔡元培学术自由、兼收并蓄的办学思想更是运用得淋漓尽致。可见，雷沛鸿的民族教育体系的构建，同他对蔡元培先生"教"与"学"方法论的吸收有关。正是大度包容、为我所用的大家风范，使得雷沛鸿创造性地构建了具有鲜明特色的民族教育理论及实践体系。

2. 陶行知的"生活教育社"对雷沛鸿的影响

陶行知与雷沛鸿有许多共同点。比如二人是留美同学，同受著名教育家杜威"教育即生活"理论的影响；二人在办学实践的过程中都提出"生活即教育""社会即学校"的教育主张，倡导教育大众化、社会化，坚持教育为民众服务的方向，走与工农结合的路子；二人都主张"教育是建国立业之根本要图"，坚持从实际出发，教育改造与社会改造并进，开创现代化的、有生命力的教育。实际上，他们之间，有许多理论观点是相互支持、相互转化的。比如，雷沛鸿有著名的"教育三公"说，陶行知也称自己搞教育是本着"天下为公、教育为公，不以教育为一党一派及任何小集团谋利益"②。雷沛鸿不仅宣传、赞同陶行知的生活教育观点，而且将它作为办学的指导思想和

① 雷沛鸿.本届学术会议之组织程序及议题[M]//韦善美，马清和.雷沛鸿文集：续编.南宁：广西教育出版社，1993：345.

② 陶行知.青年教育与思想问题[M]//华中师范大学教育科学研究所.陶行知全集：第3卷.长沙：湖南教育出版社，1985：515.

基本原则。广西全省中等教育改造充分吸收了陶行知生活教育理论的精髓：认定社会即学校，将学校与社会打成一片；认定生活即教育，将教育与生活打成一片；认定教育与政治应相互合作；认定劳动、学问、政治应相互合作；认定教学做合一为最有效之生活法，亦即最有效之教育法，学与教都以做为中心。[①]雷沛鸿也认为，"我们国民基础教育的方法是互教共学"[②]。

陶行知与雷沛鸿在事业上有很深的交情。1928—1932年，雷沛鸿在江苏任教期间与俞庆棠一起举办乡村教育，同时也经常与陶行知相互交流乡村教育改革的经验，取长补短。1933—1940年，雷沛鸿回到广西推行普及国民基础教育运动期间，陶行知给他介绍了生活教育社的一些人士到广西工作，为雷沛鸿的教育改革增添力量。1935年，雷沛鸿专程到上海考察山海工学团的办学经验，对工学团在困难情况下坚持办学、推行小先生制、互教共学的办学理念极为钦佩。雷沛鸿认为小先生制适合广西省情，值得大力推广。他回桂后马上成立了广西推广小先生制委员会，由生活教育社的潘一尘主持。1936年，山海工学团团长张劲夫、唐守愚（新中国成立后任华东教育部副部长）以全国各界救国联合会的名义接受广西省政府的邀请来桂。1936—1938年，陶行知多次来到广西，指导广西教育工作。1938年12月，陶行知在桂林成立生活教育社并任理事长，王洞若、操震球、刘季平、戴伯韬、方与严等13人为常务理事，董必武、李任仁、雷沛鸿等33人为理事。这一时期，陶行知把大本营设在桂林，把生活教育与雷沛鸿的普及国民基础教育运动紧密地结合在一起。他在广西发展社员，建立分社，开展山洞教育，组织共学服务团，推广小先生制，推行新文字运动，扫除文盲，承办国民中学，协助广西地方政府推行普及战时国民教育。这一时期，陶行知倡导的生活教育成为广西普及国民基础教育运动的一种社会助力和一个组成部分。

雷沛鸿与陶行知都注重民众教育，以改造社会现状、拯救民族危亡为目的。从无锡乡村教育改革实验到上海、南京的生活教育运动，再到广西的普及国民基础教育运动，二人都在其中承担了重要角色，做出了巨大努力，

---

① 雷沛鸿.广西全省中等教育改造方案并说明书[M]//韦善美，马清和.雷沛鸿文集：下册.南宁：广西教育出版社，1990：300.
② 雷沛鸿.国民基础教育的理论与实践[M]//韦善美，马清和.雷沛鸿文集：下册.南宁：广西教育出版社，1990：162-163.

共同推动当时席卷中国的民众教育运动。他们在教育思想上互感互动，在事业上互促共进，本着"天下为公"的博大胸怀，积极从事教育改造和社会改造，在中国教育史上写下了光辉的一页。

　　3. 梁漱溟的乡村建设理论对雷沛鸿的影响

　　梁漱溟、马君武、雷沛鸿都是广西籍的近现代教育家，被学界誉为"广西三杰"。同许多爱国知识分子一样，梁漱溟对国家和民族的前途充满了忧患意识，致力于教育救国。20世纪二三十年代，他创建了乡村建设理论体系，着手政治、经济、教育相统一的乡村建设，以改变中国农村社会的落后状况，恢复人们的理性，建立人心向上的农村社会。1931年，梁漱溟在山东邹平成立山东乡村建设研究院，开始乡村建设实验，并在多年的理论和实践探索基础上形成了比较成熟的乡村建设理论体系。

　　梁漱溟的教育理论在不少方面对雷沛鸿产生了影响。雷沛鸿在无锡民众教育学院时，梁漱溟受邀从北大到该院主讲乡村建设课程。20世纪30年代初，由晏阳初和梁漱溟主导的乡村建设已经成为一个全国性的社会政治思潮，雷沛鸿也深受其影响。例如，1933年8月，由雷沛鸿等人发起成立的中国社会教育社在山东济南召开年会，提出了"由乡村建设以复兴民族案"。会后，成立了乡村建设具体方案编制委员会，庄泽宣、江问渔、高阳、孟宪承、雷沛鸿、梁漱溟6人为组织委员。梁漱溟依据他在山东邹平乡村建设实验的经历，执笔草拟了《社会本位的教育系统草案》，提出了"学校教育与社会教育不可分""教育宜放长于成年乃至终身""教育应尽其推进文化改造社会之功"的指导思想和"社会本位的教育设施之原则"20条，把整个教育系统分为乡学、区学、县学、省学、国学五个层级，以村学、乡学和乡农学校的乡村教育为核心。这个方案与雷沛鸿的教育构想在许多地方有共通之处，雷沛鸿的著述中也有大量的乡村教育理论阐述。不难看出，雷沛鸿在广西推行的普及国民基础教育运动中有不少做法吸收了梁漱溟乡村建设的理论与实践经验。比如，他创立的广西普及国民基础教育研究院所倡导的社会教育与学校教育合流，坚持教育改造与社会改造共进，国民基础学校文化中心说，等等。需要强调的是，雷沛鸿都是在批判性吸收和改造的基础上形成了自己的特色，以符合广西的省情和民众的需要。

　　雷沛鸿对梁漱溟的学识是比较崇拜的，曾多次邀请他回广西讲学。1935

年1月23日，梁漱溟第一次回到广西，停留一个月，先后做了30多次演讲。他在广西普及国民基础教育研究院做的《广西国民基础教育与乡村建设运动》演讲中，论述了两种教育理论与实践的异同，提出了自己对广西普及国民基础教育运动的改进意见。抗战期间，梁漱溟又曾两次回到广西，先后在国立广西大学、南迁的无锡国学专修学校、桂林师范学院和兴安中学等院校讲授中国文化要义。在此期间，雷沛鸿也向梁漱溟学习了很多理论知识。

雷沛鸿在某些方面受到梁漱溟的影响，同时也有自己独到的见解。他对梁漱溟的主张持辩证的态度去分析、判断，取其合理的一面，结合广西的实际，形成了自己的理论体系。雷沛鸿与梁漱溟在理论上和一些原则问题上也有不同的看法。比如，在对教育的功能以及社会文化的认识上，梁漱溟认为教育是万能的，文化决定一切。这是比较片面的，体现出乡村建设理论的局限性。雷沛鸿则认为"教育是建国立业之根本要图"，对教育的社会作用和地位评价很高，但他不是教育万能论者，在对教育寄予很高期望的同时，还充分认识到教育仍然受到政治、经济、文化等的制约。这与梁漱溟的教育无阶级性形成鲜明对比。同时，雷沛鸿对教育与文化的关系认识尤其清醒，他反对梁漱溟的伦理本位文化观，认为文化与教育是二位一体的关系。文化是"体"，教育为"用"。文化是教育的内容，教育是文化选择、传递与创造的途径，二者同时演进。教育者要对民族文化加以选择，存良去恶，以适应本国需要。雷沛鸿有"社会教育与学校教育合流"的提议，是对梁漱溟脱离社会现实、空泛提倡社会教育的合理修正。

4. 俞庆棠等开展的民众教育实验对雷沛鸿的影响

1928年，俞庆棠、高阳等在苏州创办江苏民众教育学院，不久迁至无锡改称中央大学区民众教育学院。后来，民众教育学院和劳农学院合并，改名为江苏省立教育学院，高阳任院长，俞庆棠任教授兼研究实验部主任，并在无锡设立民众教育实验区。设立实验区的目的是贯彻理论联系实际、学做合一、走向社会、与工农相结合的教育方针。1928年冬，雷沛鸿接受高阳邀请，到江苏任教，同俞庆棠一起组织和策划民众教育实验。1931年，雷沛鸿任江苏省立教育学院教育主任兼研究实验部主任，起草了《研究实验工作计划总纲并说明书》，对无锡的民众教育实验工作做了全面规划。其间，雷沛鸿为探索民众教育理论与实践，做了大量演说、报告，发表了文章，或探讨中国教育问题，或推介国外民众教育经验。无锡民众教育的实验成效引起了国内教育界的广泛关注。1930年，雷沛鸿到北平参加第二次全国教育会议，被推选为社会教育提案审查组主席。1931年，雷沛鸿与高阳、俞庆棠、梁漱溟、孟宪承等人发起创立中国社会教育社。1932年，民众教育实验区进一步扩展到河南洛阳、广州花县等地，在全国的影响日益扩大。无锡民众教育的实验高潮是在1928—1935年，雷沛鸿直接参与并主持了其中大部分实验工作。可以说，雷沛鸿也是无锡民众教育学派的一个重要代表人物。雷沛鸿在江苏的教育实验，是他后来教育改革实验的一次预演，为他后来在广西组织更大规模的民众教育打下了坚实的理论基础，积累了丰富的实践经验。①

1938年初，江苏省立教育学院因战乱迁至广西。雷沛鸿利用在桂工作的便利，为安顿江苏省立教育学院来桂的师生做了许多工作。江苏省立教育学院师生到达广西后，在广西继续开展民众教育，并参与到雷沛鸿正在组织实施的普及国民基础教育运动中。不少师生到学校参加教学活动，特别是江苏省立教育学院迁到桂林后，其附中改名后成为桂林唯一一所国民中学。在这里，雷沛鸿以其扎实的工作实践和卓越的理论体系引导了民众教育的方向。当日本侵略者打入国门，国家和民族面临生死存亡之际，俞庆棠和雷沛鸿都从教育与民族的关系上做了更深层次的思考。1936年，俞庆棠在《申报周刊》上发表了《现阶段中国所需的教育》一文。雷沛鸿对其观点极表赞同，他们都把教育与民族战争、民族独立、民族振兴联系在一起。俞庆棠和雷沛鸿之间相互影响、相互合作，既丰富了他们的民众教育实践，也坚定了他们发展民众教育的理想信念。

此外，同时代的黄炎培、晏阳初等均对雷沛鸿的教育理论和办学实践产生过影响。黄炎培从他对中国社会问题和教育问题的认识出发，通过推广与普及职业教育来改造中国旧有的教育体制，建立新的教育系统。这对雷沛鸿注重培养适应广西经济发展的实业人才的办学目标有一定的影响。晏阳初以平民教育运动发起人及领导者著称于世，在推进平民教育运动中，他将重心从城市转向农村，始终秉持"除天下文盲，作世界新民"的教育宗旨。他关于平民教育与乡村建设的理论与方法，以及学校式、社会式、家庭式的教育方

①　吴桂就.雷沛鸿与民族教育体系 [M].桂林：广西师范大学出版社，2002：113.

式，文艺、生计、卫生、公民四大教育内容等，对雷沛鸿在教育改造和社会改造实践中提出的"治愚、治穷"目的深有影响。

5.雷沛鸿与同时代教育家办学的比较

上述几位同时代的教育家有一个共同特点，他们都致力于探索和实践教育改造的中国化、平民化、大众化。但从教育改造实践来看，他们所领导和参与的教育实验的规模及其推广的范围不尽相同，持续的时间各有长短。陶行知于1927年在南京郊区创办晓庄试验乡村师范学校，1930年即告停办。梁漱溟主持的山东乡村建设研究院，规模虽然较大，但是仅仅在乡学一级得以实施，乡学以上其他教育层次还仅仅是一种设想，未曾落实。俞庆棠主要是在苏州、无锡举办民众教育，在此期间先后创办了几个实验区。黄炎培主持的中华职业教育社创办的农村改进实验区仅限于江苏省昆山县徐公桥，规模不大。晏阳初主持的平民教育会最初是在河北省定县建立平民教育实验区，1936年以后，又在湖南、四川、广西等省推行平民教育实验，但规模都较小，持续时间也不长。而雷沛鸿办学的理论和实践体系是纵横一体的，纵向对初、中、高各级教育都有探索和实践，横向兼涉学校教育、社会教育、家庭教育多个领域。与同时代其他几位教育家相比较，这是雷沛鸿办学实践的独到之处。所以，雷沛鸿主持创设的教育改造运动无论是规模还是范围在中国近现代教育史上都是非常突出的。1933—1936年，国民基础学校遍及广西全省一百余县，发展到了2万余所。1941年的入学儿童多达150多万人，约占适龄儿童总数的81%。而同一时期，全国经济、文化基础较好的江苏省，儿童入学率也只达到13%，全国平均还不到10%。1933—1938年广西共扫除文盲150多万人，1939年全省开展"广西成人教育年"活动，入学成人达247万人，1941年成人入学率已高达88%。1940年，国民政府教育部在制定《国民教育实施纲领》时采纳广西的经验，计划在全国推行教育改造实验方案。1942年，广西各县普遍设立了国民中学，最兴盛时全省多达76所。

当年曾接受俞庆棠、雷沛鸿、高阳三位大师教诲的历史见证人黄旭朗（新中国成立后历任苏州大学教授、图书馆馆长）做了这样的评论：

俞、高、雷师等都热爱民众，热爱中华民族，不为名，不为利，一心扑在教育上，鞠躬尽瘁，为教育献身！其中，俞师的民教思想，侧重于经济，提倡向民众宣传国家经济危机，民生疾苦，以激发民众的爱国心，从事救亡图存；高师的民教思想，侧重于促进中国新社会组织的建立和作用的发挥，他认为这就是救国之道，就是民众教育的根本任务；而雷师则侧重于中华民族新教育体系的创建，从理论上、实践上，他都做了大量工作。雷师认为不能以高等教育来控制中小学教育，使小学教育为培养少数升大学的学生而闭门读书，脱离生产，脱离实际，学非所用，浪费人力、物力。他认为应从实际出发，使高一级教育层次在低一级教育层次上发展起来，以求其衔接。因而，他先创办国民基础学校，并求其普及，然后又试行国民中学制度，在此基础上，还想创建各类专科学校乃至国民大学，成为一个新的民族教育体系。在这个体系中，"定式教育"和"非定式教育"并举，无论男女老少，都有学习的机会，以至实现教育为公、学术为公、天下为公的理想。①

# 第三节 雷沛鸿办学的思想根基

雷沛鸿立足广西，着眼全局，倡行完整的国民教育体系——国民基础教育（儿童初等教育、成人扫盲教育）、国民中等教育（国民中学、国民职业教育）、国民高等教育（大学、学院、专科学校），自下而上逐步推进。他的办学实践有其深厚的思想基础，其理论与实践相互促进，不断升华。

## 一、雷沛鸿办学实践的理论基础

思想是行动的先导，有什么样的思想就有什么样的行动。雷沛鸿的办学实践不是无源之水，无本之木，它是以哲学、社会学、文化学、心理学和教育学等学科理论为基础的。

---

① 黄旭朗.回忆民教理论 思念民教导师[Z]//苏州大学（原江苏省立教育学院）校友会.艰苦的探寻：江苏省立教育学院校友回忆录，1989：243.

1. 雷沛鸿办学实践的哲学基础

哲学是从客观世界的普遍联系中去认识事物，为人们研究自然变化、社会实践和人类思维提供一般方法论。教育研究与实践的方法论同样离不开一定的哲学基础。雷沛鸿办学实践的方法论就是建立在科学的哲学基础之上的。他虽然不是马克思主义者，但能够站在时代的高度和科学的立场上分析教育现象，其方法论是符合马克思主义的历史唯物主义和辩证唯物主义观点以及教育发展方向的。雷沛鸿办学实践的哲学基础主要有以下三个方面。

第一，从实际出发的唯物主义哲学思想。从实际出发是雷沛鸿办学实践的出发点，也是他的教育理论和实践体系的基石。雷沛鸿在办学实践中始终坚持实事求是。他认为，"实"就是科学事实，即社会现实和教育发展现状；所谓"是"就是科学真理，即教育发展客观规律。办学要做到实事求是，就是运用科学的实验方法、观察方法、统计方法等，去实践，求取科学真理。①他的这种理解与毛泽东在《改造我们的学习》一文中对"实事求是"所做的阐释十分接近："实事"就是客观存在着的一切事物；"是"就是客观事物的内部联系，即规律性；"求"，就是我们去研究。②雷沛鸿在教育改造理论与实践中都是以客观事实为基础，从现实的国情、省情，现实的政治、军事、经济、文化等方面的需要，以及社会的经济基础和文化基础出发，以实际行动和躬行实验为实施手段。雷沛鸿的从实际出发的方法论，不仅体现在其教育论著里，而且贯穿于整个办学实践中，体现了他的科学治教态度。事实证明，他提出的颇具广西特色的国民教育改革方案和措施，是符合广西实际的教育本土化道路。

第二，普遍联系的唯物辩证法观点。雷沛鸿认为，教育作为一种社会现象不是孤立存在的，而是与社会其他方面相互依存、相互作用和相互制约的。他善于运用生产力和生产关系、经济基础和上层建筑、阶级与国家等基本原理来审察教育现象，从教育的内在本质来分析和解决问题，而不是以表面的、孤立的现象来判断。他根据中国国情与广西的社会基础和文化基础来设计教育制度，使教育与政治、经济、文化形成有机整体，使教育改造与社

① 雷沛鸿."实事求是"的再估价 [M]// 韦善美，马清和.雷沛鸿文集：下册.南宁：广西教育出版社，1990：516.

② 毛泽东.毛泽东选集：合订本 [M].北京：人民出版社，1969：759.

会改造密切结合。雷沛鸿借鉴、考察、研究和总结外国教育的成功经验也是同中国的整个国情，同社会、经济、政治和文化背景及当时的救亡、救穷、救愚的需要相结合，以使之符合中国的教育实际，达到改进本国教育、推进民族教育体系构建的目的。雷沛鸿在办学实践中，坚持运用历史发展的观点来考察和分析事物，注意把教育现状与其历史联系起来放到社会发展的一定历史阶段来判断。他认为，教育变革与社会变革的辩证关系是：教育运行必随社会的大变动而进展，社会大变动必随社会智力的发展而促进，而取得成功。[①]研究事物必须采用动的观察法，观察事物的相互关系及其活动规律。[②]他的这个认识反映了教育运动的发展规律，符合马克思主义唯物辩证法的发展观。正是通过发展的观察法，雷沛鸿始终能够处在一种比较高的境界，高瞻远瞩地把握世界教育发展的趋势，对中国教育的发展态势和基本模式提出了科学、适当的见解，并从理论和实践上全面展开了民族教育体系的构建。雷沛鸿能在前人创造的理论基础上有所发明，有所创见，有赖于其渊博学识和科学方法的结合。[③]这也显示出雷沛鸿的办学思路是活的而不是僵化机械的，是符合中国社会实际需要的。

第三，理论与实践相结合的唯物主义认识论。雷沛鸿不仅是一位教育理论家，而且是一位教育实践家。把教育理论探索与教育实践创新有机结合起来，也是雷沛鸿办学实践的一个显著特点。他的办学实践充分运用了辩证唯物主义认识论，一面由教育实践探究教育理论，一面用教育理论指导教育实践，以谋教育理论与教育实践的统一。[④]雷沛鸿教育改造的理想与理论都是以客观事实为章本，一切从实际问题出发，以实际行动、躬行实验为手段去实现自己的教育主张。为此，雷沛鸿创立了广西普及国民基础教育研究院，专门从事普及国民基础教育理论与实践研究，指导、促进普及国民基础教育实践。1940年，雷沛鸿创办广西教育研究所，领导教育科研活动。研究所设立

① 雷沛鸿.十五年前许下的一个心愿[M]//韦善美,马清和.雷沛鸿文集:下册.南宁:广西教育出版社,1990:135.
② 雷沛鸿.国民基础教育运动下的互教与共学问题[M]//韦善美,马清和.雷沛鸿文集:下册.南宁:广西教育出版社,1990:147.
③ 戴本博.教育家雷沛鸿的治学之道[M]//广西雷沛鸿教育思想研究会.雷沛鸿教育思想研究文集:2.南宁:广西教育出版社,1995:416.
④ 雷沛鸿.《国民中学教育丛书》序[M]//韦善美,马清和.雷沛鸿文集:下册.南宁:广西教育出版社,1990:435.

国民中学教育研究室，还举办文史地教学研究班、中学数理化教职员训练班和国民中学教育研究班，并成立乡镇教育研究会、县教育研究会，要求教育研究会定期开会，以讨论各种教育问题。雷沛鸿重视通过开展各种教育科研活动，以科学的教育理论指导教育实践，这种科学态度是难能可贵的。

2. 雷沛鸿办学实践的社会文化学基础

从思想根源来看，雷沛鸿吸取了西方"天赋人权"的哲学思想和中国古代"有教无类"的教育主张，形成了自己独特的民族主义教育观念。他所倡导的广西普及国民基础教育运动，其根源一方面在于中国的传统教育思想，另一方面在于欧洲18世纪的哲学思想①。雷沛鸿推崇启蒙思想家、哲学家卢梭在《民约论》中提出的"天赋人权"，认为这种天赋的人权，在18世纪所追求的是生命权、自由权及幸福感，而现在则还应该包括享受教育的权利。因为教育是每个人与生俱来的权利，也是自然权利的一部分。它应"与生命权利、自由权利、做工权利齐观""凡人无论怎样贫穷，此类权利均不任受褫夺"②。雷沛鸿对教育的观察，从来不是简单地从教育看教育，而是透过社会看教育。他特别注意到社会的改造、政治的变革、民族的振兴、人生的权利都同教育有着密不可分的联系。正是有了这样的认识，他才提出："在国民基础教育运动之下，不论男女老幼、不分贫富贵贱，都一视同仁。我们不但使教育为大众而办，而且要使教育为大众共有共享。"③

教育发展受一定社会文化传统的影响。文化传统不同，社会基础不同，教育发展也呈现出不同的趋势和特点。中国传统文化对中国的教育影响是很深远的。雷沛鸿所提出的教育构想也充分考虑到了中国传统文化和社会基础。雷沛鸿认为，中国文化是注重人与人之间的社会关系的人本文化，伦理观念发达。他在《本院研究实验工作计划总纲并说明书》中要求，研究实验工作应注意人口问题、土地问题、农村问题、都市问题、家庭问题等多种问题，因为这些问题都会对国民教育科学研究产生影响。从社会学角度出发，雷沛鸿主张社会本位的教育功能观，认为要进行国民教育科学研究离不开社

① 雷沛鸿.国民基础教育的产生 [M]// 韦善美，马清和.雷沛鸿文集：下册.南宁：广西教育出版社，1990：231.
② 雷沛鸿.大众教育的一个呼吁 [M]// 韦善美，马清和.雷沛鸿文集：上册.南宁：广西教育出版社，1989：13.
③ 同①232.

会的政治、经济、文化等诸多方面。他说："一般教育者将教育与政治分家、与经济分家，何尝不是最大的错误，更可以证明一般教育者离开社会基础的错误。"①他认为，普及教育运动不能头痛医头，脚痛医脚，必须实行两种策划：社会策划和教育策划。所谓社会策划，就是有条理、有秩序、有步骤的建设，使社会的各部门都能均衡地发展，成为完全健康的社会，并且能按照一定的时间建设新社会秩序。这是最科学的方法，而且是最好的改造社会的方法。

雷沛鸿在吸取西方的"天赋人权"思想和中国古代"有教无类"的教育主张基础上，形成和提出了"教育权利人人平等""教育为大众共有共享"的思想主张，并以此作为自己教育理论的核心与办学实践的思想基础。

3.雷沛鸿办学实践的心理学基础

心理学是教育实践的理论基础，心理学与教育科学相互渗透、相互影响。心理学为教育理论提供科学依据。雷沛鸿虽然不是心理学家，但很重视教育的心理学基础，注重从心理的角度探究教育学术的科学方法。

雷沛鸿的办学实践首先是要寻找并确立科学的社会及心理基础。在心理基础方面他运用种族心理学，以推究中华民族的民族特性；运用社会心理学，以考察我国的社会习惯及国人的爱国心；运用成人心理学，以考求我国成年民众的学习能力、读书习惯及兴趣。他还通过仔细观察进一步把上述三个方面分解成许多问题来分析：在种族心理方面，有中国伦理研究、中国礼制研究、中国民俗研究、中国神话及宗教研究、中国民族及童谣研究、中国语言文学研究、中国饮食研究、中国婚嫁研究、中国社会习惯研究、中国民族特性研究等方面；在社会心理方面，有农民阶级、工人阶级、商人阶级的心理研究，产业社会的心理研究，民治社会的心理研究，爱国心的研究等方面；在成人心理方面，有成人智慧测验、文盲智慧测验、成人读书习惯及兴趣研究、字的横读及直读的比较研究、儿童及成人的学习能力的比较研究等方面。

从心理学角度出发，他建立了适合儿童年龄特征的学制，即国民教育体系，又制订了学校的教学内容及课程安排，同时考虑到儿童心理与成人心理

---

① 雷沛鸿.广西普及国民基础教育法案导论[M]//陈友松.雷沛鸿教育论著选.北京：人民教育出版社，1992：40.

的区别，区分了儿童教育与成人教育。雷沛鸿十分重视调动学生的主动性，强调教师对学生的引导作用。他认为，每一个学习者以至每一个民众都是生命的有机体，教育只能对他们加以启发和辅导，促进他们的发展和成长，以达到至真、至善、至美的境界。①教育是生长，不是通过拟定许多条文规定去束缚和强制学生要这样做、不要那样做，只有在学习者个人自觉求进的状态下，通过学习者内发的自觉、自动、自治的努力，通过教育者有意识、有方法的向导，教育才能成功。②雷沛鸿主张，教师在学生的印象中，不应该是高高在上的主宰者，而应该是其生活中的亲密朋友。学校应创造出一种"和谐、信任、亲密"的环境。雷沛鸿关心爱护学生，学生们也把他当作知心朋友，师生之间亲密无间。这种和谐的教育环境，更有利于学生身心的全面发展。在这种环境下，教育方法就能得到很好的运用。可见，雷沛鸿科学的教育方法是建立在心理发展规律基础之上的，并在实践中身体力行。

4. 雷沛鸿办学实践的教育学基础

雷沛鸿留学哈佛大学时，主修政治学，辅修教育学，有比较系统的教育基本理论知识基础。在长期的办学实践中，他还积极主动地探索和揭示了许多教育规律，形成了自己富有特色的教育思想，用以指导办学实践。从教育学的角度来看，雷沛鸿重视和正确把握教育基本原理，是他办学实践成功的基础之一。他非常重视教育与政治、社会、经济的关系，并系统地论述了教育与政治、教育与社会、教育与经济的关系，批判了"教育万能论"。他的教育观是建立在发展和联系的辩证法基础之上的，极力主张教育必须随时代的发展而进步，并且是不断地发展，不断地进步。因此，他总结出了教育的三个特性：一是生长性，二是普遍性，三是现代性。如前所述，雷沛鸿在教育学说方面有丰富的建树，他系统的教育思想观点直接支撑着他的办学实践。

正如他在《西江学院的世界文化基础》一文中所说："在教育的理论学习方面，我用了很多时间，研究近代世界成人教育运动，……并获得深切的

---

① 雷沛鸿.西江学院之教育实施方针[M]//韦善美，马清和.雷沛鸿文集：下册.南宁：广西教育出版社，1990：442.
② 雷沛鸿.对自己的学问与行动负责[M]//韦善美，马清和.雷沛鸿文集：下册.南宁：广西教育出版社，1990：490.

启示。"①雷沛鸿的教育思想从源头来看，既受中国传统的思想文化影响，又受18世纪以来西方革命哲学思潮以及世界成人教育运动等影响；从当时的社会大背景来看，在他的教育思想中，还体现出中国20世纪二三十年代风起云涌的民众教育运动中各种教育流派的互感互动。中外教育思想、文化的碰撞与交流，使雷沛鸿获得了灵感与启迪，形成了具有鲜明个性特征的民族教育理论，促使他在一个特定的历史条件下，为了中华民族的生存与发展开展了轰轰烈烈的民族教育体系构建。②

## 二、雷沛鸿的办学思想

雷沛鸿多次主政广西教育，又主持过多所高校的办学，有他自己独到的办学思想，这也是他能够成为"教育家办学"典范的重要思想基础。他的办学思想包括：教育为公，教育为民，教育与劳动相结合，教育学术服务办学实践，以法治教等。这些思想主张都是从当时中国的实际、广西的实际出发，在今天仍有可资借鉴的方面。

1. 教育为公

针对当时中国教育"为少数富人所独有"的不平等现实，雷沛鸿践行"教育为公"的办学宗旨，在长达数十年的办学实践中始终坚持一切从"为公"出发。比如，他在南宁农业专科学校的《教育公约》中就明确指出，学校以大公为立校精神，致力于学术为公、教育为公、天下为公。③他在创办西江学院时也提到"从教育史观察，教育原是为公"，学校的创办"并非为任何私人或少数人的利益"，西江学院的办学就是要由学术为公、教育为公做到天下为公。④雷沛鸿教育为公的办学思想是中华民族优秀传统文化中"天下

---

① 雷沛鸿.西江学院的世界文化基础 [M]// 韦善美, 潘启富.雷沛鸿文选.桂林: 广西师范大学出版社, 1998: 518-519.
② 吴桂就.雷沛鸿与民族教育体系 [M].桂林: 广西师范大学出版社, 2002: 82-123.
③ 雷沛鸿.私立南宁农业专科学校之教育旨趣 [M]// 韦善美, 马清和.雷沛鸿文集: 续编.南宁: 广西教育出版社, 1993: 486.
④ 雷沛鸿.西江学院是什么 [M]// 韦善美, 马清和.雷沛鸿文集: 下册.南宁: 广西教育出版社, 1990: 450-452.

为公"的思想和孙中山三民主义思想在教育事业上的具体发挥。

2. 教育为民

雷沛鸿始终把国家的前途命运和教育的大众化目标紧密结合起来，坚持以服务广大劳动人民为教育目的。从他数十年办学生涯中我们不难看出，"国"与"民"在他心目中占有至高无上的地位。针对当时的陈腐观念和教育的畸形发展，他特别重视民众教育和成人教育，他所指的民众教育对象主要是不能接受学校教育的劳苦大众。对于民众教育，他曾这样论述："现代的国家，无论君主政体的国家也好，民主政体的国家也好，无不着重于民众运动。而这种民众运动，现已居然成为一种教育，即是通常所说的民众教育。"①雷沛鸿还认为，教育的本性在社会，教育应该属于社会，教育应有社会基础。要凭借教育的力量，把社会群众合铸成一个"群人"。这"群人"就是中国人，其中大多数还是劳苦大众。国民当中，读书人是少数，教育只是少数阶级的专利品，而占最大多数的、不读书的农工商的民众却无缘教育。他深刻体会到，教育只有朝着"毋忘老百姓"的目标去努力，才能有深广的社会基础。教育必须普及于全体民众，教育事业不应该成为政治上的装饰品和经济上的奢侈品，它应成为人类社会共有的一件平凡事业。②教育不能成为少数阶级的特殊利益，贫困的人要受教育，老人要受教育，女子要受教育，一切人都要平等享受教育。③

在当时，雷沛鸿看到，中国旧教育的一个弊端和致命伤就是与民众生活相背离，这也是他在改造教育上的一个着力点。他办学的最大贡献，就是试图直接为民众解决"贫"和"愚"的问题。他把各级各类教育的改造与民众的生产、生活紧密联系起来，大力发展国民基础教育、国民中学教育、国民大学教育，主要目的在于使教育植根于广大劳苦大众的生活。雷沛鸿的办学实践正是在这种教育大众化办学思想指导下取得成功的。

---

① 雷沛鸿.国民基础教育与军事政治建设的关系[M]//韦善美，马清和.雷沛鸿文集：续编.南宁：广西教育出版社，1993：215.

② 雷沛鸿.中国教育之新要求[M]//韦善美，马清和.雷沛鸿文集：上册.南宁：广西教育出版社，1989：9，12.

③ 雷沛鸿.广西国民基础教育运动的时代使命[M]//韦善美，马清和.雷沛鸿文集：下册.南宁：广西教育出版社，1990：4.

3. 教育与劳动相结合

雷沛鸿在国外留学时所接受的工读主义教育思想，对他的教育与生产劳动相结合的办学思想影响很深。他在办学实践中，推行知识分子与工农相结合、教学与生产劳动相结合的教育方法，培养了实业发展所需要的技术人才。在西江学院、南宁农业专科学校、广西普及国民基础教育研究院都贯穿了教育与生产劳动相结合的思想原则。他奉行"生活即教育"的理念，将"教育与生活打成一片"。①他在国民中学办学实践中，希望"生活即教育"的理想，"庶几不致落空，而可以逐一实现"。②他将"生活即教育"和"社会即学校"的理念渗透到西江学院的办学实践中，由"定式教育"而注意到"非定式教育"，倡导大学教育的扩张运动。③教育直接为发展个人的生活能力、生产能力服务的办学思想，在他建立的整个国民教育体系里都有体现。从基础教育、中等教育到高等教育，始终坚持教育与劳动相结合。他提出，要以"爱国教育为灵魂，以生产教育为骨干"来改造初等和中等教育。初等教育应"教到耕田的方法，做工的技术，以及经商的技能"，使民众有谋生手段；中等教育应为地方培养初级建设人才。学校培养的人都有一个爱国心和一副劳动生产的身手。学生从学校毕业就能够回到田园、回到工厂、回到商店中去，把知识运用于民众生产生活，促进当地经济发展。南宁农业专科学校坚持"生产是农业教育发展的先决条件"这一准则，以生产为施教方针，就地取材，开发物力，或以动物生产，或以植物生产，发展产业教育，建立产业化社会。④雷沛鸿这种教育与生产劳动相结合的办学思想、形式、内容及其成果非常切合中国国情，贴近广西实际，把教育办活了，把教育办在劳动人民之中。这样的办学方式与办学思想对当时广西教育乃至全中国的教育都是一项重大开拓，于今天的教育改革仍然有借鉴意义。

---

① 雷沛鸿. 广西普及国民基础教育法案导论 [M]// 韦善美，马清和. 雷沛鸿文集：下册. 南宁：广西教育出版社，1990：64.
② 雷沛鸿. 国民中学与学制改革 [M]// 韦善美，马清和. 雷沛鸿文集：下册. 南宁：广西教育出版社，1990：432.
③ 雷沛鸿. 西江学院之教育实施方针 [M]// 韦善美，马清和. 雷沛鸿文集：下册. 南宁：广西教育出版社，1990：443.
④ 雷沛鸿. 私立南宁农业专科学校之教育旨趣 [M]// 韦善美，马清和. 雷沛鸿文集：续编. 南宁：广西教育出版社，1993：486.

### 4.教育学术服务办学实践

雷沛鸿十分重视教育学术对办学实践的指导作用。他认为，教育行政不但是一种技术，而且是一门科学。不学无术，不足以改善生活，也不足以革新教育，更不足以改造社会。①教育的各种问题，既是处处和学术发生密切的关系，自然要从学术学理的根据上来找到解决办法。②所以，教育革新要依靠学术，以学术研究的结果来辅助教育行政和教育实施。③教育改革实施前的假设与理论，要依靠学术支撑；实施期间的实际行动，仍然需要学术的力量来推进。④对于学术的内涵，雷沛鸿有他独到的理解：所谓"学"，即"探讨切合于民众生活的学问"；所谓"术"，即"实验最经济的、最迅速的、最能持久和最富生长性的教育方法"⑤。

雷沛鸿以教育学术服务办学实践的方式主要有如下几种：一是亲力亲为地开展教育学术研究，创办教育研究与实验机构，先后参与了江苏省立教育学院北夏普及民众教育实验区（1932年）、广西普及国民基础教育研究院（1933年）、广西省立南宁科学集中实验所（1936年）、广西教育研究所（1940年）的筹办和领导工作。二是及时总结办学实践经验，著书立说，公开发表系列教育研究成果。三是鼓励和带领青年同行开展教育研究。1946年，西江学院举办第一期建设募捐活动，其用途之一是设立学术研究奖励基金，使有志青年学者在学术研究上获得道义、物质上的帮助，从而有所成就。⑥四是定期举办教育学术会议，促进学术交流。广西普及国民基础教育研究院每半年举办一次学术研讨会，数十次邀请国内教育名家到广西研讨办学中遇到的困难和问题，最后以建议的形式向省政府提出决策参考。五是广泛开展学术考察。雷沛鸿本人多次游学海外，进行学术访问，汲取新知识，取

---

① 雷沛鸿.序：为《西江学院附中高二、三班同学录》而作 [M]// 韦善美，马清和.雷沛鸿文集：续编.南宁：广西教育出版社，1993：528.
② 雷沛鸿.广西中等教育的评价 [M]// 韦善美，马清和.雷沛鸿文集：上册.南宁：广西教育出版社，1990：181.
③ 雷沛鸿.广西普及国民基础教育法案导论 [M]// 韦善美，马清和.雷沛鸿文集：下册.南宁：广西教育出版社，1990：73.
④ 雷沛鸿.广西普及国民基础教育研究院之使命 [M]// 韦善美，马清和.雷沛鸿文集：下册.南宁：广西教育出版社，1990：140.
⑤ 同③.
⑥ 雷沛鸿.本院第一期建设募捐运动的教育意义 [M]// 韦善美，马清和.雷沛鸿文集：续编.南宁：广西教育出版社，1993：514.

长补短。

5. 以法治教的思想

雷沛鸿认为，教育事业涉及社会的各个领域，任务十分艰巨。为了使教育改革的方案得以顺利实施，必须利用法律的手段进行管理，以法治教。雷沛鸿认为，教育需要三种进步形式：定式化、组织化、制度化。定式化可以避免杂乱无章；组织化使传递的文化有系统性、变动性和创造性；制度化有永久性。[①]通过立法，一方面可以使国民基础教育在广西全省范围迅速普及，另一方面可以使教育行政部门有法可依，避免过去因长官意志"东一榔锤，西一板斧"的管理弊病，还可以保护教育工作者的合法利益。他说："我只要专就制度着想，而审查其立法精神，以推究如何运用立法力量，藉以健全这一新型教育制度，同时，紧随健全制度之后，复以推究如何影响及推进中等教育改造运动。"[②]雷沛鸿认为，立法与教育关系密切，互为表里，又相互协助。但教育立法也要讲究技巧，切忌太烦琐，力求简明易行，与时俱进。[③]雷沛鸿把教育立法作为办学的主要依据和手段，并通过广西省政府严令各级政府切实贯彻执行。他依靠教育立法，推动了普及国民基础教育运动和各项教育事业的发展，同时也集合了广大民众的力量参与社会改造和实践，共同致力于新社会的建设。

雷沛鸿在每次重大教育创制或教育改造过程中都把教育立法工作摆到极为重要的位置，认真制定有关教育方案和法规并形成制度，作为办学实践的政策性依据。他通过教育计划方案的制订和教育立法工作，力图运用立法的力量来建立和健全新型的教育制度。普及国民基础教育运动和其他各项教育改革之所以能够在广西发起并顺利推广，与雷沛鸿事前的周详设计和切实可行的教育立法措施是分不开的。

---

① 雷沛鸿.民族教育基本问题[M]//韦善美，马清和.雷沛鸿文集：续编.南宁：广西教育出版社，1993：194.

② 雷沛鸿.国民中学新立法论释[M]//韦善美，马清和.雷沛鸿文集：续编.南宁：广西教育出版社，1993：431–432.

③ 雷沛鸿.参加国民参政会的经验谈[M]//韦善美，马清和.雷沛鸿文集：续编.南宁：广西教育出版社，1993：83.

## 三、雷沛鸿办学思想与办学实践的互动

1. 雷沛鸿办学思想与其办学实践的关系

办学思想与办学实践有着密不可分的联系。雷沛鸿不仅是一位很有魄力的教育实践家，而且是一位很出色的教育思想家。始终把教育规律探索与办学实践创新有机结合，既是雷沛鸿办学实践的显著特点，又是他办学实践取得成功的重要原因。

雷沛鸿十分重视教育理论的研究与探讨，始终坚持"一面由实践探究理论，一面用理论指导实践，以谋理论与实践统一"①。他在办学实践中碰到的许多重大问题，从办学方针、组织方案的创制，到师资培训方案、教科书编写、教育措施和教学方法的选择等，都是经过深入的理论研究和实验探索而得到解决的。他以教育学术研究成果作为辅助办学实践的依据，适应社会实际需要，建立起具有科学性和地方性的国民教育体系。在教育研究与决策过程中，雷沛鸿非常重视调查研究和实验研究，认为"教育科学的生命在于教育实验""要一切经过试验""由试验而推广是每种新事业必经的道路"②。雷沛鸿正是通过教育的理论探索与实践创新相互结合、相互促进，才得以站在理性的高度来构建民族教育体系、推进国民教育运动。

2. 雷沛鸿办学思想与其办学实践的演进

如前所述，雷沛鸿的办学实践大体经历了三个阶段：1912—1933年为初探性实践阶段，1933—1940年为开拓性实践阶段，1940—1952年为跃升性实践阶段。他的办学思想也大体经历了萌芽吸收、整理内化、实践创新和总结提高四个阶段。这个演进过程是他不断把国外教育经验与当时中国社会背景和教育实际紧密结合的过程，也是他自身由一个旧式教育者成长为一个新式教育家的过程。

---

① 雷沛鸿.《国民中学教育丛书》序[M]//韦善美，马清和.雷沛鸿文集：下册.南宁：广西教育出版社，1990：435.

② 雷沛鸿.广西普及国民基础教育法案导论[M]//韦善美，马清和.雷沛鸿文集：下册.南宁：广西教育出版社，1990：72.

雷沛鸿在留学回国投身教育事业之前近十年的学习与探索，是他的教育思想萌芽吸收阶段。在留学生涯中接触的工读主义以及关于教育普及、成人教育、教育的社会功能的思想学说，直接影响了他"教育为公"的民众教育思想。在初探性办学实践阶段，雷沛鸿投身家乡教育事业。他虽然在丰富多样的教育活动中表现出了很高的工作热情，但他"教育为公"的愿望与主张未能得以很好实践。虽然改革、整顿中国教育的愿望与思想十分明确，但应当如何实施，还需要进一步的反思和认识。在这个阶段，他开始对从国外学到的知识和经验进行反思、消化，并结合中国的国情调整自己的认识。1927—1929年，雷沛鸿赴瑞士、瑞典、挪威、丹麦、英国、法国、德国、意大利等国游学，考察学习之后，深刻反思自己留学归来要为家乡教育事业服务然而没有建树等问题，开始萌发教育的大众化、本土化的思想。他认为，教育大众化是改造社会和改造个人的重要武器。教育改造的理论必须以客观事实为依据，它既来源于实际问题，又以实际行动和具体实践来体现。为此，雷沛鸿一贯坚持在实践中探索理论，用先进的理论指导实践，真正做到了理论与实践的高度统一。这表明了他对中国教育与社会现实的再认识。在此基础上，他调整自己的实践路线，为日后践行的教育大众化、中国化做了思想上的武装与准备，实现了他的教育思想的一次飞跃。

1930年前后是雷沛鸿学术创造的高峰期，也是他借鉴、消化、整理、应用外国教育思想和实践经验的重要时期。在这个阶段，雷沛鸿进行了教育理论提升与办学实践探索的区域转移。他利用苏沪地区相对稳定的环境，积极开展教育学术探究，涉及成人教育、民众教育、欧洲教育。他还考察、记录、整理、研究现代世界教育发展动态和民族教育，并对中国教育现状进行反思。其主要活动有：①整理欧洲教育考察成果，在成人教育实践中进行成人比较教育研究。他在授课的同时，于1931年8月参加当时教育界著名刊物《教育杂志》组织的"成人教育研究专号"征文活动，发表《"远瞩未来"——成人教育的一个现代理论》《瑞典成人教育概观》《北欧成人教育者轲勒》等系列学术论文，后来又结集出版了《成人教育研究论丛》，这些著作反映了雷沛鸿在中国比较教育研究和成人教育研究中的地位。1930年，为纠正当时中国新式教育盲目抄袭外国教育制度的偏狭和失误，开阔教育的国际视野，《教育杂志》发起了"现代世界教育专号"征文活动。专号分上、下两集，上集首篇便是雷沛鸿的《欧美最近教育进步综观》，下集收录了雷沛鸿的《德国教育的新趋势》和《瑞典教育制度概观》。雷沛鸿关于现代世界教育的研究站在了当时世界教育发展的潮头，他关注当时各国教育的走势，并能够结合中国实际情况加以甄别、吸收，把中国教育改革置于世界潮流之中。②整理教育考察收获，深化对教育改造国家和社会功能的认识。他在《北欧的先觉者格龙维——庶民高等学校的父亲》一文中十分赞赏丹麦的教育改革，认为它"给我们一种无穷希望；就是教育的能事足以改造社会，又足以改造国家"①。③开展民族教育的理论研究与实践。雷沛鸿的这些研究与其日后在广西大规模地进行教育改造有着密切的联系，并产生了深刻的影响。

1933—1940年是雷沛鸿进行开拓性办学实践阶段，也是他的办学思想的实践检验阶段。雷沛鸿利用担任教育厅厅长的三年时间，在广西全省范围内大力推行普及国民基础教育运动。同时，他也大力施展其教育才华，形成了自己独特的国民教育理论体系，得到了国民政府教育部及省外同行的认可。他根据当时广西的客观环境和地方建设的需要，敢于冲破以升学为唯一目的的"三三制"一统天下局面，创设国民中学制度，继承、创造民族文化，储备基层组织及其他建设人员，探索了他的国民教育理论体系的第二个层次——国民中学教育。他以教育学术研究来指导和推动教育实践，创建了广西普及国民基础教育研究院和广西教育研究所，办学实践与办学思想都有了新的开拓，实现了教育理论创新和教育实践创新的双丰收。

1940—1952年是雷沛鸿办学实践的跃升阶段，也是他办学思想的总结提高阶段。他在办学实践上继续探索完整的民族教育体系，并大力发展国民高等教育，完善高等教育理论学说。在日寇侵犯了大半个广西的严峻形势下，雷沛鸿仍然不忘教育改革，发动桂西各县和各界人士捐资兴学，创办了西江学院，为发展西江流域的文化教育事业做出了重要贡献。

在三十多年的办学历程中，雷沛鸿的办学实践与教育理论探索相互衔接、相互促进。从中我们可以看出，他的办学思想的形成和发展，同他的办学实践和社会实践密切融合，并同他所处的时代特别是广西的社会发展紧密联系在一起，是他以教育家的智慧高瞻远瞩地改造旧教育，创建适合中国国

---

① 雷沛鸿.北欧的先觉者格龙维：庶民高等学校的父亲 [M]// 韦善美，马清和.雷沛鸿文集：上册.南宁：广西教育出版社，1989：280.

情、适合人民需要的民族教育体系的成果。雷沛鸿办学思想的发展与办学实践的推进时间跨度长达三十多年，为我们树起了一个理论结合实际的典范。

# 第四节　雷沛鸿办学的个人修养

## 一、丰富的人生历练与高尚的人格风范

在那个动荡不安的时代，雷沛鸿一生际遇不凡，一路坎坷。他从倾向维新改良到信仰三民主义，又从参加政治革命斗争转向献身教育与文化建设事业。虽然他的工作岗位几经更迭，但始终没有离开教育战线。雷沛鸿曲折而又出彩的人生经历是他终身从事的教育事业的写照。他正是在这样一个过程中逐步成长为一位学养深厚、品格高尚的教育家。

1. "国" "民" 至上的时代使命感和事业责任心

雷沛鸿出生于一个工商业者家庭，从小就有良好的家庭教育熏陶，聪颖早慧，博览群书，14岁就参加府试中了秀才，身负家庭厚望。受时代潮流感召，雷沛鸿年少之时即已显露出超凡的见识。他接受了康有为、梁启超的变法维新思想，关心国家的前途命运和民众的生活疾苦。为挽救危亡不振的国家和民族，他积极探寻救国救民的道路。1904年，雷沛鸿只身到广州求学，广泛涉猎国内外的进步书刊，了解西方资产阶级民主革命的理论。1906年加入中国同盟会。1910年加入广州新军起义，参加了推翻清王朝的革命斗争，决意"敢于冒万险，排万难，为人群争自由平等，为人民争人权，为民众开辟生活大道"[①]。起义失败后，雷沛鸿于同年4月到桂平浔郡中学堂教书，年底又回到广州为黄花岗起义做准备工作。1912年，任左江师范监督南宁中学校长，在津头村办"新屋小学"。辛亥革命虽然在形式上推翻了封建专制政体，建立了民主共和国，但社会结构依旧如故，政治黑暗，官场腐败，军阀

---

① 雷沛鸿.西江学院的世界文化基础 [M]//韦善美，马清和.雷沛鸿文集：下册.南宁：广西教育出版社，1990：476.

混战，国民愚昧麻木。这促使雷沛鸿对国家和民族的命运进行深刻的反思。于是，雷沛鸿把目光投向西方，出国求学，试图在深层次上寻求改造中国社会和国民精神的良方。1913年，雷沛鸿考取留英公费生资格，进入英国克里福学校学习英文，开始了欧美留学生活。1914年转美国游学工读，先后获美国欧柏林大学学士学位和哈佛大学硕士学位。

雷沛鸿在海外近十年的留学、游学期间，系统学习了西方主要资本主义国家的历史、政治、哲学、法学、教育等方面的知识，研究了西方资本主义国家的历史、人文、社会和法制。同时，他"深感今后革命建国，必须多方用力，而教育为建国之根本要图，个人甚欲在教育方面，为此一代、后一代，后数代国民身心之发展而尽其绵（原文为'棉'）力"[1]。为此，他立志"为国人作前锋，以求基础教育之普及"，为教育事业献身。在数十年的办学实践中，雷沛鸿始终以民族教育大众化为己任，"国"与"民"在他心目中占有至高无上的地位。他把教育当作人类社会所共有的平凡事业，普及于全体民众。他认为，无论贫富，无论男女，无论老少，人人都要受教育。[2]可见，爱国爱民是雷沛鸿最可贵的人格品质，也是他办学实践的目标追求。

2. "知""行"合一的治学态度和工作作风

从雷沛鸿治学治教的风格我们可以看到，他既是一位学识渊博、中西贯通、以教育专业理论知识见长的学者，又是一位擅长管理、扎根民众、把理论与实践有机结合的教育实践家。这种知行合一的治学治教态度和品质是雷沛鸿成为教育家办学典范的重要"基因"。

雷沛鸿的办学实践都是历尽艰险、克服重重困难才有所成的。他的那种百折不挠、忠诚于民族教育事业的实干精神是他办学实践成功的重要内因之一。身处物质资源和人才匮乏、战火纷飞的环境，他认定越是困难越不能放弃教育，义无反顾地献身于教育事业。许多事实充分体现了他的实干精神和勤勉作风。例如，西江学院筹创期间，正是抗日战争的关键时期，广西三分之一沦陷，筹建工作几经转移。雷沛鸿利用战争的间隙在不断转移中继续开展工作，办学环境的艰难困苦是不言而喻的。1992年冬，广西为纪念雷沛

---

[1] 雷沛鸿.我的自白 [M]// 韦善美，马清和.雷沛鸿文集：上册.南宁：广西教育出版社，1989：6.

[2] 雷沛鸿.广西国民基础教育运动的时代使命 [M]// 韦善美，马清和.雷沛鸿文集：下册.南宁：广西教育出版社，1990：4.

鸿组织拍摄系列电视剧《教育家雷沛鸿》。摄制组在地处云贵高原的广西偏远地区西林县山区定安小镇遇到六十多岁的饭店老板岑先生,他激动地向摄制组回忆说:"雷沛鸿老厅长,我见过!""当时我还是个小学生,雷厅长来到板桃村演讲,是骑马来的。几千人团聚听他讲话……"从南宁到西林有一千多里路程,坐汽车都得花整整两天工夫,可雷沛鸿在当年却能骑着马来到这深山老林,为普及国民教育而奔波,这是一种多么崇高的献身精神!历史是一面镜子,雷沛鸿正是这样一个热爱祖国、热爱人民的"平凡人",他忘我地做着益人益世的事业,是一个总能使人敬又使人爱的教育家,他的光辉业绩将永载史册!

3."情""义"至深的处世态度和人际准则

雷沛鸿坚守中国优秀传统文化中与人为善的人际关系准则,这为他的办学实践增添了亲和力和凝聚力。他一贯敬佩蔡元培的道德、学问、事业,对蔡元培伟大人格和所倡导的公民道德建设十分推崇。1942年3月,雷沛鸿在《文化杂志》第2卷第1号上发表纪念蔡元培逝世两周年的文章《让我们学习蔡先生的"学"与"教"》,表达了他对蔡元培伟大精神的崇敬,表达了他对教育者应有品格的看法。他认为"蔡先生兼收众长,不惟得因时器使之道,而且因中国人才固无多,苟其人人格学问卓绝一时,更不宜受别人多所吹求,微瑕弃璧。徒以蔡先生能雅量待人,于是,群才群力咸集一堂,遂使中国学术,呈现出一时蓬蓬勃勃的精神","这种待人处事的态度,更值得我们学习"。雷沛鸿在办学实践中十分注重以博厚宽大的态度对待学生和同仁,他的教育之道就是"变不善者为善,且变善者为更善","以人格感化人","以善去诱导人,去鼓励人",而不是"以不善猜疑人,防范人,压迫人"。

雷沛鸿一生以俭朴、助人为怀,为官多年,身无长物。他无论是担任教育厅厅长、广西普及国民基础教育研究院院长、国立广西大学校长,还是担任广西教育研究所所长、西江学院院长,都时常拿出自己的薪金接济贫困家庭的学生。雷沛鸿认为,人生在世,绝不因为他有什么头衔而令人起敬,只要他能做出益人益世的事业,哪怕他是一个工人、一个农民、一个商人或一个学者,也能使人敬爱。[①]这样发自内心的话语足以显出雷沛鸿纯朴的内心世

---

① 雷沛鸿."做世界"和"创世界"[M]//韦善美,马清和.雷沛鸿文集:续编.南宁:广西教育出版社,1993:28.

界。作为一位有远见卓识的教育家，雷沛鸿不仅有严谨的学术态度，而且有务实勤勉的工作作风，为他的办学实践奠定了基础。

# 二、中西融合的知识结构与"学""术"兼修的管理艺术

继承和总结前人的思想成果是形成新的思想观点的必要条件，而如何吸收前人的思想财富又取决于一个人的知识结构和心理素质。雷沛鸿作为中国近现代新式教育环境下成长起来的新一代知识分子，他的办学思想中既渗透着中国古代"有教无类"的传统思想和近代资产阶级的改良思想，又吸收了西方资产阶级"天赋人权"的思想，可谓荟萃古今、兼容中西。其知识来源主要有三个渠道：一是少年时代在延师教读的家塾里和学馆中学习中国传统的经史之学和传统文化；二是求学广州及游学欧美期间对西方资本主义科学文化知识的系统学习，以及后来多次对外国教育状况的考察；三是在实际参加民主革命斗争和办学实践中获得的有关中国社会特别是广西社会现实状况的知识经验。合理的知识结构和丰富的实践经历使雷沛鸿形成"学""术"兼备的教育管理艺术。

1. 优秀的中国传统文化和教育思想对雷沛鸿的影响

雷沛鸿从接受启蒙教育开始，就受到中国传统文化特别是儒家文化与教育思想的正面影响。他精通中国传统文化和教育思想，并以理性的批判精神加以继承和发扬。

第一，儒家"天下为公"的社会理想对雷沛鸿的影响。"天下为公"出自西汉戴圣《礼记·礼运篇》："大道之行也，天下为公，选贤与能，讲信修睦。故人不独亲其亲，不独子其子，使老有所终，壮有所用，幼有所长，鳏寡孤独废疾者皆有所养，男有分，女有归。货恶其弃于地也，不必藏于己；力恶其不出于身也，不必为己。是故谋闭而不兴，盗窃乱贼而不作，故外户而不闭。是谓大同。"自然，要实现这样的理想社会，不是一件容易的事，历代有识之士为之而前赴后继。雷沛鸿不满当时战乱频繁、盗贼横行、民不聊生的社会状况，深受孔子、孙中山及历代仁人志士的影响，他将

"天下为公"作为自己的教育理想和社会理想而不懈追求，决意"要由'教育为公'做到'学术为公'，由'教育为公''学术为公'做到'天下为公'"①。雷沛鸿之所以要把"教育为公"作为他教育理论和实践的核心思想，就是要力图在办学实践上实现"天下为公"的理想，构建一个符合中国国情的民族教育体系。显然，雷沛鸿在教育上的"三公"思想，构成了民族教育体系的理论基础，而这一思想基础恰恰源于儒家描绘的"大同世界"的宏伟蓝图。

第二，儒家"建国君民，教学为先"的重学兴教传统对雷沛鸿的影响。中国自古就有重学兴教的优良传统，雷沛鸿继承了古代"建国君民，教学为先"的思想，高度重视教育的社会功能，动员民众兴教办学，开启民智，振兴中华②。这也是雷沛鸿深刻认识教育的社会功能、教育宗旨的理论依据。他所追求的"教育为建国大业之根本要图"，直接源自儒家教育观。他认为："建国大业，在目前主要工作可分两大类：其一为国家建设，其二为地方建设。"结合当时国家民族贫弱、屡受外敌侵凌的社会形势，要复兴民族、建设现代化国家，就必须重视发展教育，提高民众的科学文化水平。"欲以革命创造政治、经济、道德、社会秩序于未来中国……亟须把革命和教育联想，而努力于教育民众"③，进而因地制宜地制定适合国情、民情的教育方针政策，提倡道德，推进以"救亡"和"救穷"为目的、以爱国教育和生产教育为主要内容的教育改造运动。

第三，儒家以人为本的道德伦理传统对雷沛鸿的影响。社会是以人为基本单元的结构体，人与人之间的伦理关系是维系社会结构的纽带。儒家思想强调道德伦理规范，对于整饬社会风气、维护国家稳定、推动社会发展具有重要意义。儒家以人为本的道德伦理观念是中国传统文化中的精华部分之一，雷沛鸿受其熏陶和影响至深，并将其渗透到他的教育理论和实践当中，成为他构建民族教育体系的一个思想基础。他认为，"中国的文化是'人'

---

① 雷沛鸿.开会词：在广西教育研究所、广西西江学院联合举行的春节联欢会上 [M]// 韦善美，马清和.雷沛鸿文集：下册.南宁：广西教育出版社，1990：448.

② 雷沛鸿.创设西江学院建议书[M]// 韦善美，马清和.雷沛鸿文集：下册.南宁：广西教育出版社，1990：437–438.

③ 雷沛鸿.辛亥革命与民众教育 [M]// 韦善美，马清和.雷沛鸿文集：上册.南宁：广西教育出版社，1989：33.

的文化，不是欧洲物质的文化。有此以'人'为中心的文化，就有以'人'为施教中心的教育。古代圣贤，都以仁义道德为施教基准，'仁'从二人，有两个人就发生伦理关系，伦理道德为仁。人者仁也，仁人爱物，这是中国文化所形成的哲理。因为想把中国文化发扬光大，就有国民基础教育的设施"①。举办国民基础教育就是要把中国文化发扬光大。雷沛鸿看到道德伦理的规范化和政治化，使得中国数千年来的无数士大夫无不恪守儒家的传统道德观念并为之而献身。他十分推崇儒家经典《大学》中提到的"大学之道在明明德，在亲民，在止于至善"的观点，希望通过教育来陶冶、净化人的德行，使民众自新，达到善的最高境界。雷沛鸿不仅是这样想的，也是这样做的。雷沛鸿还把"修身、齐家、治国、平天下"这贯穿人生历程的重大责任都寄托在教育上，把儒家的道德伦理传统贯穿于办学实践当中，使办学实践扎根于中国文化土壤。这无疑是他成为教育家办学典范的重要原因之一，在今天仍具有重要的现实意义。

第四，古代圣贤"有教无类"和"一视同仁"的教育伦理思想对雷沛鸿的影响。雷沛鸿在办学实践中，继承和发扬了孔子"有教无类"和韩愈"一视同仁"的教育伦理思想，并赋予其新的内涵。他认为，在普及国民基础教育运动之下，不论男女老幼，不分贫富贵贱，都应一视同仁。我们不但使教育为大众而办，而且要使教育为大众共有共享。②在这样的思想指导下，雷沛鸿主持制定的普及国民基础教育的一系列法规法案，在一定程度上保证了汉族与少数民族、贫者与富者、男子与女子、成人与儿童，都得到平等享受教育的权利。

雷沛鸿还继承并发扬了中国传统文化中"学而不厌、诲人不倦""化民成俗""循循善诱"等优良传统和教育思想，提出"学到老、学不了""互教共学"，提倡"善化"式的教育。他善于联系社会各种力量，将教育普及于一般劳苦大众，启发民众强烈的求知欲望，克服千百年来社会遗留的愚

---

① 雷沛鸿.国民基础教育的产生 [M]// 韦善美，马清和.雷沛鸿文集：下册.南宁：广西教育出版社，1990：233.

② 同①232–233.

昧<sup>①</sup>，养成人与人之间相互尊重、相互了解、相互信赖与相互依存的态度<sup>②</sup>。

总之，雷沛鸿作为我国近现代教育史上一位杰出的教育家，他的办学思想吸收和继承了中国优秀传统文化思想，在办学实践中善于将中国优秀传统文化和教育遗产加以传承和创新，不断将外国先进文化和教育经验与中国的实际相结合，实现了他由旧式教育家向新式教育家的飞跃<sup>③</sup>。

2. 西方的先进文化和教育思想对雷沛鸿的影响

雷沛鸿有长达近十年的海外游学经历和多次海外教育考察经历。他对外国文化和教育思想、实践经验有着独具慧眼的洞察力，进行过全面深入的研究。从时间上看，自古希腊、古罗马到近现代欧美各国的文化教育，他都有触及和思考；从地域上看，从欧洲的英、法、德等十余国，到美洲的美国、墨西哥，以及东南亚诸国，他都有研究与探索；从学科上看，他的研究涉及哲学、政治学、法学、经济学、社会学、文化学、历史学、心理学、教育学、伦理学等众多领域。西方先进文化和教育思想对雷沛鸿构建教育理论体系起到重要指导作用。雷沛鸿对西方文化教育进行冷静思考、辩证分析和正确选择，从中汲取了大量的优秀思想营养。

借鉴西方资产阶级"天赋人权"的思想，雷沛鸿提出了"教育权利人人平等""教育为民众所共享"的教育主张，并将它作为自己办学实践的指导思想。"天赋人权"是西方资产阶级革命的重要思想武器之一。雷沛鸿把这一理论引入教育。他认为，教育"是凡人生下便有的权利，也是自然权利的一部分"，人生下来即有享受教育的权利，人无论怎样贫穷，这类权利都不应受到剥夺。基于这样的认识，他不仅承认人有受教育权，而且承认受教育是做人最基本的权利，实现社会平等必须从教育大众化做起。雷沛鸿所推行的普及国民基础教育运动提倡，不论男女老幼，不分贫富贵贱，都应一视同仁，都有享受教育的权利。

雷沛鸿在"教育权利人人平等"的认识基础上形成的教育大众化思想，也深受欧洲成人教育思想及办学实践的影响。他吸收了丹麦教育家格龙

① 雷沛鸿.西江学院的世界文化基础：西江学院创设史的一章[M]//韦善美，马清和.雷沛鸿文集：下册.南宁：广西教育出版社，1990：480.
② 雷沛鸿.寒假赠言[M]//韦善美，马清和.雷沛鸿文集：下册.南宁：广西教育出版社，1990：498.
③ 曹又文.雷沛鸿教育思想的演进[J].广西师范大学学报（哲学社会科学版），1993：29（2）：45.

维、英国教育家和勒殿的成人教育思想，学习了美国教育家杜威"学校即社会""教育即生活""做中学"的教育理论，借鉴了瑞典成人教育大众运动、丹麦公共讲演和图书馆运动、英国共学会运动的做法。雷沛鸿从世界各国革命史、教育史的经验中认识教育与社会的关系，认为任一时代中任一种教育运动都是因为人们不满于现行社会秩序，而探索各种改造的新途径。所以，他致力于以改造教育来改造社会，使教育改造与社会改造相辅相成。

值得一提的是，雷沛鸿对外国经验不是盲目抄袭，而是兼采众长而集大成。从纷乱的外观中发现真相，创造适合国情的教育制度①。他身体力行，深入社会调查，从本国、本地区的实际出发，在"内化"与"本土化"上下功夫，为中国教育的"本土化""中国化"做了大量的工作，做出了积极贡献。他强调："我要以'到民间去'来替代'到外国去'而求出整个教育的政策；又要以'在本国调查'替代'往外国考察'而搜求思考材料。更要以'到田间去，到市井中去，到工肆中去'替代'到欧洲去，到美洲去，或到日本去'，而作设计研究。"②正如他所说："国民基础教育不单是一种教育事业，也不仅是一种教育制度；我们是把它当作一种运动来看待。它本身有力量，并联合社会各种力量，而造成一种伟大的运动。这种运动，在历史上有它的来源，有它的哲理根据，一方面导源于中国的教育思想，另一方面则导源于欧洲18世纪的哲学思想。"③事实上，作为一位具有强烈爱国心和开拓进取精神的教育家，雷沛鸿正是从中外教育思想文化的碰撞与交流中获得了启迪，形成了特色鲜明的教育理论体系和办学实践体系。

3. 雷沛鸿"学""术"兼修的教育管理艺术

在雷沛鸿看来，教育管理既是一种技术，又是一门科学。在推行教育改革之前，他首先是从学术、学理上做探索，再以学术研究结果辅助教育行政，达到教育行政管理的学术化。从前文所述的雷沛鸿办学实践中，我们可以看到他的办学方法与策略以及他在教育管理方面的艺术和素养。在他看

---

① 雷沛鸿.德国教育的新趋势 [M]// 韦善美，马清和.雷沛鸿文集：上册.南宁：广西教育出版社，1989：223.

② 雷沛鸿.广西普及国民基础教育法案导论 [M]// 韦善美，马清和.雷沛鸿文集：下册.南宁：广西教育出版社，1990：70–71.

③ 雷沛鸿.国民基础教育的产生 [M]// 韦善美，马清和.雷沛鸿文集：下册.南宁：广西教育出版社，1990：231.

来，所谓"学"就是探讨切合于民众生活的学问，"术"就是运用最经济、最迅速、最能持久和最富生长性的教育方法。[①]作为一省教育行政管理者，雷沛鸿所推行的每一项教育改革总是建立在严谨的教育学术研究基础之上，以客观事实为依据，做到理论与实践的统一。同时，他运用科学的教育方法开展实事求是的实践，求取科学真理，而不是仅靠公文去发挥教育行政的力量。所以，雷沛鸿在普及国民基础教育运动中，建立了兼具学术和教育使命的普及国民基础教育研究院实验中心区。他对办学实践中理论与实践相结合的重视，使他的教育管理艺术达到了近乎"道"的境界。

管理艺术和策略是雷沛鸿办学实践得以成功的重要原因。雷沛鸿所实践的国民教育是一项庞大而艰巨的社会事业，其理论体系纵横一体。纵向上贯穿基础教育、中等教育和高等教育各个层次，横向上使学校教育与社会教育、家庭教育、成人教育各种类别相互贯通。为协调好国民教育内部与外部的各种复杂关系，雷沛鸿坚持有效性原则，使教育的组织与管理尽可能简便易行，求得实施效果。他根据广西教育的社会基础和教育自身的发展需要，在组织上以学校为中心来办理各种教育和社会事务，使整个社会的政治、经济、文化、军事等部门打成一片。

为了消除中国落后的根源，即"愚"和"穷"，实现教育大众化，雷沛鸿在教育管理过程中讲求效率和方法，"用最省的物力，最省的财力，最省的人力和最省的时力，达到最大的效果。这就是通常所谓经济的原则，或经济的效率"[②]。但是，要提高教育管理有效性，必须从组织上用功，讲求方法和计划。"组织的成功，必须肯用力，肯用功，而且要有方法有计划地用力用功。"[③]所谓"肯"就是有坚强的意志和积极的态度，属于个性的动力系统；正确的计划和方法则属于能力系统。二者有机结合就可以发挥组织的最佳功能，并提高教育管理的效率。雷沛鸿从当时当地的实际出发，因地、因时制宜地对教育资源进行有效组织，提高教育资源的经济效率。在推进国民教育的组织与管理中，他"特别重视方法问题。那是要说，我们应该发动

---

① 雷沛鸿.广西普及国民基础教育法案导论 [M]// 韦善美，马清和.雷沛鸿文集：下册.南宁：广西教育出版社，1990：73.

② 雷沛鸿.现阶段中国学问事功之用力处 [M]// 韦善美，马清和.雷沛鸿文集：下册.南宁：广西教育出版社，1990：502.

③ 同② 504.

社会力量，欢迎一切的人，运用各种各样的方式，参加国民基础教育普及运动"①。在办学层次上，他基于教育是生活历程和社会历程的认识，构建从学前教育到初等教育、中等教育、高等教育的国民教育体系；在办学形式上，他基于"定式教育"和"非定式教育"的区别，构建起了学校教育与社会教育合流的办学体系；在组织机构上，他基于对教育与政治、经济、文化关系的认识，构建起了政、军、教"三位一体"的基层组织管理体制，实行"一所三用，一人三长"的管理办法，实现了社会大联合办学，有效地推动了文化教育事业的发展。雷沛鸿在教育组织与管理上的思想、方法和艺术，不仅促成他的办学实践取得成功，而且对我们今天所提倡的合理配置和使用教育资源，确保教育的持续健康发展也是深有启发的。

---

① 雷沛鸿.突破国民基础教育的难关[M]//韦善美,马清和.雷沛鸿文集:下册.南宁:广西教育出版社,1990:207.

# 第五章

# 雷沛鸿作为教育家办学典范的启示

　　20世纪上半叶是中国教育史上一个急剧变革的时期。在那个时期，出于教育救国、振兴中华的政治抱负，涌现出了一大批既有丰厚的理论建树又有丰硕的实践成果的教育家。他们通过艰苦卓绝的办学实践开创了一个教育家办学的"黄金期"。雷沛鸿就是其中的一位。他利用当时有利条件，以广西一省为基地，为我国教育事业探索大众化、中国化的道路，构建了一个适合我国国情、符合民众需要的民族教育体系，有力地推动了广西全省各级各类教育事业的发展，促进了全国教育的进步，在办学实践中形成了自己独特的教育信仰、教育智慧和教育家精神。在今天大力倡导教育家办学、弘扬教育改革创新、推进教育治理现代化的新时代，我们更加需要一批又一批的教育家来引领、来推动。我们对历史上的教育家办学典范进行研究，就是为了"知过去长短，寻未来征途"，激励人们为现实的教育发展做出比前人更为深广的创新性探索。雷沛鸿作为我国近现代教育史上教育家办学的一个典范，他的办学实践经验、办学特征、成长历程对今天我们倡导教育家办学具有重要的启示作用。

# 第一节 教育家办学需要兼备内外部条件

古今中外教育史上，无数教育工作者当中为什么只有极少数人能够成长为教育家、实现教育家办学？这说明教育家办学要取得成功是需要一定条件的。从雷沛鸿的办学实践来看，要实现教育家办学需要兼备特定的内外部条件。从外部来看，社会发展与教育变革的外部环境和推动力量、处于统治地位的政治力量的支持以及办学自主权，是教育家办学必不可少的外部条件和保障。从内部来看，办学者个体的知识素养、职业能力、人格魅力及其对教育的贡献力是其能否成长为教育家、实现教育家办学的内在决定因素。

## 一、教育家办学的外部条件

当前，我国教育改革与发展已经进入了新的历史阶段。人们也在追问：为什么当代中国没有出现像蔡元培、陶行知那样的著名教育家？这既反映了人们对教育家的渴求，也说明目前还没有形成教育家办学和教育家成长的良好局面。从雷沛鸿的办学实践和作为教育家的成长历程来看，教育家办学需要具备以下外部条件。

1. 社会发展变革与教育变革

事物发展总是与周围世界的变化发展存在因果关系。教育家的成长同样离不开相应的外部社会环境，总是与一定社会的政治、经济、科学、文化发展有着密切关系。在五千年中华文明史上，先后出现过三个教育家"丰产期"。一是由奴隶社会向封建社会发展，列国诸侯争雄称霸，社会政治经济、思想文化发生深刻变化的春秋战国时期，出现了孔子、孟子、荀子、老子、墨子等著名教育家；二是政治比较开明、经济与文化教育比较繁荣、科技发展迅速的两宋时期，出现了北宋的胡瑗、孙复、石介、王安石、周敦颐、张载、程颢、程颐等教育家，南宋的朱熹、陆九渊、吕祖谦、陈亮等教育家；三是封建专制开始瓦解、民族民主革命兴起的近现代之际，出现了张之洞、严复、康有为、梁启超、蔡元培、胡适、鲁迅、张伯苓、陶行知、陈鹤琴、黄炎培、成仿吾、晏阳初、雷沛鸿等著名教育家。在西方教育史上，古希腊时期、文艺复兴时期、18世纪末19世纪初期是教育家产生的几个高峰期。

　　在半封建半殖民地的旧中国，救亡图存成为社会的主要矛盾。在救亡图存的社会主旋律中，教育救国、教育强国成为时代的强烈诉求。什么样的教育才能够救中国？显然，传统的以学习儒家经典为主、依附于科举制度的旧教育不能救中国；以读书做官为目的、只重个人利益的教育也不能救中国。在近代中国由传统的农耕封闭型社会向工业化和开放型社会转型的过程中，传统教育模式极不适应近现代中国社会的要求，亟须进行变革和改造。人们冲破封建旧思想的钳制，开始"睁眼看世界""师夷长技以制夷"，西方民主思想和科学文化在中国迅速传播。中华民族的现代意识、知识分子的主体意识、教育发展的变革意识开始觉醒，最终形成了20世纪上半叶的教育改革热潮。在这样的时代背景下，人们寄希望于新式教育的发展，希望通过培养以天下为己任、具有奉献精神、引领社会发展的优秀人才来救中国。因此，近代社会转型对中国的传统教育提出了新要求。先进的知识分子在中西文化教育的交流碰撞中，接受了外国先进的科学技术知识，学到了外国现代的教育思想和办学经验，出现了一批又一批献身教育事业的仁人志士。他们怀着教育救国、科学救国的理想，从事教育科学文化事业的振兴工作。这种由近代社会变化引起的近代教育改革浪潮，为近代教育家办学提供了较有利的环境和机遇。①

　　近现代社会环境和时代要求迫使中国教育走进一个大变革的时代，也造就了新一代中国知识分子和杰出的教育家。雷沛鸿就是在那个非常时期特定的政治、经济和文化环境中成长起来的一位颇具特色、名副其实的教育家，

---

① 程斯辉.中国近代大学校长成为教育家的当代意义[J].河北师范大学学报（教育科学版），2007，9（5）：5–13.

也是新一代中国知识分子的优秀代表。①他主动迎接社会发展对教育变革提出的新挑战，在办学治教的过程中直面现实，善于解决教育面临的矛盾，逐步走向教育家的境界。

我国历来就有尊师重教的优良传统。今天，人们渴望教育而又尊重教育，呼唤教育家办学。教育工作者应该主动回应社会对教育的关切，探寻教育的本真，在教育改革创新的田地里耕耘，去实现"教育家办学"的梦想。

2. 政治力量的支持

20世纪上半叶的中国，列强环伺，内战迭起，政权频变。各派政党和迭变的政府都把主要精力放在了应对尖锐的阶级矛盾和民族矛盾上，对文化教育的管控较少。这在客观上为那时有从事教育事业志向的进步人士投身教育、创办学校提供了相对宽松的政治环境。办学者也可以拥有一定的办学自由度和自主权，有利于他们发挥自己的创造力，按照自己的教育理念创办教育，创造性地进行实践探索。因此，在那个时代兴起教育家办学的高潮，优秀的学校和人才不断涌现。正是在相对宽松的环境下，雷沛鸿凭借自身良好的学识、坚定的教育信仰和艰苦卓绝的办学实践，创造了一片教育事业的天地。在雷沛鸿办学的那个年代，国家民族危机赋予了教育新的历史使命，近代社会转型过程中对教育提出了新的要求，思想文化解放运动给教育变革注入了新的活力，新桂系相对独立的政治环境为雷沛鸿施展才华提供了舞台。这些有利的外部条件促成了雷沛鸿的教育理想和教育主张的实现。

实践表明，让教育保持相对的独立性、让办学者拥有一定的自主性是实现教育家办学的必要条件。今天倡导教育家办学，根本目的就在于让全社会都尊重教育、尊重教育家，让全社会都知道一个基本的道理：教育是有规律的，要按照规律来办教育。"教育家办学"命题的提出，一方面是要唤醒人们冲破固有文化传统的钳制，在全社会树立起尊师重教的观念，让教育工作者终身热爱并从事教育工作，让教育健康发展；另一方面是希望政府和社会鼓励教育工作者专心于教育，安心于教育，终身以教育为职业。在保证社会主义办学方向的前提下，充分发挥办学者的自主性和创造性，鼓励他们在教育领域不断改革、实验、创新。所以，我们要真正办好教育，不仅需要教育

---

① 韦善美，程刚.雷沛鸿教育思想研究[M].沈阳：辽宁教育出版社，1994：218.

家积极投身于教育事业，而且需要为他们创造公正、合理、有效的宏观教育制度。我们不仅需要教育家办学，而且需要教育家办教育、管理教育。①

3. 办学自主权的归位

所谓"办学自主权"，是指学校及其他教育机构在法律上享有的，为实现办学宗旨，独立自主地进行教育教学管理，实施教育教学活动的资格和能力。②它是学校实现校本管理与学校自治、学术自由，谋求自身发展的内在需要，也是实现教育家办学的内在要求和基本保障。

我国法律法规规定，学校及其他教育机构依法享有一定的办学自主权。早在1985年颁发的《中共中央关于教育体制改革的决定》就明确提出："改革管理体制，在加强宏观管理的同时，坚持实行简政放权，扩大学校的办学自主权。"2015年修订的《中华人民共和国教育法》明确规定了学校及其他教育机构享有的9个方面的办学权利。2018年修订的《中华人民共和国高等教育法》明确规定了高等学校的组织和活动。这些权利主要体现了学校作为办学主体对内行使自主管理的权利和对外行使法人资格的权利。

教育作为一个社会子系统，其管理思维迫切需要加快实现由办教育向管教育、由微观管理向宏观管理、由直接管理向间接管理、由教育管理向教育治理转变，以适应教育形势的变化。当前，我国教育管理工作还存在管理理念和管理体制落后，以及由此带来的管理方式落后、管理能力落后等问题。其中的根本原因还是学校办学自主权问题。我们需要理顺政府、学校、社会之间的关系，在办学过程中要使政府到位、学校有位且有为、社会不缺位。

学校及其他教育机构如何用好自己的办学自主权，还需要通过建立健全学校自主办学的运行机制，加强自主管理和自我约束，强化内部民主管理，充分发挥学校在办学过程中的主体活力。政府和社会怎样维护好学校的办学自主权呢？政府要切实履行好办学的主体责任，通过法律制约和宏观监控加强对学校自主办学的义务与责任的监督。学校应该面向社会的需求自主办学，主动适应社会和市场的调节和制约。这样，教育家办学才能做到自主、自觉，才能做到有位、有为。

---

① 金生鈜. 以教育为志业：教育家的精神实质 [J]. 中国教育学刊，2011（7）：6.
② 劳凯声. 高等教育法规概论 [M]. 2版. 北京：北京师范大学出版社，2000：127.

4. 需要防止和纠正的几种倾向

雷沛鸿在办学实践中充分利用当时有利的外部条件，积极探索教育大众化发展的规律，并逐步养成教育家的精神和品格，体现了教育家办学的一般规律。教育家办学和教育家成长需要有适宜的社会环境和有利条件，今天我们面临的社会环境错综复杂，教育领域也受到一定的影响。由于办学环境、文化传统、教育运行体制等因素仍然在一定程度上影响着教育的自主发展，教育家办学还面临着一些现实困惑和障碍。要营造一个教育家办学和教育家成长的有利环境，我们还需要防止和纠正一些不良倾向。

第一，教育"行政化"。所谓教育行政化，是指教育领域中的决策、管理和人才培养等具体事务不是按教育自身的规律办理，而是按教育之外的行政权威办理，简单说就是教育官僚化、教育权力化。这就在很大程度上使教育失去了自由、自主与自觉，容易偏离教育发展的理性方向。教育有其独特的价值和文化目标，是一项专业性极强的社会事业，需要遵循其特有的活动规律。教育作为一个专业化要求很高的领域，如果缺乏应有的自主权，经常受到行政方面的违"规"干预，就会失去它的本真。教育行政化容易使教育者变得被动、官僚化，失去应有的自主性和创新活力。这就无从落实教育家办学，不利于教育家成长。

第二，教育"市场化"。随着社会主义市场经济在我国的建立和发展，市场经济的规则和思维方式逐步渗透到了社会生活的各个领域，也影响了教育领域，甚至出现了教育市场化的倾向。教育市场化是指盲目照搬商品市场机制来办教育，按照企业的经营方式来治理学校，把教育供求交给市场控制，偏重效率而忽视公平，注重竞争而忽视合作，重视创收而忽视育人。激烈的教育市场竞争容易使教育的公共产品属性丧失，导致办学方向发生偏移，从"有教无类"走向"择优而教""择富而教"。一些教育机构为了维护或扩大自身利益，将神圣的教育事业当成牟利的工具。一些地方像抓经济建设那样来抓教育事业，大搞政绩工程、"考试经济"，给教育改革带来重重阻力。人们深刻认识到，教育如果完全跟市场接轨，像其他商品一样进入市场，就会迷失方向，遑论教育家办学。

第三，教育"功利化"。教育的核心价值和终极目标是育人，培养身心全面发展的人，提高国民素质。正如陶行知所说的，"千教万教教人做人，千学万学学做真人"。但教育功利化倾向往往重智商轻人格素养，弱化人的全面素质培养，使教育偏离了为社会培养具有健全人格的公民的目标。在一些人的眼里，健全人格发展已不是教育的终极目标，赚钱才是。这样的功利化教育使师生关系、教育导向被异化，培养的学生只会考试，综合素质和实践创新能力偏弱。各种功利因素使校园应有的人文气息和学术氛围淡化，教师在各种利害冲突下选择性施教，学生变成功利的载体。在一些地方，教师把学生当成学习的机器，一味地灌输所谓的知识，把学生的考试分数当成自己的工作业绩甚至是升迁的跳板。由于科学评价欠缺，教育评价功利导向窄化了教育的功能。要真正落实教育家办学，还需要广大教育工作者坚守教育信念，走出功利化的怪圈，关注学生的终身发展，让教育回归本真。

第四，教育"荒漠化"。教育本应是要在人的精神世界营造一片绿洲，但由于人们的注意力多集中在知识领域，而忽略了人的丰富多彩的情感世界，导致部分受教育者（有时也包括教育者）情感冷漠，缺少人文关怀，呈现教育"荒漠化"的景象。青少年由于学习压力过大，不愿意过多交流，责任感、合作精神、意志力消减，遇事漠然。应试教育把竞争的压力层层传导，使得家长和学生产生严重的教育焦虑。校园里片面强调知识性与技术性的学习，忽视情感培育和社会熏陶，文学艺术、体育运动等重要活动或课程被从学生的时间表里删掉。在这种畸形的教育挤压下，学生成了学习知识的机器，教育如同缺少了水分与生机的荒漠。教育是生活化的，缺少情感的教育是干瘪的教育。教育荒漠化传递了负面情绪，既不利于学生的成长，也不利于教师的专业成长。

## 二、教育家办学的内部条件

在一定的外部条件下，一个人能否按照教育家思维去办学并最终成为教育家，决定因素还是在于其内部条件。从雷沛鸿长期办学实践来看，教育家办学需要的内部条件主要有：优良的知识素养，即丰厚的学识修养、深厚的知识底蕴、不凡的教育智慧；特定的职业能力，即一定的教育执行权力和办学实践能力；高尚的人格魅力，即高尚人格、教育良知、教育信仰等教育品格特质；公认的教育贡献力，即在自己的办学实践领域创造出禁得起历史检验的工作业绩和独特的教育理论建树，并得到社会认可。

### 1. 优良的知识素养

教育实践活动对实践主体的认知和学术水准是有特殊要求的。一定的学术背景和知识储备是一个人从事教育实践活动的基本条件。古今中外的教育家都是在自己耕耘的学术领域学有专长，特别是现代学校管理者多是该校的学术领头羊，甚至是该校学术水平的代表和学校文化的象征。比如，北京大学校长蔡元培、南开大学校长张伯苓、苏联帕夫雷什中学校长苏霍姆林斯基……他们既是卓有成就的优秀校长，又是学术界的精英，都是熟谙教育规律、有自己独到思想主张的教育家。所以，深谙教书育人之道，亦有自己的学术专长，具备优良的专业知识和学术能力，是教育家办学的必备条件。如前所述，雷沛鸿具有中西文化兼容的知识结构，既有深厚的中华传统文化基础，又有现代科学技术和社会科学背景，而且还有厚实的教育专业能力。所以，他能准确把握教育规律和社会发展规律，能有效地提炼和总结自己的办学经验，进而形成系统的办学思想。

教育理论知识是教育工作者从事教育实践的条件性知识。懂教育，是教育家办学的内部条件中最核心、最基本的因素。教育工作者只有掌握一定的教育理论知识，才能在实践中理解教育、把握教育，自觉遵循教育规律，不断反思教育的成败，最终形成实践成果和理论成果。一个人要成长为教育家，必须有一定的教育理论修养和教育研究能力，能在教育实践基础上总结经验并上升为理论，形成较强的教育理论修养。所以，懂教育是一个人形成良好教育素养的过程，即不断反思、改进与总结教育教学经验和办学经验的过程。

教育是一项需要大智慧的事业。教育智慧是教育实践经验与理性思考的整合，是一种独特的教育认知和教育境界。教育者在实践中的智慧往往表现为透视实践、改造经验、提升自我的能力，不断形成对教育的新理解、新思想。教育智慧也是教育家的一种举重若轻的气度和化难为易的本领，是教育实践中的一种自由、开放和创造的状态。要达到这样的教育境界，需要有很好的综合素质。雷沛鸿在办学实践中能够根据时代的要求和民众的需要，很好地驾驭教育事务，掌握教育规律，提出了独到的办学主张和办学理念。他"敢探未发明之新理，敢入未开化之边疆"，打破"学校就是教育""教育就是学校"的传统认识，创建了自己的大教育理论，即"教育=学校教育+社会教育"，或"教育=定式教育+非定式教育"。他善于总结自己及他人的教育实践经验，并上升为教育理论，进而又把教育理论和实践相结合，形成了严密完整、富有特色的民族教育理论体系。这些都是他不凡的教育智慧的结晶，既为他的办学实践打下坚实的理论基础，又为我国教育思想宝库留下了珍贵的遗产。

2. 特定的职业能力

一个人的知识素养要转化为培养人的实践，还需要一定的教育执行力和教育实践能力。具有相同的知识素养，但在不同的工作岗位，可能就有不同的施教、治教的权力和影响力。从雷沛鸿办学实践来看，他的教育理想和思想主张之所以能够落实并取得一定成效，与他特殊的工作岗位特别是教育行政管理权力密不可分。他五度主政广西教育，所在职位的权力对实现他的教育主张起着至关重要的影响。从他几上几下的经历也可以看出，他有一些好的设计和主张由于离开了教育厅厅长的岗位而难以彻底实施。

教育系统是一个专业性极强的组织系统，关系纷繁复杂，工作千头万绪。随着市场经济和信息时代的到来，教育社会化的程度将越来越高，学校与社会联系越来越紧密。这就要求教育工作者必须具备一定的沟通、协调能力，善于利用社会各方面的力量来推进教育教学工作。因此，一定的沟通协调和社会活动能力是教育家办学的重要职业能力。

教育是一门实践的科学，教育家无不是在长期的教育实践中成长起来的。教育家办学不是坐而论道，而是要能够坐而言、起于行。外在的社会环境和个体的天赋条件，只是教育家办学的基础。一个人能否在此基础上达到教育家办学的境界，关键还要看个体的主观能动性和教育职业能力，既要能在办学实践中检验自己的教育思想或在一定理论指导下开展办学实践，又要能在办学实践基础上总结出新的教育思想或教育理论。雷沛鸿办学实践的成功，不仅有赖于特殊的社会环境和他个人良好的素养，而且还离不开他扎实的教育管理职业能力。他把眼光锁定在教育大众化上，立足国情、省情改革学校教育，全力推进广西全省国民教育，为发展教育、救亡图存、振兴中华而呕心沥血。雷沛鸿崇尚教育实验研究，先后创办教育研究院、研究所，使其成为自己教育改革的策源地。同时，他还善于利用行政力量办大教育，通过教育立法来实施教育计划。他在主管广西教育行政期间先后以省政府法令形式来促进教育改革，并且取得很好效果。他还善于借助各级行政和社会力量办教育，创造了"一人三长""一所三用""三位一体"的教育管理模式，将政治、经济、文化、教育、军事融为一体，调动上至省政府、下至乡村（街）的各级行政力量来推动教育发展。这些都体现了雷沛鸿扎实的教育管理职业能力。

3. 高尚的人格魅力

教育家是教育工作者队伍中的优秀代表，堪称道德楷模。所以，教育家除了必须有较高的学识，还必须是堪称"师表""模范"的教师，个人的道德品性也是实现教育家办学的必备条件，正所谓"学高为师，身正为范"。雷沛鸿身上所具有的爱国爱民、敬业奉献、公正无私、大度宽容、求真务实、清廉高洁、以身作则的道德品性，为他成长为教育家打下了厚重的底色。从他的人生经历我们可以看到，他为国家和民族的命运放弃在美国的安逸生活，投身于祖国的教育事业。强烈的历史使命感和社会责任心促使他把自己的全部心智和精力奉献给民众的教育事业，真正做到了只求奉献不求索取。他在教育厅厅长的职位上几上几下，始终没有放弃教育事业，终身以教育为职业志向，为民族教育事业的振兴而奔走呼号，可谓殚精竭虑，表现了他对教育事业的无限忠诚，对民族、对国家、对人类的大爱情怀。他是饱学之士，保持着谦虚审慎的治学治教态度。在工作上他始终坚持实事求是的科学态度，遵循教育规律，开放包容，以身作则。在生活上他不求奢华的物质生活，但求丰富的精神生活。

教育良知是教育家内心怀有的根本道德法则，是教育家办学的意志基础。作为教育家的雷沛鸿，他的教育良知体现为他对国家、民族命运和教育事业兴衰的深切关注，对当时民众因为失去受教育权而致愚致贫的社会现实的深深忧虑，对旧教育未能达到应有效果的深刻反思。他立下为一代又一代国民身心发展而尽其绵力的教育之志，追寻"教育为公"的教育梦。所以，他要把教育改造与社会改造有机结合起来，以爱国教育为魂，以生产教育为身，将学校教育与社会教育合流，构建一个完整的民族教育体系。他在办学实践中始终不惧艰辛地坚守着这种教育信念。雷沛鸿对教育的爱，最直接的表现就是他对人民的爱，对学生的爱。他以其强大的人格魅力和大爱无边的品格，为实现教育"治穷"与"治愚"的理想，不断创新办学实践，改进教育管理，献身教育事业。

　　针对当时将教育看作一种手段，看作获得权势和金钱的阶梯，而忽略教育真正的价值的社会弊病，雷沛鸿认为教育的价值在于培养健全的人格，教育者先须有"培养"的心——坦白的、正直的、温热的、忠于后一代的心。教育者有了"培养"的心，才说得上"培养"的方法，才会有真教育可言。如果教育被沉重的功利取向所驱使，只"教"不"育"，就会失去它的本色，成了"跛"的教育。所以，教育者须对教育有信仰心，如宗教徒对于他的上帝一样；教育者须有健全的人格，尤须有深广的爱；教育者须能牺牲自己，任劳任怨，以全身奉献于教育。①雷沛鸿就是一个有着正确而又坚定教育信仰的人。在他身上，我们可以看到他对教育如圣徒般的虔诚和以身殉道的献身精神。比如，他视"教育为建国大业之根本要图"，以"教育为公、学术为公、天下为公"为己任，培养合格国民以改造社会。所以，他信奉"天赋人权""天下为公"的学说，进而形成"教育权利人人平等""有教无类"的教育信仰。他在办学实践中始终把教育视为人民的权利，不论民族，不论贫富、贵贱、男女、老少，均得享受。在那战火纷飞的年代，他抱着"鞠躬尽瘁，死而后已"的决心，历时数十年，从理论到实践初步构建起了一个纵贯基础教育、中等教育和高等教育，横跨儿童教育、成人教育和社会教育的民族教育体系。尽管历尽千辛万苦，他却百折不挠，凭着一颗爱教育的心，坚守着自己的教育信仰。

　　与20世纪上半叶相比，我们今天所处的社会性质和时代特征已经截然不同，社会矛盾和教育所面临的问题也截然不同，但教育工作者所应具有的志向高远、热爱教育、开拓敢为、坚韧执着的教育精神是不变的。同时，教育领域许多新情况、新问题、新要求也不断出现，这些挑战和机遇为广大教育工作者施展才华、实现抱负提供了舞台。面对复杂、艰巨、长期的教育任务，当代教育工作者要把握社会发展大势，以坚定的教育信念和高度的社会

① 朱自清.教育的信仰 [J].福建教育，2015（15）：1.

责任感，像雷沛鸿那样终身以教育为职业志向，做好长期奉献教育事业的心理准备。把自己所从事的事业与民族的兴衰、祖国的昌盛紧紧联系在一起，结合自己的实践，探寻教育革新之路，形成自己的办学特色，逐步达到教育家办学的境界。

4. 公认的教育贡献力

在教育领域的突出业绩是评判教育家办学的重要标志，也就是要有独到的教育理论成果、教育实践成果和社会影响力。教育家办学的业绩，应该是客观上促进了教育的科学发展和学生的健康成长，理论上有自己独到的思想成果，并得到同行和后人的认可，禁得起历史的检验。古今中外众多教育家的成长历程显示，由于特殊的职责所在，他们在传递和创造人类文明进步的过程中做出无私奉献，扮演着"蜡烛""人梯"的角色，在促进他人成长成才的过程中成就自己的事业。需要指出的是，教育影响力是有一定延后性的。有些教育工作者终身从事教育事业并做出了特殊的贡献，却是在离开人世后才慢慢得到人们的认可。雷沛鸿就是这样一位教育家，他视教育为建国大业的根本，在广西穷省办"大教育"，确立符合国情省情的教育发展目标，通过发展教育事业来救亡图存，建设广西。如前所述，雷沛鸿的社会贡献和影响得到时人的评价与后人的认可经历了一个漫长的过程，但最终他还是被确认为当之无愧的教育家。

雷沛鸿作为教育家办学的一个典范，其优良的内部素质与良好的外部条件有机结合，为我们刻画了一个教育家的形象。我们可以看到：能够成为教育家的人要把握时代发展的脉搏，树立"十年树木，百年树人"的教育理想，持有"自闭桃源称太古，欲栽大木柱长天"的事业情操，具有"捧着一颗心来，不带半根草去"的奉献精神，真正把兴学育才与国家民族的命运连在一起。通过创造性的教育实践服务社会，在教育实践中立功、立德、立言，在办学过程中使自己成长为教育家的同时，也促进学生的发展、学校的发展和社会的发展。

总之，就学识修养而论，在雷沛鸿身上既体现了知识分子所特有的儒雅风范和秉公尚义的人格特征，同时也融会了求真求实、开拓创新的时代精神。正是由于具备了这样的个人主观条件，雷沛鸿才能够从时代情势大局出发审视中国社会问题，探索改造中国社会的现实道路，在教育革新的理论和实践上做出突出的贡献。

强国先强教，强教须强师。时代呼唤教育家办学，也会催生众多勇于实践、大胆创新的教育家。我国教育事业蓬勃发展，教育改革与发展正逐步走进教育家主导的时代，教育家群起的景象必将出现。

# 第二节　教育管理专业化是教育家办学的重要路径

从教育工作者的教育执行力和影响力来看，教育行政部门、各级各类学校的领导和管理者走向教育家办学的可能性最大。在这类人群中，已经出现了一批人们公认的、可以称为教育家的人才。雷沛鸿在其办学生涯中，更多扮演的是一位教育管理者的角色，他在办学实践中表现出来的专业精神、专业素养和专业能力，对我们今天推进教育治理现代化、教育管理专业化，实现"教育家办学"具有现实的借鉴意义。

## 一、教育管理专业化与教育家办学的关系

管理是一种社会实践活动，也是人类社会得以生存和发展的重要条件之一，它的职能就是组织和发展生产力，协调和控制生产关系和社会关系。所谓教育管理，就是管理者在既定的教育制度下，依据国家教育法律法规和政策，对教育事业及教育机构进行规划、组织、领导，并达成教育目标的一系列活动的总称。[①]教育管理也是管理者按照教育客观规律，通过组织协调对教育人力、财力、物力等各种教育资源进行合理配置，以充分发挥它们的作用，保障公民的受教育权利，实现教育方针和教育目标，促进教育事业发

---

① 顾明远.中国教育大百科全书：第 1 卷 [M].上海：上海教育出版社，2012：738.

展。教育管理是社会管理的一部分，它既有社会管理的共同特点，又有教育管理自身的特点。教育是崇高的事业，教育管理常常会碰到伦理、道德、价值观等方面的问题。教育管理具有公共性、政治性、文化性、伦理性、教育性等属性，行使决策、计划、组织、指挥、领导、协调、沟通、激励、监督、检查、控制、创新等职能。所以，教育管理专业化是现代教育管理发展的趋势之一，主要表现在两个方面：一是教育管理机构走向专业化；二是教育管理人员走向专业化。①

教育事业在我国整个现代化事业中起到基础性、战略性、全局性的作用。今天，教育发展进入一个新的转型期，即从过去满足人们提高学历水平的"有学上""学有所教"的要求，转向满足提高教育质量、切合多样化个性化发展的"上好学""学有优教"的要求。为适应教育形势的变化，我国教育领域迫切需要加快推进教育治理体系和治理能力现代化，由教育管理向教育治理转变，实现教育管理专业化和教育家办学。当前，我国教育管理工作还存在管理理念和管理体制落后，以及由此带来的管理方式落后、管理能力落后等问题。要有针对性地破解这些难题，就必须走教育管理专业化的道路，寻求专家治教、教育家办学。否则，工作就难免事倍功半，甚至可能事与愿违。

教育管理专业化是实现教育家办学的重要内容和途径。为什么要大力推进教育家办学？早在一个世纪前，梁启超先生就针对当时中国的教育弊端指出，具有相当素质的高水平的教育家是办好教育、推动教育发展的重要因素。他认为，外国教育之所以进步，是由于多数教育家全副精力投身于教育；中国近代教育之所以发展缓慢，甚至停滞不前，除了社会和政治等因素的影响外，就是教育界人士的精神懈怠，没有专心致志于教育事业，对于教育的目的和责任没有深刻的认识。教育的发展"必得其人然后乃能有济"。教育家"必须终身以教育为职志，教育之外，无论何事均非所计；又须头脑明净，见识卓越，然后能负此责任"②。只有这样，中国的教育才会有希望。今天之所以要大力倡导教育家办学，一个重要原因和出发点就是要尊重教育

---

① 顾明远.中国教育大百科全书：第1卷[M].上海：上海教育出版社，2012：740.
② 梁启超.中国教育之前途与教育家之自觉[M]//舒新城.中国近代教育史资料：下册.2版.北京：人民教育出版社，1981：944–951.

及其管理的专业性，由内行领导教育，做到教育管理专业化，让那些有志于终身从事教育又有办学才能和专长的人投身于教育事业，按教育家思维办学，从而逐步成长为教育家。

## 二、以校长专业化为突破口推进教育家办学

实践表明，从教育管理入手，更容易实现教育家办学，因为更有条件做到人们所期待的"教育家办学"的，就是校长（这里是群体概念，包括书记、副书记、副校长）和教育行政领导。从雷沛鸿办学实践来看，有了教育家型的校长和教育行政领导，也就为教育家型的教师成长创造了条件和舞台。校长是学校的灵魂，一个好校长就是一所好学校。一个专业化水平高的校长就是一个懂教育、善管理的教育行家，能够引领一所学校的内涵发展，使学校教育水平不断提高。为此，我们要以校长专业化为突破口，探寻教育家办学过程中教育管理者专业化策略。

1. 从"职务"到"职业"的岗位认识转变

在我国，对教育管理者的"行政化""职务化"的传统认识是十分明显的。根据教育管理专业化的理念，校长作为一个职业管理者，有其特定的岗位内涵和范畴、职业行为和标准、职业能力和职业道德等。校长的岗位职责就是管理学校、服务师生、引领发展。所以，在认识上我们要有从"职务"到"职业"的观念转变，这样才有利于摆脱校长职务化的思想禁锢，进一步明确校长的职责担当，做到"有所为，有所不为"。校长就是要在学校管理事务中，运用自身职业能力提升所任职学校的办学水平和社会影响力。我们要提升校长的专业化水平，就必须纠正行政化倾向，厘清行政与学术，把校长从"职务"推向"职业"，使校长走上职业化的道路。近年来，我国中小学（幼儿园）校（园）长专业标准的出台就是在这方面迈出的可喜步伐。

2. 从学术专家到教育行家的角色定位转变

按照教育规律办学是校长应该坚守的基本原则。校长一般由某一领域的专家担任，校长的职责就是管理、服务、协调和引领一所学校的发展。校

长要通晓教育理论，掌握教育规律，并在此基础上形成自己独特的办学理念和办学思想，也就是要从学术专家转向教育行家，为世人所认同。历史经验表明，凡是成功的校长必定是在长期的办学实践中形成了富有个性与创造性的治校理念与办学风格，从而引领学校发展的。比如，贝尔法斯特女王大学和剑桥大学校长埃里克·阿什比，虽然他担任校长后远离了原来的植物学专业研究领域，但他在多年的大学管理经验基础上，深入研究高等教育，写出了《科技发达时代的大学教育》等重要著作。美国著名教育家克拉克·克尔担任加州大学校长后放弃了他有关工业关系的研究，致力于高等教育问题探索，他的《大学的功用》等著作被后人铭记。工程学出身的清华大学校长梅贻琦以其"大学之道，大师之谓也"的办学理念，让世人对他的治校佳话肃然起敬。美学研究出身的北京大学校长蔡元培因"兼容并包、思想自由"的治校方针，名字和北大一起载入史册。这些校长就是在职业化的进程中，专于学校管理的角色，实现了从专家到教育家的转变。

3. 从学术能力向领导能力转变

校长从一种职务发展为独立的职业，与其他独立职业一样，有其独特的职业地位和特殊的职业能力要求。校长作为职业管理者，其核心职业能力就体现在领导力方面。校长在任职期内所创造的业绩表现为学校在办学思想、政策措施、办学条件、办学规模、教学科研、师生发展、文化传承以及社会服务与影响等方面的变化，而不是他们自身专业领域的学术成就。这种领导力体现在学校管理行为的各个方面和整个过程中，需要在自觉培训与实践修炼中逐渐形成和提高。

4. 从人治思维向法治思维转变

教育民主是培养教育家最肥沃的土壤。①倡导教育家办学，必须尊重教育管理的专业特性，让校长们以"教育家办学"的境界作为自己的职业追求。为确保校长在职位上发挥有效作用，需要校长职业化的制度保证。构建校长角色的制度保障机制，是实现教育家办学的重要途径。要使校长能够有效地履行职责，全身心投入学校管理，我们需要不断提高校长在学校管理上的专业化水平，把校长职业化的制度建设作为现代学校制度建设的重要内容。通

---

① 王湛.教育治理现代化与教育家办学 [J].人民教育，2014（14）：1.

过民主管理的制度建设，建立健全校长职业化的制度保障体系，以实现校长遴选民主化、校长任职资质标准化、校长薪酬市场化、校长评价科学化、校长培训制度化。[①]有了校长职业追求及实现的制度保障机制，才能确保校长在任期内行使好自己领导学校的权力，不断提高办学水平，培养全面发展的高素质人才，逐步办出特色。

## 三、我国大学校长职业化趋势显现

教育家办学是对当代教育领导尤其是校长的新要求，给校长专业化发展指明了方向。[②]要营造教育家办学的氛围，校长首先就应该成长为教育家，或具有教育家的思维和风范。长期以来，我国大学校长身兼行政管理和学术教学双重角色，其弊端也逐渐暴露。一方面，校长的时间和精力有限，工作上难免顾此失彼；另一方面，鉴于校长职位本身所具有的行政权力，容易将行政管理工作与学术教学工作"挂钩"，引起社会诟病。

近些年来，一些大学校长频频做出承诺：远离"学术山头"，专注于学校管理，致力于提升大学教育水平，推动学校科学发展。这说明，我国大学校长的职业化、专业化趋势逐渐显现。2011年9月15日，湖南大学新任校长赵跃宇承诺担任校长期间"两不"，即"不申报新课题"和"不带新研究生"，要全心全意做好管理服务工作。2012年7月9日，北京师范大学新任校长董奇在就职演讲中也承诺：在担任校长期间，不申报新的科研课题，不招新的研究生，不申报任何教学科研奖，不申报院士，要把百分之百的精力用于学校管理，要用"整个的心"去做"整个的校长"。2012年8月7日，北京外国语大学新任校长韩震公开承诺：不再做自己的专业学术研究，不再申请自己学科专业的研究课题，不再谋求与教学有关的个人荣誉。此外，吉林大学、山东大学等多所高校校长退出学校学术委员会，也体现了校长由"学者

---

① 褚宏启，杨海燕，等.走向校长专业化[M].上海：上海教育出版社，2009：29-32.
② 曾天山.教育家办学：校长专业化发展的目标[N].中国教育报，2009-01-13（005）.

兼职"向"专职校长"迈进的趋势。

这些大学校长的承诺，体现了我国大学校长定位正由学者兼职的"两栖型"校长向"职业化"校长迈进，迈出了中国校长职业化的第一步，值得肯定。其实，大学校长就是一个管理岗位、服务职位，是学校的首席管理者、服务者、掌舵者。正如梅贻琦所言，"校长不过是率领职工给教授搬搬椅子凳子的"[①]。大学作为培养人的学术机构，校长的角色就是在科学的教育理念和明确的办学目标指导下，以高度的社会责任感和教育情怀，为师生提供优质服务，促进学校教育健康发展。他们必须心无旁骛，以全副精力投入到学校管理工作中去，做名副其实的校长。这样才能体现校长角色的价值，也是迈向教育家办学的第一步。

# 第三节　教育家办学要以区域教育发展为支点

我国幅员广阔，不同区域的社会经济条件、地理环境条件、财政投入力度、教育管理水平以及人们对教育的认识水平等方面都有差异。正因为教育与政治、经济、文化等社会现象和自然条件有着千丝万缕的联系，所以不同地区之间的教育发展水平存在差距，我国教育事业发展的状况和水平表现出明显的区域依赖性和差异性。当下我国教育呈现出向区域性整体改革发展的趋势。倡导教育家办学，就是要根据区域经济社会发展实际来促进教育事业科学发展。雷沛鸿作为教育家办学的一个典范，在如何促进区域教育发展方面给了我们深刻的启示。他不是孤立地就教育论教育、就教育改革教育，而是充分考虑到了当时广西经济社会发展的实际情况，把教育改革与整个社会改革结合起来。

---

① 西南联合大学北京校友会.国立西南联合大学校史：一九三七至一九四六年的北大、清华、南开[M].
2版.北京：北京大学出版社，2006：5.

# 一、整体与局部相结合，促进教育均衡发展

广西地处祖国的西南边陲。新中国成立前的广西，地瘠民贫，交通闭塞，经济落后，兵燹迭起，包括教育在内的各项事业的发展远比其他地区落后。但在近现代教育史上，广西紧跟全国教育革新的步伐，特别是在国民党新桂系执政时期，出现了马君武、雷沛鸿等全国闻名的教育家。他们所留下的丰富教育遗产，给我们今天促进后发展地区教育发展提供了深刻的启示。雷沛鸿长期致力于办学实践，他以一个经济不发达的广西省作为实验基地，主持或参与了长达二三十年的国民教育运动，基本完成了包含国民基础学校、国民中学、国民大学（西江学院）的民族教育体系的理论构建与实践运作，内容丰富，规模宏大，创造了穷省办大教育的奇迹。

现代区域是一定行政区内经济文化的共生与组合。不同区域在追求教育公平、实现教育均衡发展的进程中，存在着包括区域差异性在内的各种失衡现象。教育失衡则是区域内经济文化发展差异的表象之一。缩小教育发展的区域差距，推进教育协调发展，促进教育公平，是当前亟待解决的问题。保障和促进教育公平，是教育家办学的价值追求。要打破这种教育失衡的局面，各地区只有在教育全面、均衡发展的指导思想下，根据自己的实际情况，让教育家来办学，按教育规律办学。

在现代教育公平语境下，我们追求教育协调发展、均衡发展，这也是雷沛鸿所追求的"教育为公"的社会理想。他秉持"教育为公"的信念，通过改造教育促进社会进步，通过改造社会促进教育发展，在广西这么一个穷省使教育成为大众共办、共有、共享的教育，创建了适合国情、省情的民族教育体系。他的办学经验给后发展地区的教育改革树立了典范，对于创建学习型社会有重大的理论价值和现实意义。在经济社会发展水平都比较落后的条件下，20世纪三四十年代的广西还能够成为全国教育发展的"模范省"，处于比较先进的行列，这得益于教育家办学和教育家治教。在今天看来，我们完全有理由说，雷沛鸿是我国区域教育整体改革实验的先驱，他的办学实践经验对今天推进区域教育改革和发展仍有十分重要的启示。

事物不是孤立存在的，而是彼此联系的。办教育同样需要考虑纵向的、

横向的系统性与整体性。在对教育发展系统性的认识问题上，雷沛鸿曾批评旧的教育缺乏整体性和一贯性，教育与政治、经济分家，支离破碎，没有整体的组织。他认为，教育的各层次之间、各类型之间，"都应打成一片，凝为一个整体"①，"绝不能支离破碎地分裂它"②。教育改革必须遵循整体性原则，通盘考虑，统筹兼顾。基于这样的认识，他的教育研究和办学实践活动涉及教育的各个领域。正如中国陶行知研究会原副会长胡晓风所说："雷沛鸿的民族教育体系是纵横一体的教育，纵是整个的人生，终身教育；横是所有的无所不包的各种教育。"③从教育的纵向发展看，涉及婴幼儿教育（婴孩至6岁的教育，又可分婴儿教育、幼童教育）、儿童教育（6岁至12岁的教育）、青年教育（12岁至18岁的教育）、成人教育（18岁以后的教育）。从教育的横向发展看，不仅重视在南宁、桂林等城市发展教育，而且十分重视边远山区和少数民族地区的教育，使全省的教育发展构成一个整体。比如，雷沛鸿创办西江学院就是试图改变当时中国高等教育分布不合理的格局。④他创建西江学院是基于以下三个方面的考虑：一是他不满中国当时的大学设置集中于极少数大城市，而且专为权贵子弟设计。所以他改变办学思路，由城市转向农村，发动民间力量来创设西江学院，服务广大民众。二是当时广西省内大学布局也很不平衡，广西仅有的国立广西大学、桂林师范学院等三所高校都集中在政治、文化中心桂林，桂西南地区则没有一所大学，这样桂西南子弟中的贫者无法上学，富者也不便上学。所以，他在西江上游少数民族聚居的地区创设西江学院，这在客观上是对中国大学教育重城市轻农村问题的一种改进。西江学院的创设"填补了桂南无高校的空白，并带动桂南中小学教育的提高"，使广西最为落后的"右江壮族地区有了历史以来的第一间高等学校"⑤。三是从整个西江、珠江流域文化来看，西江学院在桂西南的布点与位于广州的国立中山大学、位于桂林的国立广西大学等形成高校布局的"三足鼎

---

① 雷沛鸿.整个教育体系的演进 [M]// 韦善美，马清和.雷沛鸿文集：下册.南宁：广西教育出版社，1990：188.

② 雷沛鸿.广西普及国民基础教育法案导论 [M]// 韦善美，马清和.雷沛鸿文集：下册.南宁：广西教育出版社，1990：44-58.

③ 胡晓风.雷沛鸿：构建中国教育系统工程的大师之一 [M]// 广西雷沛鸿教育思想研究会.雷沛鸿教育思想研究文集：2.南宁：广西教育出版社，1995：35.

④ 蒙荫昭，梁全进.广西教育史 [M].南宁：广西人民出版社，1999：585-587.

⑤ 韦振鹏.毕生爱国，振兴教育 [M]// 广西政协文史资料研究委员会.雷沛鸿纪念文集.桂林：广西师范大学出版社，1988：59.

立"之势，从地域平衡来看是科学的。可见，雷沛鸿所构建的民族教育体系都是从中国的国情实际出发，按照整体性的原则构建的，这也符合现代教育均衡发展的理念和要求。

## 二、教育发展与社会发展相结合，促进社会全面发展

雷沛鸿有很强的教育战略意识，高度重视教育在社会生活中的重要地位。在他看来，教育不是孤立的社会活动，而是社会文化总体结构中的一个有机组成部分。他指出，"教育的能事足以改造社会，又足以改造国家"[①]，教育"为建国大业之根本要图"，"国家的兴盛，靠人才而不是单纯靠物质"，并提出"建国有道，教学为先"[②]。雷沛鸿以改革家特有的魄力，从广西社会建设的客观实际出发，在广西普及国民基础教育运动中将教育改造和社会改造并行推进，以最大限度地发挥教育功能。他把少数人作为奢侈品和装饰品占有的教育，变成为多数人共享的教育，使教育真正成为实现社会全面进步、推进中华文明的原动力。他配合广西的政治、经济、军事、文化"四大建设"，制定了一系列"双改"措施，做出了前所未有的贡献。他在实施普及国民基础教育运动、改革国民中学和创办高等学校的过程中，无不注意到社会的经济状况和民众的经济能力，充分考虑到发展社会经济和改善民众生活的需要。他根据教育的"生长性"，处理好教育与社会、经济等方面的关系，使教育与社会、经济协调发展。同时，他兼顾教育内部的各种关系，力求普及与提高相结合、相统一，突出重点，抓住关键，使各级各类教育协调发展。

雷沛鸿认为，教育是整个社会历史发展、人类文化演进历程中的一种手段，要改造社会，就要从改造人的思想观念和提高人的素质入手，从而提

---

① 雷沛鸿.北欧的先觉者格龙维：庶民高等学校的父亲 [M]// 韦善美，马清和.雷沛鸿文集：上册.南宁：广西教育出版社，1989：280.

② 雷沛鸿.创设西江学院建议书 [M]// 韦善美，马清和.雷沛鸿文集：下册.南宁：广西教育出版社，1990：438.

高国民的整体素质。因此，他所构建的民族教育体系是把教育改造与社会改造结合起来，以社会改造带动教育改造，以教育改造促进社会改造。他不是单纯就教育论教育，而是把它放到整个社会改造的系统中去考察、研究、实践，与社会的发展相互联系、相互促进。他的办学实践本着"教育与社会并进"的原则，从广西实际出发，面向广大民众，做到了教育的平民化、大众化、本土化，为当时全国教育普及树立了榜样。

雷沛鸿敢于面对地方区域文化的缺点，并试图通过教育来加以改造。比如，他在创办西江学院的过程中，以该院促进社会文化、参与地方建设的目的十分明确。他认为，广西文化总的缺点是原始落后，处于终日劳碌于物质衣食之上的"生存竞争"的传统低级阶段，而没有达到精神上的"理智竞争"的现代高级阶段，无法适应新中华文明的要求。①为弥补广西西江文化之不足，雷沛鸿提出要向落后的文化宣战，努力创造具有地方文化特性的"新文化"，并具体落实到课堂、集会、内务整理等日常教学和管理之中。西江学院没有对周遭单一的原始农业生计袖手旁观，而是通过培养建设急需人才，努力参与左右江的水利事业、造林事业、畜牧事业等各项建设事业②。仅1950年3月至1951年10月，西江学院就轮训三期地方建设人才2695人，其中财贸干部811人，银行干部270人，税务干部449人，财务干部348人，合作干部150人，农林干部70人，其他干部数百人。③

当前，我国教育改革与发展所面临的是一个由多种要素、多方利益主体和各种复杂问题交织在一起的复杂世界，单从教育系统的视角已经难以解决日益复杂的教育问题。因此，教育家办学需要以更加开放的视野，以社区、社会为教育生长的基础环境，构建多样化教育生态，实现教育与社会互动发展。社区是现代社会的基本单位，政治、社会、文化、教育活动回归社区是当前社会建设的一个趋势。社区参与教育管理也是国际教育管理发展的一个趋势。让教育回归社区，教育才能真正活起来。教育管理与治理的科学化、专业化需要社会组织参与，这也可以帮助政府管理教育，有助于转变教育发

---

① 雷沛鸿.西江学院是什么 [M]// 韦善美，马清和.雷沛鸿文集：下册.南宁：广西教育出版社，1990：456–457.
② 雷沛鸿.西江学院之教育实施方针 [M]// 韦善美，马清和.雷沛鸿文集：下册.南宁：广西教育出版社，1990：443.
③ 蒙荫昭，梁全进.广西教育史 [M].南宁：广西人民出版社，1999：587.

展方式，实现教育思想、理念、模式多元化。深度渗入社会生活和社会实践是教育家办学、实现其教育理想的通途。历史上的大教育家，如孔子、杜威、陶行知、晏阳初、雷沛鸿等都是在伟大的社会教育实践中产生的。

## 三、教育与生产劳动相结合，促进人的全面发展

雷沛鸿早已看到，传统教育的最大弊病是脱离社会实际，只注重书本知识的传授，而忽略了生产教育、科学技术教育以及实践能力的培养。结果是，农村的子弟读了书，反而不能为农村所用；多一个读书人，农村就少一个做事人。这将导致"教育上的根本破产"。因此，他所推行的各层次教育不是只教读书识字，还十分重视生产实践，采用学问和劳动合作的教学方法，学生要"参加社会上有益的生活，以融化在书本上所得的知识。不单是使学生在校内受教，还要使他们能参加校内外的各种有益的活动"①。因此，他在开展普及国民基础教育运动时要求每一所中心国民基础学校设置小农场、小工场，让学生在学校里既能学习文化知识，又能实际体验生产和劳动生活。雷沛鸿在中等教育和高等教育办学中的产学结合思想更加突出，他要求中等教育为地方培养初级建设人才，使学生毕业后能够回到田间去、回到商店中去、回到工厂中去，为发展工农业生产服务。在南宁农业专科学校和西江学院的办学过程中，他也是把教育与生产劳动相结合作为一条重要的办学原则。他注重解决本地关系国计民生的实际问题，注重培养学生的生产技能和劳动本领，促进教育与生产生活的联系，并通过生产劳动增加办学的经济收益，努力改善学习生活条件和办学条件。所有这些都突出强调了教育与生产劳动相结合，培养全面发展的人才，为地方经济社会发展服务。应该说，这样的办学是对当时落后的传统旧教育的彻底否定，是民主与科学教育的创举。

---

① 雷沛鸿.国民基础教育与军事政治建设的关系 [M]// 韦善美，马清和.雷沛鸿文集：续编.南宁：广西教育出版社，1993：216.

教育通过培养人去为经济社会发展服务，特别是为地方经济社会发展服务，解决人们生产生活最迫切需要解决的问题，这是教育发展的基本规律。雷沛鸿主政广西教育期间力推普及国民基础教育，几年之内使广西的入学人数成倍增长，出现"无地无学校，无人不读书"的热潮。他创立的国民中学制度在全省迅速发展，培养了大批地方建设人才。他创办的西江学院在战火纷飞的环境中诞生，并不断发展壮大，直到融入新中国革命大学。他在广西这样一个多民族聚居地大力开展成人教育和少数民族教育，成绩卓著，具有开创先河之功，为广西经济社会发展做出了贡献。

# 四、以科学的教育政绩观引导教育家办学

教育是一项慢工程，其社会效益有明显的滞后性。如何看待和评价教育的绩效，是教育"官"办学与教育"家"办学两种不同取向的风向标。片面的甚至是错误的教育政绩观成了制约教育家办学的"绊脚石"。比如过去一个时期，在素质教育推广、"希望工程"学校建设、农村学校改造、职业教育发展、高等教育扩招、教育经费使用、教育业绩考核等方面，一些地方都不同程度地出现了违背教育规律和地方实际的做法。问题的出现多因一些教育官员求一时之政绩，做表面文章和花样文章。

雷沛鸿作为一省教育行政主管，在复杂的社会背景下推行教育改革，没有拍脑袋行事或哗众取宠博取政绩，而是脚踏实地充分考虑了广西当时经济的力量和社会的力量，以此作为教育改造的动力来源，持之以恒地服务广西教育事业。他在办学过程中合理借助行政力量，贯彻教育改革与社会改革的主张。他认为，教育是政府的基本任务，发展和普及基础教育应是政府行为。雷沛鸿在探索、设计、实践大众化和中国化的民族教育体系的过程中，根据20世纪三四十年代中国的国情和广西的省情，精心设计民族教育体系建设方案。他既不盲目抄袭外国教育模式，也不做传统教育的旧文章，更不是凭主观臆想，而是以实事求是的科学态度，从根本做起，走教育"中国化"的道路。他根据广西地处边陲、生产落后、交通不便、穷人无力上学的实际

情况，提出了有地区差别、城乡差别的科学可行的行动计划，满足了民众的教育需要。

对于雷沛鸿在构建民族教育体系、推进国民教育运动中所表现出的务实态度，胡适先生有这样的评价："广西是一个贫穷的省份，不容易担负新式的建设，所以主持建设的领袖应该注意人民的经济负担的能力，即如办教育岂不是好事，但办教育的人和视学的人眼一错，动机一错，注意点若在堂皇的校舍、冬夏的换衣等等，那样的教育在内地，就都可以害人扰民了……广西教育厅厅长雷沛鸿先生正在执行全省普及教育的计划……要做到全省每村至少有一个国民基础学校，要使八岁至十二岁的儿童都能受两年的基础教育。我看了那些破衣赤脚的小学生，很相信广西的普及教育是容易成功的，这样的学堂是广西人民负担得起的，这样的学生是能够回到农村生活里去的。"[①]可见，按照教育规律办学不能搞形式主义，不能害民扰民。如果办教育者（特别是行政官员）眼光一错、动机一错，就可能把教育办成害人扰民的事。作为教育厅厅长的雷沛鸿在全省推行教育改造，就是脚踏实地去做，发一令行一事。不管如何困难，不管时间长短，他总将普及教育看作民族复兴、民族自救的一项基本工作，而不是装饰门面的东西[②]。雷沛鸿推崇的实事求是，也就是我们平常所说的"摸着石头过河"，这个"石头"就是教育规律。他提出的教育改革始终遵循"由调查而假设，由试验而推广"的原则，从不凭主观愿望办事，而是抱着求真求实的态度从实际出发确定改革的目标、方法和内容。他在《在广西普及国民基础教育研究院生产教育人员训练班开学典礼上的讲话》中指出："现时代的教育行政，本身已成为科学化，绝不是不学无术的人所能够做的。"[③]

教育作为人类社会特有的一种实践活动，是一种价值行动，每个教育实践者都有明确的目的性和价值观。而且，教育的价值随着人类社会的发展和教育自身形式的不断完善越来越凸显，现代社会中的每一个成员都把它作为

---

① 雷沛鸿.胡适之《南游杂忆》的介绍[M]//韦善美，马清和.雷沛鸿文集：续编.南宁：广西教育出版社，1993：300-301.

② 雷沛鸿.中国过去的普及教育运动[M]//韦善美，潘启富.雷沛鸿文选.桂林：广西师范大学出版社，1998：244.

③ 雷沛鸿.在广西普及国民基础教育研究院生产教育人员训练班开学典礼上的讲话[M]//韦善美，马清和.雷沛鸿文集：续编.南宁：广西教育出版社，1993：287.

发展和完善自己的重要手段，每一个民族也试图通过发展教育去提高民族整体素质。[①]今天，"教育家办学"已成为当前教育改革的紧迫命题。教育综合改革意味着教育改革的深水区和教育外部的影响因素已经凸显。如果教育与经济、教育与社会、教育与行政等关系处理不好，教育的发展就会困难重重。雷沛鸿当年在贫穷落后的广西一隅，依靠行政力量动员广大民众，把普及国民基础教育运动搞得轰轰烈烈，对我们今天推进区域教育改革和发展有着重要的参考价值。

---

① 王坤庆.现代教育哲学 [M].武汉：华中师范大学出版社，1996：113.

# 结　语

一

随着"教育家办学"这一命题的再次提出，人们越来越重视探讨教育家办学和教育家成长规律。本书以人才学理论和教育治理现代化理论作为理论基础，从教育家办学的视角，以雷沛鸿办学实践为典型个案，全面分析他作为一名教育家的成长过程及其在办学实践中形成和展现的优秀品格，探究其办学实践的典范性特征和成功原因，对探索教育家办学和教育家治教的规律，促进教育发展，具有很强的现实意义。

教育家是指有专门的教育知识和才能，懂教育规律并能按照教育规律创造性地开展教育工作，在办学实践中取得突出成就并能形成个性鲜明的系统的教育思想，展现出高尚的人格和高远的教育追求，得到社会广泛认可并有一定社会影响力的优秀教育人才。作为高素质专业化的优秀教育人才，教育认知、教育情感、教育意志、教育实践及教育成就和影响等因素是判定教育家的基本标准。教育家和教育家办学之间是共生关系。"教育家办学"命题是针对现实中不按教育规律办学而导致教育被扭曲、被异化的"非教育家办学"倾向提出的时代要求，教育发展的内在逻辑决定了教育家办学的必然性。倡导教育家办学，对受教育者个体发展、教育者同行发展、教育学科发展乃至整个教育事业和社会发展都是十分有价值的，可以促进受教育者身心健康发展，引领教师队伍专业成长，推动教育理论创新，促进整个教育事业健康发展。

雷沛鸿是中国近现代史上一位杰出的教育家。在20世纪三四十年代的民族危急关头，他合理汲取中国传统教育的优秀思想和外国现代教育的先进经验，在广西这么一个偏远落后的省份，致力于中国教育改造和民族振兴事业，取得了令人瞩目的成就。他曾五度主政广西教育，在全省范围内大刀阔斧地对传统教育进行全面改革。根据雷沛鸿成长为教育家的递进性发展历程及其办学实践的阶段性特征，他办学实践的主要活动及成就可以划分为三个阶段：1912—1933年，这是雷沛鸿在教育领域的初探性实践阶段，主要贡献是构设广西地方教育行政组织、探寻教育"大众化"方针、初整广西教育；1933—1940年，这是雷沛鸿办学实践中的开拓性实践阶段，主要贡献是设计并推行广西普及国民基础教育运动、创建广西普及国民基础教育研究院、创建国民中学制度、实施"特种部族教育"、推行成人教育、创办广西省立医学院；1940—1952年，这是雷沛鸿完善其办学实践体系的跃升性实践阶段，主要贡献是主管国立广西大学、创建南宁农业专科学校、创办西江学院、创建广西教育研究所。

从教育家对教育的知、情、意、行、成这五个要素来看，雷沛鸿的办学实践是我国近现代教育家办学的一个典范，具有鲜明的典范性特征。他跻身政学两界，有深刻的社会认知，逐步形成了"救国必先治愚，治愚必先兴教"和"以教育治愚、救贫、救国"的思想，树立了"有教无类""一视同仁"的教育理想和"教育为公、学术为公、天下为公"的社会理想。雷沛鸿对教育有科学的认知，他在对旧教育存在的"五大弊端"予以理性批判和对外国先进教育思想进行合理吸收的基础上，逐步形成了自己对教育及其规律的独到认识、主张和智慧。雷沛鸿在正确的教育认识和深厚的教育情怀引领下，在大教育观的指导下，怀抱振兴中华民族的向往，坚守"教育为公"的信念，立足广西全省，深深扎根于办学实践，并在实践中不断积淀专业素养和实践经验，慢慢修炼出自己独特的教育智慧和教育品格。雷沛鸿深厚的教育情怀是他终身从事教育事业的内部动力和力量源泉，他百折不挠地奉献于教育事业，在教育领域有开创性的教育理论与实践建树，创造了我国现代教育史上的"广西现象"，是一位名副其实的教育家。

雷沛鸿之所以能够成为教育家办学的典范有多方面的原因。从客观因素看，当时的地域情势特别是民族危机迫使他走上教育兴邦之路，当时广西特定的政治环境促成了他的教育梦。我国近现代教育革新的时代背景营造了"教育家办学"的共生环境，特别是同时代教育家蔡元培的办学思想、陶行知的生活教育社、梁漱溟的乡村建设理论、俞庆棠等开展的民众教育实验对雷沛鸿产生了深刻的影响。从主观因素看，雷沛鸿有教育家办学的思想根基和个人修养。他的办学实践以马克思主义哲学、社会文化学、心理学和教育学作为理论基础，形成了教育为公、教育为民、政教合一、以法治教、教育与劳动相结合、教育学术服务教育行政等办学思想。雷沛鸿的办学思想与其办学实践相互促进。他丰富的人生历练与"国""民"至上的时代使命感和事业责任心，"知""行"合一的治学态度和工作作风，"情""义"至深的处世态度和人际关系，中西融合的知识结构与"学""术"兼修的管理艺术，都是他能够成为教育家办学典范的内因。

　　由于历史条件的局限，雷沛鸿的教育主张完全付诸实践的时间太短，但他的一整套教育理论和实践构想丰富了我国教育思想宝库和实践大厦，至今还值得我们学习借鉴。雷沛鸿作为教育家办学的典范，他的成功经验在推进教育综合改革、促进教育均衡发展与教育公平的今天，有助于我们探索后发展地区的区域教育改革和发展规律。从雷沛鸿作为一名教育家的成长过程及其在办学实践中形成和展现的典范性特征和养成要素看，教育家办学需要兼备内外部条件。社会发展变革和教育变革是教育家办学的外部动力，政治力量的支持和办学自主权的归位是教育家办学的外部保障。优良的知识智力、特定的教育职业能力、高尚的人格魅力、公认的教育贡献力是教育家办学的内部养成因素。教育管理专业化是实现教育家办学的重要路径，教育家办学要以区域教育发展为支点，以正确的教育政绩观作为引导，促进教育均衡发展，培养地方建设所需的合格人才。

二

　　雷沛鸿作为近现代我国著名教育家，以他丰富的理论和实践给我们留下了宝贵的教育遗产，其中所蕴含的研究价值是无穷的。通过本书我们可以看到，关于雷沛鸿教育的研究和探索还有许多值得进一步深化的地方。一是从研究方法上看，我们还可以从更多的视角运用更加丰富多样的研究方法，对雷沛鸿的办学实践和办学思想进行全方位的研究和探讨。二是雷沛鸿的办学实践丰富多彩，从他的实践经历来看，他经历了从普通教员到学校管理者，再到教育行政管理者、教育研究机构管理者等多种角色。我们可以对雷沛鸿的办学实践做进一步全方位的挖掘，研究他是怎样做教育厅厅长的，怎样做校长的，怎样做教师的，怎样做教育研究的。这样，展现在人们面前的教育家典范形象就更加丰满了。三是在我国近现代出现了教育家办学的一个"黄金期"，把每个教育家放在当时的时代大背景下，深入研究我国本土教育家办学的理论与实践，对教育家办学的典型特征、养成要素和成长规律的研究会更加深刻、全面，对当下探寻教育家办学规律会更有借鉴意义。

雷沛鸿通过办学实践历练，由一名封建传统教育者转变为开创省域现代教育改革的教育家，从对教育的本质把握与整体驾驭，到对教育功能的理解与领悟，不仅展现出精湛的学术造诣与扎实的教育理论功底，更显现出"润物细无声"的亲和力与"愿将金针度与人"的胸怀。就雷沛鸿的教育建树来看，他在教育理论上的某些见解触及了中国教育和社会变革的许多根本性问题。他在教育实践领域的开创性探索，对于中国当今的教育事业特别是对区域教育的整体改革和均衡发展都具有启示作用。我们有理由相信，随着研究的继续深入，雷沛鸿在中国教育史上的应有地位会得到进一步肯定，他的教育精神也将得到进一步传承和发扬。

# 附 录

雷沛鸿生平及事业简况①

▶ 1888年

2月11日，出生于广西南宁府宣化县东门乡津头村（今广西壮族自治区南宁市青秀区）的一个工商业者家庭。乳名寿增，行六，名沛鸿，字宾南。

▶ 1893年，5岁

入私塾，拜侄儿象谦为师，开始读四书五经、八股文范本。

▶ 1900年，12岁

读大馆，受业于擅长古文辞的莫炳奎老师，既博览史籍又遵师训，通晓史实尤重史德。

▶ 1902年，14岁

参加岁考和科考，均获第一。科考终场的题目是"天下有道则庶民不议"，雷沛鸿以"天下有道则庶民必议"为题反做文章。

▶ 1904年，16岁

到广州求学，考入两广简易师范学堂文科，不久考入广东高等学堂预科。

▶ 1905年，17岁

考入两广高等实业学堂（即后来的两广高等工业学堂）高等甲班，攻读化学，开始接触孙中山提倡的三民主义学说。

---

① 根据《雷沛鸿传》《雷沛鸿的生平和事业》《雷沛鸿文选》等文献整理。

▶ 1906年，18岁

在香港加入同盟会。

▶ 1910年，22岁

担任广州新军起义的联络和宣传工作。起义失败后回南宁。4月到桂平浔郡中学堂教书。年底回到广州，以继续求学为名参加黄花岗起义准备工作。

▶ 1911年，23岁

4月27日，参加黄花岗起义。起义失败后到桂林参加《南风报》编辑工作，继续宣传革命。不久到浔州中学、桂平中学做教员。

10月，辛亥革命爆发后，与同盟会员罗佩珩、刘崛、雷鲲池等人策动广西提督陆荣廷反正。

▶ 1912年，24岁

任左江师范监督、南宁中学校长。在津头村创办"新屋小学"。

▶ 1913年，25岁

3月，考取留学日本公费生。4月，赴日本留学。

6月，考取留学英国公费生。冬季，入英国克里福学校学习。

▶ 1914年，26岁

春季，广西当局以财政支绌为由，停发留学生费用。

第一次世界大战爆发，经推荐，年底转至纽约，加入中华革命党，任纽约分部书记。

▶ 1915年，27岁

举办华侨教育，开始半工半读生活。先后就读哥伦比亚大学夜班、米诗根大学、欧柏林大学，以政治为主科，教育为副科，兼修法律、社会、经济等科。

▶ 1916年，28岁

在留美学生工读会刊行的《工读杂志》首卷首期发表《工读主义与教育普及》一文。

▶ 1918年，30岁

完成大学课程，获欧柏林大学学士学位。

▶ 1919年，31岁

进入哈佛大学研究院深造。

▶1921年，33岁

获哈佛大学硕士学位，成为南宁留学生中获硕士学位的第一人。回国后，任广西省长公署教育科长。到任即提出在各县设督学局，加强各县教育行政管理。

10月，代表广西赴广州出席全国教育会联合会第七届年会，参加全国学制改革的讨论。

▶1922年，34岁

2月，代表广西出席广东新学制实施研究会第一次大会。

6月，广西时局动乱，离桂就任广东全省教育委员会委员，拟就《基础教育行政机构的暂行规程》，与谭平山合拟《广东普及义务教育计划》。

兼任广东高等甲种工业学校校长。

作为中国代表出席在菲律宾马尼拉市举行的远东教育大会，考察菲律宾教育。

▶1924年，36岁

应赵正平邀请到国立暨南学校（后改名为暨南大学）任教，并协助策划华侨教育。

▶1927年，39岁

年初，受国立暨南学校派遣，到菲律宾进行宣传和募捐，并考察教育。在菲律宾大学做题为《新教育与新秩序》的演讲。

3月11日，国民政府任命雷沛鸿为广西省政府委员会委员，兼任教育厅厅长。5月16日，宣誓就任广西省教育厅厅长一职。在对全省教育行政和教育状况进行调研之后，拟订《广西省教育厅组织条例》，先后向省政府委员会提交了《筹设广西中山大学草案》《整理广西全省中等学校相互关系草案》等多个有关大、中、小学教育，师范教育与民族教育的计划书，经议决通过并实施。秋季，积极筹设广西中山大学（后定名为省立广西大学）。

11月，辞职出国，以特派员身份赴欧洲考察高等教育。

当年，译著《法学肆言》由商务印书馆出版发行。开始翻译戴雪的名著《英吉利宪法的初步研究》，译著取名《英宪精义》。

▶1928年，40岁

先后考察了丹麦、瑞典、挪威、英国、法国、德国、意大利等国的教育，兼及各国政治、经济、社会、文化。曾进入丹麦庶民高等学校（国际平民大学）亲身体验学习生活。因慈母病危，8月底回到南宁。

9月，在《教育杂志》发表文章，介绍北欧的先觉者格龙维。

10月10日，参加省立广西大学开学典礼。

冬，接受高阳邀请，前往中央大学区民众教育学院任教。

▶ 1929年，41岁

6月，李宗仁、黄绍竑、白崇禧政权在蒋桂战争中失败。俞作柏、李明瑞主政广西。

7月，应俞作柏邀请，出任广西省政府委员会委员兼教育厅厅长。成立中等教育委员会，规定师范生享受贷学金。

10月，俞、李反蒋失败。雷沛鸿离职赴南洋、欧美考察。冬季，回到无锡民众教育学院、劳农学院任教。

▶ 1930年，42岁

春季，应聘到南京国立中央大学任教，讲授"英吉利宪法"课程。到北平出席第二次全国教育会议，被推为社会教育提案审查组主席、成人补习教育提案审查组委员。与蔡元培、陈鹤琴等36人提出《拟请教育部在最短期内积极提倡注音识字运动案》。在苏州等地参加中华职业教育社组织的专家会议、浙江省识字运动宣传周活动。

3月，应广东省政府主席陈真如、教育厅厅长金湘帆电邀，到广州参加广东省立民众教育学院筹办工作，行前曾与黄炎培、江问渔、沈莤斋、赵步霞、孟宪承等进行研究，致书李云亭、俞庆棠、汤茂如等征求意见。

10月，译著《英宪精义》由商务印书馆出版发行，收入万有文库，后又收入大学丛书。

同年，受聘兼任上海大夏大学教授。

▶ 1931年，43岁

任江苏省立教育学院教务主任兼研究实验部主任，参与创办惠北实验区，指导农事教育、民众教育两科系学生实习。

6月，与高阳、俞庆棠、梁漱溟、孟宪承等人发起创办中国社会教育社。

9月，"九一八"事变后，支持学生抗日救亡运动。

▶1932年，44岁

参与创办江苏省立教育学院北夏普及民众教育实验区。

6月，第三次考察菲律宾教育。

▶1933年，45岁

初夏，回广西参加第一次全省行政会议暨第四次全省教育行政会议，在会上演讲。会议通过《广西教育改进方案全稿》。

8月，为在广西全面推行国民基础教育，第四次考察菲律宾教育。

9月1日，到教育厅就职，应李宗仁邀请第三次出任广西省政府委员会委员兼教育厅厅长。4日，补行宣誓，发表《今后本省教育的实施方针》演说。

9月13日，向省政府委员会提交《广西普及国民基础教育五年计划大纲》《广西普及国民基础教育研究院开办计划》《广西普及国民基础教育试办区规程》等议案。22日通令颁行实施，创立国民基础教育制度。

9月15日，为推广民众教育，推进各项事业，组织成立广西省立博物馆筹备处。

12月11日，在南宁市津头村成立广西普及国民基础教育研究院，兼任院长。建立实验中心区，吸收全国各教育学派的人士到研究院工作。

12月24日，受省政府委托，赴梧州组织省立广西大学检定委员会和典试委员会。

▶1934年，46岁

年初，在新兴村创办研究院实验中心国民基础学校，之后又创办津头村实验国民基础学校。

1月15日，在教育厅成立特种教育委员会（即少数民族教育委员会），任委员长。

5—6月，到菲律宾、缅甸考察教育，到仰光大学做有关远东问题的报告。

7月，在南昌参加全国职业教育会议，提出建立中国职业教育的提案。积极呈请省政府批准创办广西省立医学院，经议决通过，聘戈绍龙博士任院长、张镕、李祖蔚为教授。主持制定的《广西全省中等教育改造方案并说明书》经省政府议决通过。

9月23日，在省政府纪念周做《一年来本省教育之回顾与前瞻》报告。

10月，召集全省省立中学校长会议，讨论中等教育改造事宜。通令各中等学校依据改造方案，按照各校实际，拟出详细改革计划，报教育厅备案。

10月25日，《广西普及国民基础教育五年计划大纲》改为《广西普及国民基础教育六年计划大纲》，《广西普及国民基础教育试办区规程》改为《广西普及国民基础教育指导区规程》，并经省政府议决通过。

12月，主持制定的《广西省特种教育区域设校补助金办法》颁布实施。

▶ 1935年，47岁

1月，主持创办的广西省立特种教育师资训练所在南宁成立。

3月，主持制定的《广西国民基础学校办理通则》公布。为促进全省中等教育与国民基础教育的工作，组织全省中等学校自然科、语言科、图画科及国民基础教育行政成绩展览会，任筹备委员会委员长。

4月，任广西建设研究院筹备委员。

5月，主持广西教育总会改组和成立广西教育会的筹备工作。23日，陪同广西大学校长马君武参观研究院科学馆、实验工场和小先生班。

6月24日，在研究院训干会上做《华北告警！显身国民基础教育者应有之觉悟与努力》的演讲，对国民党蒋介石集团的不抵抗行为予以严厉抨击。

7月，组织全省大规模的暑假讲习会，共有1300多名各县第三科科长、县督学或教育科员参加。在南宁的讲习会上主讲国民基础教育概论。先后接到北平、清华、武昌、南开等著名大学的校长、院长、系主任来信，推荐毕业生到广西工作。

7月19日，当选为南宁学术研究会负责人之一。

8月11日至20日，全省中等学校自然科、语言科、图画科及国民基础教育行政成绩展览会在南宁举办，为展览作序。

8月12日至15日，中国科学社、中国工程师学会和中国化学、地理学、动物学、植物学学会等6个学术团体在南宁举行联合年会，雷沛鸿担任联合年会总委员会委员长和省政府招待各学会来桂开会委员会委员长。到会中外会员300多人，连续进行了4天公开学术演讲，各界听众约1万人次。会议期间参观了广西普及国民基础教育研究院等单位。联合年会主席团主席竺可桢称该年会为各学术团体自有史以来的空前大会。

8月26日，广西普及国民基础教育研究院公开招考的生产教育人员训练班开学。

同月，决定在全省24个偏僻贫困的县份开办表证中心国民基础学校，主持制订《广西表证中心国民基础学校事业纲要》。主持制定的《广西省特种教育实施方案》颁布实施。广西省教育学会成立，有会员1000多人，经第一届会员代表大会推举雷沛鸿为理事。

9月22日，费孝通应邀参加研究院在南宁麻村国民基础学校召开的周会，并做《民俗学大要》学术报告。

10月15日，研究院办的幼稚师范班开学，雷沛鸿任班主任，主讲国民基础教育概论，聘孙铭勋、方与严、满谦子、徐敬五、杭苇等为讲师。

▶ 1936年，48岁

元旦，广西省政府颁布普及教育令，同时颁布各县实施强迫教育办法。

1月14日，赴广州参加中国社会教育社理事会和年会，在会上宣读广西普及国民基础教育运动的实验报告。28日，中国社会教育社广西考察团俞庆棠、陈礼江等66人抵邕，在南宁等地考察国民基础教育运动，半月后返穗。

2月，主持制定的《广西国民中学办法大纲》和《广西国民中学组织规程》颁布，创制国民中学制度。

2月23日，主持研究院周会，全院同工同学近200人参加，以"中国话写法拉丁化"为中心议题。会上，指定徐敬五、杭苇、李志坚、陈希文、唐文粹5人为研究院新文字研究会筹备委员，南宁的新文字研究得到很大发展。

3月，邕宁、桂平、苍梧3所国民中学招生。在《广西普及国民基础教育研究院日刊》上发表《整个教育体系的演进》一文。

4月，主持制定的《广西省立中心国民基础学校办法大纲》颁布。省立中心国民基础学校以"具有比较完善的设备，从研究实验中求取经济有效的普及国民基础教育方法，俾省内各级国民基础学校的改进有所取择"为办理宗旨。

5月10日，陶行知到研究院参观并演讲。17日，雷沛鸿陪同陶行知参观南宁维新镇中心国民基础学校。

5月16日，在《广西普及国民基础教育研究院日刊》上发表《广西全省成人教育实施方案的设计研究》一文，复主持制定《广西省实施非常时期成人教育方案》。

同月，收到美国哈佛大学请柬，邀请回校参加300周年校庆。

6月15日，出资购置茶点欢送生产教育人员、训练班学员、各县表证中心国民基础学校教职员等。24日，研究院同工欢送雷沛鸿赴美国。雷沛鸿鼓励大家今后无论在省内、省外以至国外工作，皆应认定目标，致力于国民基础教育，鼓舞全体劳苦群众一致参加民族解放运动。

同月，"两广事变"爆发，雷沛鸿辞职，广西普及国民基础教育研究院停办。在研究院工作学习的一批共产党员、共青团员、进步教师先后被迫离开广西，部分前往延安。

8月1日，赴欧美考察，并到哈佛大学参加300周年校庆，呈送有关普及国民基础教育运动的报告作为献礼。

同年，在《教育杂志》发表《三年间广西国民基础教育运动的回顾与前瞻》。为广西大学1936级毕业生题写赠言："或努力于科学研讨，或努力于技术致用，及其成功一也。"着手草拟广西高等教育整理计划。

▶ 1937年，49岁

7月，卢沟桥事变发生，在海外闻讯极为震惊，立即终止考察，奔赴国难。7月下旬回到南宁，到各县视察，并做国外教育考察报告。

7月10日，主持制定的《广西国民中学办法大纲》《广西国民中学组织规程》被废止。

8月1日，由梧州乘海轮前往上海，后到江苏省立教育学院。

8月13日，日军大规模进攻上海。每日收录英语新闻广播，翻译成中文，编写抗战简讯交学生及时宣传。后到第五战区民众总动员委员会工作，奔走于津浦陇海路之间宣传抗日救国。

▶ 1938年，50岁

年初，江苏省立教育学院迁至桂林。兼任教授，讲授成人教育、教育哲学，并与董渭川、童润之等人对国民中学进行再设计。

3月5日，福建《抗战教育》创刊号发表雷沛鸿草拟的《中华民国战时民众教育方案（初稿）》，后国立中山大学《教育研究战时特刊》第一期转载。

夏季，与胡愈之、林砺儒、陈此生、李任仁、陈劭先等发起筹设桂林文化供应社。

8月7日，参加全省中等学校校长会议，讨论推进科学教育问题。同月，复任广西省政府委员会委员、广西普通考试监试委员。

9月，应迁至桂林的华中大学邀请，做《广西地方文化的研究一得》演讲，《教育通讯》《中国农村》《广西日报（桂林版）》先后刊载。国立浙江大学疏散到广西宜山，应校长竺可桢聘请，兼任该校训导长及主任导师，讲授《教育哲学》，做《导师制300年来在哈佛之演进》等演讲。

10月19日，被省政府聘为广西省会战时民众教育指导委员会委员。

11月16日，经省政府议决，定次年为广西成人教育年。

12月15日，生活教育社在桂林中山纪念学校成立，与陶行知、黄炎培、林砺儒、田汉、徐特立、张劲夫、杨东莼等33人被选为理事。

▶ 1939年，51岁

1月21日，在国立浙江大学导师会上汇报与孟宪承草拟的《导师任务案》。

2月，在《教育通讯》上发表《民族战争与民族教育》，后又发表《再论民族战争与民族教育》。受聘任广西省成人教育年推行委员会委员。

7月，第四次出任广西省政府委员会委员兼教育厅厅长。

8月15日，为训练抗战戏剧音乐人才，广西省立音乐戏剧馆附设的艺术师资训练班开学，雷沛鸿任校长。

9月，委托江苏省立教育学院研究国民中学问题，包括培养目标、课程、教材等内容。

11月，日军入侵广西南部，疏散到田阳的广西省立医学院处于动荡之中，雷沛鸿代行院长职责（院长为省政府主席黄旭初），经整理院务，教学秩序恢复正常。

▶ 1940年，52岁

3月，为适应抗日救国的需要，在教育厅内设电化教育室。

同月，赴重庆出席全国国民教育会议。会议将广西省普及国民基础教育经验推行于全国。

5月，拟订《广西省普及国民教育五年计划大纲》，并向有关方面做《今后本省国民教育实验问题》专题报告，汇报全国会议精神。

5月，创办广西教育研究所，聘李任仁为所长，陈鹤琴、陈剑修等为委员，钱实甫为特约研究导师，丁绪贤等为研究导师，董渭川等为教授，雷沛鸿任委员及教授。

6月12日，在省临时参议会第三次大会上做题为《当前本省教育施政的重大问题》的报告。30日，在省青年会做题为《三年抗战与百年教育》的演讲。同月，在《建设研究月刊》上发表《六年来广西国民基础教育》一文。

8月28日，被任命为国立广西大学校长。任职期间采取"兼收并蓄"的办法，提倡学术自由，先后聘童润之为农学院院长、李四光为理工学院院长，请丁西林、欧阳予倩、梁漱溟、李济深等学者名流到校演讲，校园民主气氛活跃。

9月17日，为国立广西大学农学院师生做题为《农业科学与现代中国》的专题报告。

10月，到柳州为第四战区抗日宣传训练班做抗日演讲。

11月，南宁得以收复，为纪念广西南部18县失地收复，协助战区复兴，培植农业技术人才，倡议创办南宁农业专科学校，提出"教育为公"的办学宗旨。

▶1941年，53岁

3月，筹设国立广西大学法商学院。

8月15日，国民政府以"另有任用"为名免去雷沛鸿国立广西大学校长职务。广西大学张先辰、黄现璠等40多位教授联名上书广西省政府主席挽留。雷沛鸿暂调到广西科学实验馆（桂林）工作，任驻馆常务委员，主持科学实验馆日常工作。

11月17日，赴广州国立中山大学研究院演讲。

▶1942年，54岁

1月25日，参加中国教育学会广西分会第一次学术会议，讨论"今后三年之中国教育计划"，谈及对教育行政的研究。

3月16日，参加中国教育学会广西分会第二次学术会议，发表题为《从行政学理研究试探与解决国民中学制度之当前重要问题》的演讲。同月，在蔡元培逝世两周年之际，在《文化杂志》发表《学习蔡先生的"学"与"教"》一文。

4月12日，参加中苏文化协会桂林分会全体会员大会，被推为理事。

5月中旬，到国立中山大学研究院工作，历时1个月。

8月，全省国民中学发展到48所，但教师、设备、教材等与国民中学培养目标的要求不适应。受聘主持广西省政府国民中学教材修订编纂委员会，负责修订国民中学课程标准和编纂各科教材。主持重新制定的《广西国民中学办法大纲》《广西国民中学组织规程》《广西国民中学校长导师任用及服务规程》《国民中学最低限度设备标准》经省政府颁布实施。

11月5日，与林砺儒、梁漱溟、林仲达等14人一同受聘为广西省中学教材编纂委员会委员。

▶1943年，55岁

1月13日，出任广西教育研究所所长，所内设中等教育、国民教育2个研究室。

2月，广西省立实验国民中学改为广西教育研究所附属实验国民中学。

8月1日，主持广西大学校友会召开的马君武校长逝世3周年纪念会。

▶1944年，56岁

2月12日，与田汉、欧阳予倩、熊佛西等参加西南剧展筹委会在乐群社举行的茶会。

3月初，与苏希洵等先后在南宁、桂林、重庆等地商议在桂南创办一所高等学校。

5月，主持制定的《广西国民中学课程标准》经省政府颁布。

6月，拟订《发展国民大学教育计划大纲草案》和《筹设广西文理学院暨专科学校计划草案》，邀集21名热心教育的人士讨论创办国民大学的具体问题。

6月28日，桂林文化界抗战工作协会在艺术馆召开成立大会，推举李济深为会长，雷沛鸿等27人为工作委员。

7月，组成西江学院筹备委员会，通过雷沛鸿拟订的《创设西江学院建议书》，向各县倡议捐款，首先得到邕宁县参议会响应，承担建置费1000万元。

9月，日军第二次入侵广西，雷沛鸿随广西教育研究所辗转疏散至田阳、那坡，后迁至百色，继续筹建西江学院。

11月，西江学院校董事会成立，雷沛鸿与苏希洵、白鹏飞、李任仁等16

人任校董事、林虎、邓家彦、李四光、李宗仁等16人及联立各县的参议会议长任名誉董事。校董事会聘请雷沛鸿出任院长。

▶1945年，57岁

2月22日，公立西江学院正式成立。

9月，广西教育研究所和公立西江学院迁回南宁，以原广西普及国民基础教育研究院旧址为院址，与私立南宁农业专科学校合并。

▶1946年，58岁

2月8日，邀请在南宁的各界人士举行春节联欢会，成立西江学院协进会南宁总会。

5月6日，在西江学院纪念周演讲中提出"实事求是"是西江学院要树立的学风。

5月26日，西南联合大学教授王力应邀请，到西江学院做题为《读书的兴趣和方法》的演讲。

7月1日，在教育部任督学的中共党员刘寿祺趁到广西视察教育之机，前往西江学院拜会雷沛鸿，参加纪念周大会并演讲，对其倡导的普及国民基础教育运动和国民中学制度、西江学院给予高度评价。

暑假，发动西江学院第一期建设费募捐，带头捐款100万元修建图书馆、大礼堂等。

11月，赴香港为学院采购图书及理化实验仪器、药品。

▶1947年，59岁

1月，为纪念抗日战争中闻名中外的昆仑关战役，与邕宁、宾阳两县人士筹建昆仑关文献馆。

1月21日，应邀到邕宁县立国民中学演讲，并参加全体师生的同乐会。

2月5日，为纪念先父，奖励清寒学生，设置西江学院季元公学术奖助纪念基金。

4月，福建省《江声报》以显著位置登载《广西的新教育》一文，介绍国民中学。

8月，经广西省教育学会第二届会员代表大会推举，再次担任理事。

11月，在南宁《中央日报》发表《我的自白》，阐述自己的教育人生、教育理想及社会理想，以竞选国民政府立法院立法委员。

▶1948年，60岁

年初，省政府裁撤广西教育研究所，其人员编制拨入广西省立西江学院。

5月9日，为《国民中学教育丛书》作序。当月，当选为国民政府立法院南区教育会立法委员。

7月4日，中国教育学会广西分会在桂林举行抗战胜利后的首次会议，研究教育政策与教育制度。会议选举雷沛鸿和陈剑修、满谦子等7人为理事。

10月，西江学院附属实验中学改为附属实验中学，进行"三三制"初高中学制与国民中学制度的实验研究。

11月，发起建立西江学院自然科学馆募捐。

▶1949年，61岁

2月，为将西江学院建成西江大学，赴南洋募捐，并到美国游学。

6月，回到香港，以个人名义邀请在港知名人士林林等20余人开座谈会，座谈新民主主义教育问题，表示今后要致力于新民主主义教育事业。

10月，参加香港各界在金陵酒家举行的庆祝中华人民共和国成立集会，并发表讲话，倾诉对新中国的无限希望。

▶1950年，62岁

1月，随广西工作团张云逸、雷经天等从广州回桂，在广西桂平的大湟江口与解放军联欢。回到南宁后，继续担任西江学院院长，致力于新民主主义教育事业。

▶1967年，79岁

7月21日，病逝于南宁。

# 参考文献

（一）著作类

[1]曹天忠. 教育与社会改造：雷沛鸿与近代广西教育及社会 [M]. 天津：天津古籍出版社，2004.

[2]陈孝彬. 教育管理学：修订版 [M]. 北京：北京师范大学出版社，1999.

[3]陈友松. 雷沛鸿教育论著选 [M]. 北京：人民教育出版社，1992.

[4]程斯辉. 中国近代教育管理史 [M]. 武汉：武汉工业大学出版社，1989.

[5]程斯辉. 中国近代大学校长研究 [M]. 北京：人民教育出版社，2010.

[6]程斯辉，蒲蕊，黄解放. 教育家办学的理论与实践探索 [M]. 武汉：湖北人民教育出版社，2014.

[7]褚宏启，杨海燕，等. 走向校长专业化 [M]. 上海：上海教育出版社，2009.

[8]董宝良，周洪宇. 中国近现代教育思潮与流派 [M]. 北京：人民教育出版社，1997.

[9]高时良. 中国教育史论丛 [M]. 福州：福建教育出版社，2009.

[10]葛声海. "教育家办学"的思考：增订本 [M]. 武汉：华中科技大学出版社，2011.

[11]广西雷沛鸿教育思想研究会. 雷沛鸿教育思想研究文集：1 [M]. 南宁：广西教育出版社，1992.

[12]广西雷沛鸿教育思想研究会. 雷沛鸿教育思想研究文集：2 [M]. 南

宁：广西教育出版社，1995.

[13]广西雷沛鸿教育思想研究会. 雷沛鸿教育思想研究文集：3 [M]. 南宁：广西教育出版社，2001.

[14]广西普及国民基础教育研究院本院总报告编辑委员会. 广西普及国民基础教育研究院三年来工作总报告 [R]. 1936.

[15]广西省政府编译委员会. 国民基础教育与广西建设 [M]. 南宁：广西省政府编译委员会，1940.

[16]广西辛亥革命史研究会. 民国广西人物传 [M]. 南宁：广西人民出版社，1983.

[17]郭道明. 雷沛鸿国民教育概论 [M]. 桂林：广西师范大学出版社，1998.

[18]胡德海. 雷沛鸿与中国现代教育 [M]. 兰州：甘肃教育出版社，2001.

[19]教育部教育年鉴编纂委员会. 第二次中国教育年鉴 [M]. 北京：商务印书馆，1948.

[20]雷坚. 雷沛鸿传 [M]. 南宁：广西人民出版社，1997.

[21]雷克啸，夏传礼. 中外著名教育家 [M]. 哈尔滨：黑龙江教育出版社，1985.

[22]李彦福，黄启文，莫雁诗，等. 广西教育史料 [M]. 南宁：广西人民出版社，1990.

[23]梁启超. 梁启超全集 [M]. 北京：北京出版社，1999.

[24]梁上燕，亢真化. 国民基础学校的行政问题 [M]. 南宁：民团周刊社，1938.

[25]林森. 教育家办学导论：校长专业化发展的使命与策略 [M]. 北京：人民教育出版社，2010.

[26]刘业超. 雷沛鸿高等教育理论研究 [M]. 长沙：湖南教育出版社，2001.

[27]罗洪铁，周琪. 人才学原理 [M]. 北京：人民出版社，2013.

[28]吕渭源，李子健，苏兵民. 中外著名教育家大全 [M]. 北京：警官教育出版社，1995.

[29]毛礼锐，沈灌群. 中国教育通史：第6卷 [M]. 济南：山东教育出版社，1989.

[30]毛礼锐. 中国古代教育家传 [M]. 北京：北京师范大学出版社，1987.

[31]蒙荫昭，梁全进. 广西教育史 [M]. 南宁：广西人民出版社，1999.

[32]南宁市地方编撰委员会. 南宁市志：文化卷 [M]. 南宁：广西人民出版社，1998.

[33]钱宗范. 雷沛鸿的生平和事业 [M]. 南宁：广西教育出版社，1998.

[34]沈灌群，毛礼锐. 中国教育家评传：3卷 [M]. 上海：上海教育出版社，1989.

[35]沈国经. 中外著名教育家事典 [M]. 沈阳：辽宁教育出版社，1995.

[36]舒新城. 致青年书 [M]. 上海：中华书局，1931.

[37]舒新城. 中国近代教育史资料：下册 [M]. 2版. 北京：人民教育出版社，1981.

[38]孙孔懿. 论教育家 [M]. 北京：人民教育出版社，2006.

[39]孙培青. 中国教育史：修订版 [M]. 上海：华东师范大学出版社，2000.

[40]王晶晶. 教育家办学：改造学校之路 [M]. 杭州：浙江大学出版社，2013.

[41]韦善美，程刚. 雷沛鸿教育思想研究 [M]. 沈阳：辽宁教育出版社，1994.

[42]韦善美，马清和. 雷沛鸿文集：上册 [M]. 南宁：广西教育出版社，1989.

[43]韦善美，马清和. 雷沛鸿文集：下册[M]. 南宁：广西教育出版社，1990.

[44]韦善美，马清和. 雷沛鸿文集：续编 [M]. 南宁：广西教育出版社，1993.

[45]韦善美，潘启富. 雷沛鸿文选 [M]. 桂林：广西师范大学出版社，1998.

[46]温家宝. 温家宝谈教育 [M]. 北京：人民教育出版社，2013.

[47]吴桂就. 雷沛鸿与民族教育体系 [M]. 桂林：广西师范大学出版社，2002.

[48]吴志宏，冯大鸣，周嘉方. 新编教育管理学 [M]. 上海：华东师范大学出版社，2000.

[49]杨东平. 艰难的日出：中国现代教育的20世纪 [M]. 上海：文汇出版社，2003.

[50]杨东平. 教育：我们有话要说 [M]. 北京：中国社会科学出版社，1999.

[51]杨际贤，李正心. 二十世纪中华百位教育家思想精粹 [M]. 北京：中国盲文出版社，2001.

[52]岳超源，陈铤. 教育系统决策 [M]. 贵阳：贵州人民出版社，1988.

[53]张传燧. 解读中国近现代教育思想 [M]. 广州：广东教育出版社，2009.

[54]张骏生. 人才学 [M]. 北京：中国劳动社会保障出版社，2006.

[55]赵恒平，雷卫平. 人才学概论 [M]. 武汉：武汉理工大学出版社，2009.

[56]赵祥麟.外国教育家评传：4卷[M].上海：上海教育出版社，2002.

[57]政协广西壮族自治区委员会文史资料研究委员会，致公党广西壮族自治区委员会.雷沛鸿纪念文集[M].桂林：广西师范大学出版社，1988.

[58]中国人民政治协商会议广西壮族自治区委员会文史资料委员会.广西文史资料选辑：第37辑：桂系大事记[Z].南宁：广西区政协文史资料编辑部，1993.

[59]钟文典.20世纪30年代的广西[M].桂林：广西师范大学出版社，1993.

[60]钟文典.广西通史：第3卷[M].南宁：广西人民出版社，1999.

[61]周川，黄旭.百年之功：中国近代大学校长的教育家精神[M].福州：福建教育出版社，1994.

## （二）报刊论文类

[1]包国庆.教育史研究中的方法论智慧：韦善美先生倡导雷沛鸿教育思想研究中的系统方法论启示[J].教育史研究，2000（3）：10-12.

[2]蔡梓权.国民基础教育运动与雷沛鸿教育思想[J].广西右江民族师专学报，1998，11（3）：37-40.

[3]曹天忠.哈佛、欧柏林大学游学工读与雷沛鸿的教育思想[J].广东社会科学，2001（2）：80-85.

[4]曹天忠.雷沛鸿与孙中山[J].广西地方志，2001（5）：10-16.

[5]曹又文.论雷沛鸿的教育爱国思想[J].广西师范大学学报（哲学社会科学版），1991（3）：37-43.

[6]曹又文.雷沛鸿教育思想的演进[J].广西师范大学学报（哲学社会科学版），1993，29（2）：39-45.

[7]陈深汉.雷沛鸿教育为公思想的内涵与实践[J].南宁职业技术学院学报，2007，12（1）：41-44.

[8]陈时见.教育大众化的开创性探索：雷沛鸿教育活动述评[J].东疆学刊，1994，14（2）：29-33.

[9]陈时见.雷沛鸿国民基础教育理论与实践及其借鉴意义[J].广西师范大学学报（哲学社会科学版），1996，32（3）：77-82.

[10]陈时见.雷沛鸿教育改革论的宏观考察[C]//纪念《教育史研究》创刊

二十周年论文集（2）：中国教育思想史与人物研究，2009：864-869.

[11]陈时见.论雷沛鸿的比较教育研究与应用 [J].右江民族师专学报，1998，11（3）：26-28.

[12]陈晞.关于"教育家办学"的思考[J].上海教育科研，2009（2）：20-23.

[13]陈祥龙."教育家办学"的内涵及启示 [J].基础教育，2012，9（1）：17-20.

[14]程刚.雷沛鸿教育思想中的"救愚"主题及其现实意义 [J].教育科学，2000（2）：56-58.

[15]程刚.雷沛鸿高等教育思想浅识 [C]//纪念《教育史研究》创刊二十周年论文集（2）：中国教育思想史与人物研究，2009：507-510.

[16]程斯辉.当代教育家论 [J].教育评论，1991（6）：6-9.

[17]程斯辉.中国近代大学校长成为教育家的当代意义 [J].河北师范大学学报（教育科学版），2007（5）：5-13.

[18]戴本博.雷沛鸿的治学之道 [J].中国高教研究，1993（6）：91-93.

[19]但昭彬，广少奎.雷沛鸿高等教育思想探析 [J].教育史研究，2003（4）：39-42.

[20]董宝良.雷沛鸿的教育本质及其思想渊源 [C].纪念《教育史研究》创刊二十周年论文集（2）：中国教育思想史与人物研究，2009：1418-1424.

[21]冯林超，邓和平.从苏霍姆林斯基办学实践看教育家办学 [J].教育探索，2014（5）：4-6.

[22]冯志军，钟逸.我国《教育法》中的办学自主权及其实施 [J].教学与管理，2004（10）：10-12.

[23]高敏贵，潘启富.论雷沛鸿穷省办大教育的历史经验 [J].广西教育学院学报，1996（2）：1-7.

[24]高敏贵.雷沛鸿教育思想第七次学术讨论会综述 [J].教育评论，1998（3）：79.

[25]高敏贵.雷沛鸿创制国民中学对我们进行素质教育的启示 [J].基础教育研究，1998（2）：10-13.

[26]耿有权.教育家办学的典范：兼评张亚群教授新著《自强不息 止于至善——厦门大学校长林文庆》[J].大学教育科学，2013（1）：1.

[27]顾明远. 论中国传统文化对中国教育的影响 [J]. 杭州师范学院学报（社会科学版），2004（1）：1-9.

[28]顾明远. 扬雷公高教思想 论当今教改实践：读《雷沛鸿高等教育理论研究》[J]. 教育史研究，2001（4）：90-91.

[29]顾明远. 让懂得教育的教育家办学 [J]. 现代远程教育研究，2011（4）：3-7.

[30]郭道明，马佳宏. 雷沛鸿教育经济学思想撷英 [J]. 教育评论，1991（4）：58.

[31]郭道明. 雷沛鸿师范教育思想初探 [J]. 广西师范大学学报（哲学社会科学版），1996，32（2）：72-76.

[32]郭齐家. 雷沛鸿：从整体上探索中国教育出路的先行者 [J]. 中国教育学刊，1993（3）：39-41.

[33]郭齐家. 立意宏大 开掘精深：评刘业超著《雷沛鸿高等教育理论研究》[J]. 湘潭大学社会科学学报，2002，26（5）：160-161.

[34]郭振有. 教育家办学：时代的呼唤 [J]. 中国教育学刊，2012（10）：卷首语.

[35]瀚青. 论雷沛鸿的师道观 [J]. 华东师范大学学报（教育科学版），1998（2）：82-88.

[36]何红玲. 雷沛鸿的成人教育观 [J]. 中国成人教育，2001（12）：62-63.

[37]何勇. 教育家办学的四大"敌人" [N]. 人民日报，2007-04-26（13）.

[38]胡弼成，成雁瑛. 办学型教育家：大学校长的职业追求 [J]. 高教探索，2013（3）：5-10.

[39]胡德海. 论中国历史上的教育家 [J]. 教育研究，1998（8）：43-47.

[40]金生鈜. 以教育为志业：教育家的精神实质 [J]. 中国教育学刊，2011（7）：1-6.

[41]柯佑祥. 试论雷沛鸿的教育思想 [C]//纪念《教育史研究》创刊二十周年论文集（2）：中国教育思想史与人物研究，2009：830-832.

[42]赖进宝. 雷沛鸿国民基础教育思想的精华 [J]. 基础教育研究，1996（2）：4.

[43]雷坚. 爱国教育家雷沛鸿 [J]. 社会科学探索，1989（5）：58-62.

[44]雷沛鸿. 广西国民基础教育运动的时代使命 [J]. 教育杂志，1936，26（2）：26.

[45]李德韩. 论雷沛鸿教育思想及其实践 [J]. 广西师范大学学报（哲学社会科学版），1991（3）：30-36.

[46]李剑萍. 雷沛鸿与20世纪前半期中国成人教育 [J]. 河北师范大学学报（教育科学版），1999，1（3）：73-76.

[47]李林波，徐健. 浅议雷沛鸿投资国民基础教育的"教育经济学"思想 [J]. 桂林师范高等专科学校学报，2002，16（4）：14-18.

[48]李露. 雷沛鸿教育法律思想渊源初探 [J]. 学术论坛，1999（2）：96-99.

[49]李露. 论雷沛鸿教育行政管理思想与实践 [J]. 华东师范大学学报（教育科学版），1998（1）：18，81-89.

[50]李明刚. 论雷沛鸿的民族教育体系：普及"国民基础教育"运动 [J]. 四川教育学院学报，1996，12（3）：21-24.

[51]李万县. 雷沛鸿的民族·文化·教育思想 [J]. 黑龙江教育学院学报，1993（1）：10-13.

[52]李彦福. 广西普及国民基础教育运动时期的壮族教育 [J]. 广西民族研究，1993（2）：13-18.

[53]李彦福. 雷沛鸿教育思想与广西民族教育 [C]//纪念《教育史研究》创刊二十周年论文集（2）：中国教育思想史与人物研究，2009：838-842.

[54]李业才，吴佩杰. 雷沛鸿教育方法论析 [J]. 广西右江民族师范高等专科学校学报，1999，12（4）：84-88.

[55]梁全进. 缅怀先贤人生　弘扬沛鸿思想：雷沛鸿诞辰110周年纪念会暨雷沛鸿教育思想学术讨论会在京召开 [J]. 中国教育学刊，1998（2）：61-62.

[56]林洞笙. 雷沛鸿在广西民族地区推行成人教育的作法与启示 [C]//纪念《教育史研究》创刊二十周年论文集（2）：中国教育思想史与人物研究，2009：781-783.

[57]林家有. 论雷沛鸿的价值观 [J]. 广西右江民族师范高等专科学校学报，1998，11（4）：74-78.

[58]林良夫. 民国时期教育家群体特征论析 [J]. 华东师范大学学报（教育

科学版），1999（4）：81-91.

[59]林森.怎么样才是"教育家办学"？：关于"教育家办学"的十个视角 [N].中国教育报，2010-05-11（5）.

[60]凌玲，贺祖斌.教育生态学视野中的区域教育规划 [J].教育发展研究，2005（5）：66-68.

[61]刘庆昌.论教育家 [J].山西大学学报（哲学社会科学版），2001，24（5）：6-11.

[62]刘琼芳.雷沛鸿的西部教育思想及对当前桂西教育发展的启示 [J].中共桂林市委党校学报，2003，3（3）：43-46.

[63]刘堂江.《敢峰教育思想述评》序 [J].教育文汇，2010（8）：48-50.

[64]刘学军.简论"教育家办学" [J].辽宁教育行政学院学报，2013（3）：66-69.

[65]刘兆伟，赵伟.雷沛鸿的教育立法思想与实践 [J].辽宁教育学院学报，1999，16（6）：47-50.

[66]刘兆伟，赵伟.论雷沛鸿师范教育改革思想与其现实意义 [J].辽宁高等教育研究，1998（4）：38-42.

[67]刘兆伟，赵伟.雷沛鸿教育管理思想的内涵、特点及于今日之思考 [J].辽宁高等教育研究，1995（6）：110-115.

[68]吕云飞.略论雷沛鸿的民众教育思想和实践 [J].河南大学学报（社会科学版），1998，38（5）：81-85.

[69]马佳宏.雷沛鸿教育管理思想论纲 [J].广西右江民族师范高等专科学校学报，1999，12（2）：11-13.

[70]马清和，刘业超.雷沛鸿的开放性、世界性眼光 [J].广西地方志，2001（2）：53-57.

[71]马清和，韦善美.雷沛鸿传略 [J].晋阳学刊，1990（5）：100-109.

[72]马清和.雷沛鸿先生与民族教育 [J].文史春秋，1994（5）：61-62.

[73]马秋帆.雷沛鸿与梁漱溟教育思想的比较研究 [J].沈阳师范学院学报（社科版），1993（1）：94-99.

[74]马秋帆.雷沛鸿在中国现代教育史上的地位 [J].沈阳师范学院学报（科社版），1988（2）：39-45.

[75]马玉霞.对教育家办学问题的思考 [J].河南社会科学，2012，20（6）：73-74.

[76]牟映雪，牟科荣.雷沛鸿的儿童教育观及现实意义 [J].江西教育学院学报，1997（4）：73-76.

[77]牟映雪.雷沛鸿与晏阳初教育思想之比较 [C]//纪念《教育史研究》创刊二十周年论文集（2）：中国教育思想史与人物研究，2009：1653-1658.

[78]潘懋元.成为教育家的"机遇" [N].中国教育报，1999-09-14（4）.

[79]潘启富.雷沛鸿创立的国民中学制度 [J].广西教育学院学报，1997（1）：19-25.

[80]潘启富.雷沛鸿教育法治思想与实践浅析 [J].广西师范学院学报（哲学社会科学版），2005，26（4）：22-26.

[81]彭福星.雷沛鸿教育思想之魂 [J].教学与科研，1992（2）：14-25.

[82]邱德峰.教育家办学的道与路 [J].西安文理学院学报（社会科学版），2014，17（4）：109-112.

[83]曲铁华.试论雷沛鸿改革高等教育的理论与实践 [J].辽宁教育学院学报，1994（2）：45-47.

[84]宋恩荣.民族主义教育家雷沛鸿 [J].广西师范大学学报（哲学社会科学版），1993，29（2）：28-38.

[85]宋荐戈.雷沛鸿主持下的广西教育改革和陕甘宁边区教育改革之比较 [J].广西教育，1998（5）：8-10.

[86]谭群玉，曹又文.雷沛鸿和新桂系的思想比较 [J].广西社会科学，1997（1）：104-106.

[87]谭群玉.论雷沛鸿的教育哲学观 [J].广西师范大学学报（哲学社会科学版），1991（3）：44-50.

[88]唐彪.教育家办学的现实困惑与出路展望 [J].遵义师范学院学报，2011，13（5）：97-100.

[89]田正平，肖朗.中国近代教育家群体特征综论 [J].教育研究，1999（11）：47-52.

[90]汪灏.雷沛鸿教育思想研究发展概述 [J].广西右江民族师范高等专科学校学报，1999，12（2）：7-10.

[91]王长纯.教育家二题：教育家精神与教育家办学：以傅任敢先生为例[J].首都师范大学学报（社会科学版），2013（1）：121-125.

[92]王慧.师范教育改革的一个成功范例：雷沛鸿师范教育思想及实践[J].河北大学学报（哲学社会科学版），2004，29（3）：40-42.

[93]王建梁，全红.雷沛鸿与广西教育现代化：一个教育立法的视角[J].广西大学学报（哲学社会科学版），2001，23（增刊）：211-213.

[94]王晓辉.关于教育治理的理论构思[J].北京师范大学学报（社会科学版），2007（4）：5-14.

[95]王湛.教育家成长的环境建设与政策推动[J].中国教育学刊，2013（1）：1-3.

[96]王湛.教育治理现代化与教育家办学[J].人民教育，2014（14）：1.

[97]韦善美.关于雷沛鸿及其教育思想研究[C]//纪念《教育史研究》创刊二十周年论文集（2）：中国教育思想史与人物研究，2009：855-858.

[98]韦善美.雷沛鸿研究十年[J].右江民族师专学报，1998，11（2）：71-72.

[99]韦善美.雷沛鸿的国民基础教育理论与实践[J].基础教育研究，1994（5）：2-3.

[100]吴桂就.雷沛鸿的教育理论与实践[J].学术论坛，1990（2）：47-51.

[101]吴桂就.论雷沛鸿构建"民族教育体系"的理论基础[J].广西民族学院学报（哲学社会科学版），2000，22（4）：126-134.

[102]吴桂就.陶行知与雷沛鸿教育实践的相互关系[J].中国教育学刊，1993（4）：58-60.

[103]夏康开.雷沛鸿教育思想简论[J].重庆教育学院学报，1997（4）：35-39.

[104]徐建奇.雷沛鸿教师思想探微[J].乐山师范学院学报，2005，20（11）：107-110.

[105]徐卫红.雷沛鸿的教育理想及其时代命运[J].江西教育科研，1998（5）：68-70.

[106]徐莹晖.民国教育家办学的个案研究：陶行知和晓庄学校[J].生活教育，2013（12）：26-29.

[107]许国动.我国现代大学校长遴选机制研究 [J].国家教育行政学院学报，2010（6）：18–22.

[108]阎广芬.雷沛鸿：探索中国成人教育出路的先行者 [J].中国成人教育，1996（4）：38–40.

[109]阎广芬.雷沛鸿教育思想的精华 [J].河北大学学报，1996（增刊）：99–103.

[110]杨洁.试论雷沛鸿的民族教育思想体系 [J].教育史研究，2000（1）：59–63.

[111]杨聚鹏，苏君阳.制度学视野中我国高校办学自主权的演变和发展研究：基于权力分配的视角 [J].现代大学教育，2012（2）：56–62.

[112]杨骞."教育家办学"真谛：尊重教育规律 [J].中国教育学刊，2013（1）：4–7.

[113]杨应彬."西江文化"与改革开放：纪念雷沛鸿先生诞辰105周年 [J].广东社会科学，1993（4）：6–62.

[114]易慧清.雷沛鸿在教育改革中的创新精神 [J].东北师大学报（哲学社会科学版），1993（4）：81–86.

[115]尹达.教育治理现代化：理论依据、内涵特点及体系建构 [J].重庆高教研究，2015，3（1）：5–9.

[116]于大水.略论《高等教育法》中规定的高校办学自主权 [J].烟台师范学院学报（哲学社会科学版），2000，17（2）：85–88.

[117]于光远.我们迫切需要成千上万个"教育家" [N].北京日报，1985–01–21（3）.

[118]喻本伐.论雷沛鸿的教育实验思想 [J].教育研究与实验，2006（6）：69–72.

[119]袁振国.教育家是一个时代教育文化的象征 [J].江苏教育，2007（17）：10–13.

[120]曾天山，丁杰.强国时代制度化推进教育家办学 [J].中国教育学刊，2011（2）：1–5.

[121]张定璋.杰出的教育家和教育整体改革实验的先驱：雷沛鸿 [J].教育研究与实验，1993（4）：50–57.

[122]张改先，程刚.雷沛鸿高等教育思想浅识 [J].教育科学，1994（1）：51-55.

[123]张建雷.现代教育制度视角下"教育家办学"实现条件分析 [J].河南师范大学学报（哲学社会科学版），2011，38（3）：240-243.

[124]张燕.雷沛鸿与晏阳初乡村教育实验比较 [J].内蒙古农业大学学报（社会科学版），2006（2）：156-157，160.

[125]张志勇.教育家办学制度建设思考 [J].教育发展研究，2009（8）：7-10.

[126]朱庆葆.教育家办学与校长职业化 [J].中国高等教育，2011（11）：1.

[127]朱自清.教育的信仰 [J].福建教育，2015（5）：1.

（三）学位论文类

[1]曹天忠.雷沛鸿与民国广西教育、社会双改造研究 [D].广州：中山大学，1999.

[2]何龙群.雷沛鸿与近代广西教育 [D].桂林：广西师范大学，1988.

[3]侯琳.教育家型校长培训策略研究 [D].长春：东北师范大学，2012.

[4]胡玲玲.教育家型校长成长的问题与对策研究 [D].上海：上海师范大学，2014.

[5]黄东.对广西农村小学体育课程的初步研究 [D].桂林：广西师范大学，2000.

[6]黄文华.救亡与救穷的双重使命：广西普及国民基础教育运动（1933—1940）[D].成都：四川大学，2007.

[7]李海云.新教育中国化运动研究 [D].上海：华东师范大学，2006.

[8]刘东霞.雷沛鸿普及国民基础教育策划活动研究 [D].重庆：西南大学，2007.

[9]刘杰.雷沛鸿国民基础教育实验研究 [D].长沙：湖南师范大学，2011.

[10]栾树青.教育家办学机制研究：以民国时期张伯苓、经亨颐为例 [D].上海：上海师范大学，2013.

[11]覃卫国.抗战时期桂林教育发展研究 [D].长沙：湖南师范大学，2007.

[12]尚嘉.我国大学教育家校长生成机制研究 [D].兰州：兰州大学，2012.

[13]田利召. 近代教育均衡思想研究：以二、三十年代中国乡村教育家为考察对象 [D]. 石家庄：河北师范大学，2011.

[14]谢文庆. 本土化视域中的西部地区两种办学取向比较：以雷沛鸿和卢作孚为例 [D]. 上海：华东师范大学，2013.

[15]杨婉蓉. 华侨办学典范：陈嘉庚与集美学村研究 [D]. 福州：福建师范大学，2010.

[16]尹茜. 教育家特质及其形成影响环境研究 [D]. 沈阳：沈阳师范大学，2014.

[17]禹小慧. 教育家型校长培训的问题及对策研究 [D]. 上海：华东师范大学，2012.

[18]赵晓林. 中国近代农民教育研究 [D]. 西安：西北农林科技大学，2011.

# 后　记

　　本书是笔者在博士论文的基础上修改而成的。雷沛鸿是中国近现代著名教育家之一。20世纪80年代以来，人们对他的教育理论与实践及其在我国教育史上的贡献有了全面、深入的研究。在大力倡导"教育家办学"的今天，反观我国近现代教育家办学实践，深入研究雷沛鸿作为教育家的办学实践成就、典范性特征、成为教育家办学典范的原因及其启示，探寻教育家办学规律，促进教育事业发展，具有很强的现实意义。

　　笔者在长期从事教学、科研和管理工作的过程中，逐渐萌发对教育家雷沛鸿办学治教的研究兴趣。雷沛鸿是我国近现代教育变革实践中成长起来的一位本土教育家，他对20世纪三四十年代的广西教育改革与发展做出了突出贡献。尽管学界对他已经有了深入的研究，笔者也切身体会到雷沛鸿办学思想与实践对广西现代教育的影响，但教育家的精神和智慧是常研常新的。在前人的研究基础上，深入研究雷沛鸿办学实践，可以进一步学习、传承雷沛鸿的教育家品格和教育家精神，将雷沛鸿献身教育的爱国、奉献、求实、创新的教育家精神发扬光大。为此，本书在系统梳理前人关于雷沛鸿教育研究的基础上，从教育家办学的视角来深入研究雷沛鸿的办学实践，总结出了雷沛鸿办学实践所具有的"教育家办学"的典范性特征及其原因。从雷沛鸿的社会认知、教育认知、办学特色、教育情怀、教育品格及成就等方面总结其典范性特征；从地域情势、共生环境、思想根基、个人修炼等方面分析其办学实践取得成功的原因。通过对雷沛鸿办学实践的典范性特征及其原因进行分析，提出教育家办学需要社会发展变革促动、政治力量支持、办学自主权归位等外部条件和优良的知识素养、特定的职业能力、高尚的人格魅力等内部条件，以教育管理专业化为突破口，以区域教育发展为支点。

在武汉大学"自强、弘毅、求是、拓新"的氛围中，笔者"好修"而"有获"。时至今日，整个读博期间那段痛并快乐着的人生体验宛然在目。在那段难忘的岁月里，是导师程斯辉教授的耐心指导与鞭策，帮助笔者化解困惑，消除懈怠，不言放弃，不忘初心，继续前行。程老师的宽容和关爱让笔者深感温暖和奋进。程老师严谨的学风、精深的学问、勤勉的德行将永远铭记于笔者心中，诚挚感谢程老师的教益！在此，笔者也要衷心感谢武汉大学教育科学研究院诸位师长，特别是肖昊教授、陶梅生教授、邱均平教授、黄明东教授、李保强教授、蒲蕊教授、冯惠敏教授等的教诲与指导。特别感谢广西师范大学郭道明教授、马佳宏教授，广西师范学院李强教授、卢辉炬副教授，广西民族大学欧阳常青研究员，南宁市教育科学研究所所长、南宁沛鸿民族中学原校长戴启猛等前辈和同行们给予笔者的勉励、指导和支持！特别感谢韩民博士、张传燧教授、张应强教授、雷万鹏教授、李保强教授、蒲蕊教授在笔者博士论文审阅和答辩过程中给予的热心指导和帮助！

本书参考、借鉴或引用了许多学界同人的研究成果。虽然尽量列出相应的参考文献，但难免有遗漏之处，敬请谅解。在此谨向提供资料的所有作者表示诚挚的谢意！由于笔者水平有限，书中也许还有一些错漏之处，敬请读者批评指正！

肖全民<br>2019年4月

出版人　李　东
责任编辑　游　甜
版式设计　博祥图文　郝晓红
责任校对　张晓雯
责任印制　叶小峰

图书在版编目（CIP）数据

教育家办学典范研究：以雷沛鸿为例 / 肖全民著. —
北京：教育科学出版社，2020.4
ISBN 978-7-5191-2163-1

Ⅰ. ①教…　Ⅱ. ①肖…　Ⅲ. ①雷沛鸿（1888-1967）
—教育思想—研究　Ⅳ. ①G40-092.6

中国版本图书馆CIP数据核字（2020）第047147号

**教育家办学典范研究——以雷沛鸿为例**
JIAOYUJIA BANXUE DIANFAN YANJIU——YI LEI PEIHONG WEI LI

| | | | | | |
|---|---|---|---|---|---|
| 出 版 发 行 | 教育科学出版社 | | | | |
| 社　　　址 | 北京·朝阳区安慧北里安园甲9号 | | 邮　　编 | 100101 | |
| 总编室电话 | 010-64981290 | | 编辑部电话 | 010-64989433 | |
| 出版部电话 | 010-64989487 | | 市场部电话 | 010-64989009 | |
| 传　　　真 | 010-64891796 | | 网　　址 | http://www.esph.com.cn | |
| 经　　　销 | 各地新华书店 | | | | |
| 制　　　作 | 北京博祥图文设计中心 | | | | |
| 印　　　刷 | 唐山玺诚印务有限公司 | | | | |
| 开　　　本 | 787毫米×1092毫米　1/16 | | 版　　次 | 2020年4月第1版 | |
| 印　　　张 | 14.75 | | 印　　次 | 2020年4月第1次印刷 | |
| 字　　　数 | 225千 | | 定　　价 | 45.00元 | |

图书出现印装质量问题，本社负责调换。